テクノロジー
法務

アンダーソン・毛利・友常法律事務所
テクノロジー＆インフォメーション・プラクティス・グループ 編著

中央経済社

本書で取り上げている会社名・製品名は，一般に各社の登録商標または商標です。
本書では，™および®を明記していませんが，当該企業，サービス，製品に対し
てその商標権を侵害する意図は一切ありません。

はじめに

　今や，テクノロジーとイノベーションが花盛りです。われわれの事務所にも
テクノロジーに関連するたくさんのご相談をいただきます。

　そのような時代において，法律家は，テクノロジーの進歩や普及にどのよう
なお手伝いができるのでしょうか。それを考えるために，われわれは，「テク
ノロジー＆インフォメーション・プラクティス・グループ（Technology &
Information Practice Group）」という一風変わった名前のチームを作りました。
インフォメーション（情報）を含んでいるのは，個人情報やビッグデータ，知
的財産などのインフォメーション（情報）が，今後，ますます重要になるとい
う認識に基づくものです。

　この「テクノロジー＆インフォメーション・プラクティス・グループ」の最
初の活動として，さまざまなテクノロジーをきちんと勉強しようと考えたのが，
本書の企画の始まりです。向き合う対象を把握しなければ，課題を議論するこ
ともできないからです。

　では，どうすればテクノロジーを正しく理解できるか。われわれは，テクノ
ロジーの専門家から直接にお話を伺うのが一番だと考えるに至りました。

　出版にあたっては，テクノロジーに関するわれわれの（生半可な）理解を列
記しても面白くないでしょうし，そのような書物はすでにあります。そこで，
インタビュー形式でやりとりの様子をそのままお伝えすれば，テクノロジーの
専門家が考えていること，悩んでいること，興味を持っていること，そして，
テクノロジーの今後の展望について，読者の方に知っていただく「きっかけ」
になるのではないか。われわれはそのように考え，たくさんの専門家からお話
を伺いました。

　インタビューの後ろには，テクノロジーに関する法的な課題を見通せるよう
に，弁護士の視点からコメントを加えるスタイルを採ることにしました。

　本書を手にしてくださったみなさまには，専門家へのインタビュー部分をぜ
ひお読みいただきたいと思います。きっと面白いと思っていただけるはずです。

はじめに　　I

少なくとも，われわれ自身は，前のめりになりながら専門家のお話を伺いました。その「わくわく感」を上手くお伝えできていないとするならば，それは，すべてわれわれの稚拙なまとめが原因であり，ご寛恕いただければと思います。

お忙しい中をわれわれのインタビューにお付き合いくださり，何度も原稿をご確認くださった専門家の方々には，心より感謝申し上げます。また，専門家をご紹介くださった方々にも，厚く御礼申し上げます。

この本の出版は，大変な難産でした。急速に進歩するテクノロジーとそれに合わせて深化する法的議論をキャッチアップするために，時間との戦いになることは，もとより覚悟していました。にもかかわらず，われわれの努力不足で出版社にご迷惑をおかけし，本書の企画はいったん頓挫してしまいました。

この度，中央経済社のご厚意で本書の出版にたどり着くことができたことは，本当に嬉しく，お礼の言葉しかありません。ご担当の阪井あゆみ氏は，インタビューの紙上再現という手のかかる形式での出版にご尽力くださいました。

ある専門家に初めてお目にかかったとき，「テクノロジーが進歩し，インターネットに最新情報が溢れている時代に，なぜわざわざ書物にする必要があるのか」という厳しくかつ的を射たご指摘を頂戴し，われわれは頭を悩ませました。

他方で，別の専門家からは，「インターネット上の雑多な情報から正確なものを取捨選択することには意味があるし，それが本を出版する人の責任なのではないか」と力強い後押しをいただきました。

事務所のナレッジマネジメント（Knowledge Management）を担当する門永真紀弁護士は，そのような観点で情報を整理し，執筆者を叱咤激励しながら，全体を巧みに取り纏め，力強く出版を推進してくれました。

本書は，「規制だけを論じるのではなく，テクノロジーと法務とのかかわり方を提示したい」というわれわれの理想にはほど遠く，ようやくスタート地点に立ったに過ぎませんが，テクノロジーやインフォメーション（情報）と法務とのかかわりについて考える何らかの「きっかけ」になればと思います。読者

のみなさまの忌憚のないご意見を賜れば幸甚です。

　なお，本書では，専門家の方々へのインタビューをできる限りそのまま再現している性質上，各章の用語法に多少の差異がございます。ご承知置きくだされば幸いです。

　それでは，テクノロジーの世界を，ぜひご堪能ください。

2019年（令和元年）8月吉日

アンダーソン・毛利・友常法律事務所

テクノロジー＆インフォメーション・プラクティス・グループ

編著者を代表して　弁護士　**清水　亘**

CONTENTS

はじめに　*1*

Introduction｜イノベーション

Interview
非連続こそがイノベーション
── 栄藤　稔（大阪大学先導的学際研究機構教授）

1　「イノベーション」とは何か ……………………………………………………… *2*

2　「イノベーション」はどのようにして起きるのか ……………………… *4*

3　「イノベーション」において考慮すべき要素は何か ……………… *4*

4　日本で「イノベーション」が起きるために必要なこと ………… *6*

5　「イノベーション」の展望 ……………………………………………………… *8*

Legal Commentary
法務の視点から

1　技術革新を促進または誘発する法制度 ………………………………… *13*

　⑴　技術革新の成果を保護するタイプ／*13*

　⑵　技術革新を誘発する刺激や結びつきの機会を増やすタイプ／*15*

　⑶　技術革新の成果を要求するタイプ／*18*

2　技術革新にとっての障害を取り除く法制度 ……………………… *19*

　⑴　研究開発意欲を損なう行為を制限するタイプ／*19*

　⑵　技術の方向性を統一することによって障害を減らすタイプ／*20*

　⑶　障害となっている法規制等を実験的・
　　　例外的に取り除くタイプ／*20*

3　海外の動向 ……………………………………………………………………………… *21*

　⑴　米国／*21*

　⑵　中国／*22*

Part 1 人工知能

Interview

人工知能は「ヒト」を超えるのか
―― 栗原　聡（慶應義塾大学理工学部教授）

1 「人工知能」とは何か ··· *26*

2 人工知能を支える技術：
ディープラーニングという第三次ブーム ······················· *28*

3 発展可能性，技術的課題 ·· *31*

4 汎用型人工知能 ·· *33*

5 人工知能と法律の交錯点 ·· *35*

6 人工知能の実現により目指すこと ·· *36*

Legal Commentary

法務の視点から

1 人工知能技術を自社のビジネスに取り入れる場合の法的留意点
··· *37*

2 人工知能技術の実用化の過程 ··· *38*

3 人工知能技術に関する知的財産権の整理 ································ *40*

4 人工知能技術に関する開発・利用契約締結上の留意点 ··········· *43*

　(1) 契約締結の進め方／*43*

　(2) 契約の法的性質／*44*

　(3) モデル契約／*44*

5 海外での取引の場合の留意点 ··· *46*

6 人工知能技術に関連する政策動向や法令改正 ························ *47*

　(1) 知的財産関係の政策動向／*47*

　(2) 法令改正／*47*

　(3) 海外における政策動向や法令改正／*51*

ii

Part 2 ビッグデータ

Interview

真に価値のあるデータを見極める
—— 藤巻　遼平 (dotData,Inc.)

1 「ビッグデータ」とは ……………………………………………………… *58*
2 ビッグデータには何ができるか …………………………………………… *59*
3 最先端の世界で起きていること …………………………………………… *61*
4 ビッグデータの課題 ………………………………………………………… *63*
5 ビッグデータのこれから …………………………………………………… *66*

Legal Commentary

法務の視点から

1 データの利活用 ……………………………………………………………… *67*
　(1)　法律によるデータの保護／*67*
　(2)　データ・オーナーシップ／*68*
　(3)　政府によるデータの利活用の促進／*69*
2 個人データの保護 …………………………………………………………… *69*

Part 3 ロボット

Interview

目指すは日常を共に生きるロボット
—— 萩田　紀博 (前・株式会社国際電気通信基礎技術研究所)

1 「ロボット」とは何か ……………………………………………………… *72*
2 「ロボット」の要素技術は何か …………………………………………… *74*
3 将来における「ロボット」の役割 ………………………………………… *76*
4 「ロボット」の技術的課題 ………………………………………………… *77*
5 「ロボット」の法的規制 …………………………………………………… *79*
6 理想の「ロボット」 ………………………………………………………… *81*

Legal Commentary 法務の視点から

1 「ロボット」の定義と法的論点 ································· *82*

2 「ロボット」に対する規制（安全性の確保等）··············· *83*

3 「ロボット」が問題を起こした場合の責任の所在 ··············· *85*

　⑴ 「ロボット」の民事責任／*85*

　⑵ メーカーの製造物責任／*86*

　⑶ 刑事責任／*86*

4 「ロボット」が生み出したものに係る権利の帰属 ··············· *87*

Part 4　自動運転

Interview 自動運転はヒトに寄り添うクルマの究極形態
―― 松尾芳明・佐藤和明（トヨタ自動車株式会社）

1 「自動運転」とは何か ··································· *90*

2 「自動運転」によって目指すもの ··························· *91*

3 「自動運転」を構成する技術とその課題 ······················ *92*

4 「自動運転」で現在できることと今後 ······················ *97*

5 「自動運転」に対する規制 ······························ *100*

Legal Commentary 法務の視点から

1 概観 ··· *102*

2 自動運転に係る制度整備大綱 ·························· *103*

3 行政的規制について ·································· *105*

　⑴ 道路運送車両法との関係／*105*

　⑵ 道路交通法との関係／*108*

4 民事責任について ···································· *111*

　⑴ 運行供用者の責任（自賠責法）／*112*

　⑵ 不法行為責任／*113*

⑶　被害者救済費用等補償特約／114
　　　⑷　製造物責任／114
　5　刑事責任について ……………………………………………………… 115
　6　海外の動向 …………………………………………………………… 115
　　　⑴　米国／116
　　　⑵　欧州／117
　　　⑶　中国／117

Part 5　仮想通貨（暗号資産）

仮想通貨はやはり素人には難しい？

Interview
── 本間善実（日本デジタルマネー協会）・
── 藤本真衣（株式会社グラコネ）

　1　ブロックチェーン・ビットコインに関心を抱いた経緯 ………… 120
　2　BCHABCとBCHSVの分裂騒動を踏まえて …………………………… 121
　3　トークンエコノミー ………………………………………………… 124
　4　仮想通貨と利用者保護 ……………………………………………… 127
　5　Stable Coin …………………………………………………………… 128
　6　Security Token ……………………………………………………… 130

法務の視点から

Legal Commentary

　1　はじめに ……………………………………………………………… 130
　2　仮想通貨とは ………………………………………………………… 131
　3　仮想通貨の私法上の法的性質 ……………………………………… 132
　4　ICO …………………………………………………………………… 133
　5　STO …………………………………………………………………… 134
　6　Stable Coin …………………………………………………………… 135

Part 6 ブロックチェーン

Interview 技術発展とニーズが創り出す秩序
── 楠　正憲（Japan Digital Design）

1　ブロックチェーンとの出会い	138
2　ISO/TC307国内委員会での議論	139
3　ブロックチェーンの革新性	139
4　ブロックチェーン技術の実用化	140
5　ブロックチェーンの非中央集権性	142
6　ブロックチェーンの開発と非中央集権性	143
7　ブロックチェーンと民法上の公序	144
8　ブロックチェーンと法的責任	145
9　ブロックチェーンの将来性	146
10　パブリックチェーンとプライベートチェーン	147
11　ブロックチェーンと国際金融秩序	149

Legal Commentary 法務の視点から

1　法的検討課題の概観	149
2　ブロックチェーンと民事訴訟の提起	150
⑴　部分社会の法理／150	
⑵　不起訴の合意／151	
3　ブロックチェーンと私法上の公序	152
4　ブロックチェーンに起因する損害についての法的責任論	153
5　海外の動向	155
6　まとめに代えて	156

Part 7　匿名化・暗号化

Interview

今だから聞いておきたい匿名化・暗号化のしくみ
—— 高橋　克巳（NTTセキュアプラットフォーム研究所）

1　「匿名化」とは何か ………………………………………………… *158*
2　匿名化の技術 ……………………………………………………… *159*
3　匿名化に関する事業者の検討事項 …………………………… *164*
4　秘密計算 …………………………………………………………… *164*
5　「暗号」とは何か ………………………………………………… *166*
6　暗号技術 …………………………………………………………… *167*
7　暗号化に関するリスク ………………………………………… *167*

Legal Commentary

法務の視点から

1　法律の世界における匿名化 …………………………………… *170*
2　匿名加工情報とは ……………………………………………… *170*
3　匿名加工の方法 ………………………………………………… *171*
4　医療データの匿名化 …………………………………………… *172*
5　暗号と法律 ……………………………………………………… *172*

Part 8　サイバーセキュリティ

Interview

IoT 世界の新たなサイバーセキュリティ
—— 坂尻　浩孝（株式会社 Blue Planet-works）

1　「サイバーセキュリティ」とは何か ………………………… *176*
2　新たな「サイバーセキュリティ」概念と技術 …………… *177*
3　「サイバーセキュリティ」とプライバシー ………………… *182*
4　IoTの世界における「サイバーセキュリティ」のポイント …… *183*
5　「サイバーセキュリティ」に関する法的課題 ……………… *185*

CONTENTS　vii

Legal Commentary 法務の視点から

1	法的検討課題の概観および政策の枠組み	*186*
2	サイバー攻撃を行った側の責任	*186*
3	サイバー攻撃を受けた側の責任	*187*
4	サイバーセキュリティとプライバシー保護	*189*

Part 9 仮想現実（VR）

Interview エンターテイメントだけではない
ものづくりに活かすVR
── 嶋田　潤・村木　淳也（キヤノン株式会社）

1	「仮想現実（VR）」とは何か	*192*
2	「仮想現実（VR）」の技術的課題は何か	*194*
3	「仮想現実（VR）」に期待されること	*197*
4	「仮想現実（VR）」に対する規制	*200*

Legal Commentary 法務の視点から

1	概観	*201*
2	「仮想現実（VR）」使用の年齢制限	*201*
3	「仮想現実（VR）」使用時の安全性確保	*202*
4	「仮想現実（VR）」が投影するコンテンツの内容	*202*

Part 10 再生医療

Interview 再生医療のビジネス化に向けて
── 浅見　正弘（株式会社富士フイルム）

1	「再生医療」とは何か	*206*

viii

2 「再生医療」の将来展望 ……………………………………… 209
3 「再生医療」の現状 ……………………………………………… 211
4 「再生医療」の技術的課題 …………………………………… 211
5 「再生医療」の法的規制 ……………………………………… 214
6 実用化への課題 ………………………………………………… 217

Legal Commentary 法務の視点から

1 「再生医療」に関する基本的な考え方等 ………………… 218
2 「再生医療」推進に関する法律 …………………………… 219
   (1) 医薬品医療機器等法／219
   (2) 再生医療等安全性確保法／222
3 健康・医療戦略推進法 ………………………………………… 223
4 臨床研究法 ……………………………………………………… 224
5 次世代医療基盤法 ……………………………………………… 225
6 海外の動向 ……………………………………………………… 226
   (1) 米国／226
   (2) 中国／227

Part 11　ゲノム編集

Interview 日本はまだまだ遅れているゲノム編集の世界
—— 白江英之（前・一般社団法人バイオ産業情報化コンソーシアム）

1 「ゲノム編集」とは何か …………………………………… 230
2 「ゲノム編集」の仕組み …………………………………… 234
3 「ゲノム編集」のメリットと問題点 ……………………… 236
4 「ゲノム編集」の現状と今後の技術的課題 …………… 240
5 「ゲノム編集」の法的課題 ………………………………… 242
6 「ゲノム編集」の展望 ……………………………………… 245

CONTENTS　ix

Legal Commentary 法務の視点から

1 概観 *246*

2 カルタヘナ法 *247*

　⑴ カルタヘナ法の規制措置／*247*

　⑵ 「ゲノム編集」技術によって得られた作物等の取扱い／*248*

3 食品衛生法 *249*

4 食品表示法 *250*

5 研究指針 *251*

Part 12　宇宙産業

Interview 国境なき時代を見すえた開発を
── 酒井　純一（宇宙航空研究開発機構（JAXA））

1 宇宙産業とは何か *254*

2 宇宙を利用したサービスの内容 *256*

3 宇宙利用サービス産業と技術的課題 *258*

4 宇宙産業と法的課題 *260*

5 宇宙産業（宇宙利用サービスを含む）振興の展望 ... *261*

6 未来の萌芽──結びに代えて *264*

Legal Commentary 法務の視点から

1 宇宙に関するわが国の法整備の状況について *264*

　⑴ 宇宙基本法と「宇宙二法」／*264*

　⑵ その他人工衛星に関連する法規／*269*

2 衛星データの利用と契約 *270*

3 宇宙産業とファイナンス *271*

4 海外の動向 *272*

x

参考文献／275
索　引／279

CONTENTS xi

Introduction
イノベーション

〈専門家〉

大阪大学先導的学際研究機構教授　博士（工学）
株式会社みらい翻訳　代表取締役社長 兼 CEO
株式会社コトバデザイン　執行役社長CEO
国立研究開発法人　科学技術振興機構　CREST　人工知能領域総括

栄藤　稔
Minoru ETOH

〈聞き手〉

廣岡健司　清水亘　鷲見彩奈

（中央が栄藤氏）

Interview	非連続こそがイノベーション

——大阪大学先導的学際研究機構教授　栄藤　稔

1　「イノベーション」とは何か

清水　栄藤さんは，株式会社NTTドコモの執行役員として研究開発の指揮を
お取りになった後，大阪大学先導的学際研究機構教授にご就任なさいました。
株式会社みらい翻訳代表取締役社長，株式会社コトバデザイン執行役社長，
科学技術振興機構CREST人工知能領域総括でもいらっしゃって，「イノベー
ション」(innovation) 創発に関するさまざまな発信をなさっています。早
速ですが，「イノベーション」とは何でしょうか?

栄藤　「イノベーション」とは，文化，社会，産業に大きなインパクトを与え
る非連続な変化であると考えています。それは，プロセスであったり，仕組
みであったり，サービスであったり，プロダクトであったりします。

　　シュンペーター (Schumpeter) によれば，「イノベーション」とは，「新結
合（の遂行）」であって，①新しい財貨または新しい品質の財貨の生産，②
新しい生産方法の導入，③新しい販路の開拓，④原料または半製品の新しい
供給源の獲得，⑤新しい組織の実現が含まれます。「イノベーション」と
「インベンション」(invention：発明) とは違うのです。「イノベーション」に
はさまざまな定義がありますが，この定義が一番わかりやすく，かつ，
disruptive（破壊的）だと思います。

　　つまり，「イノベーション」の本質は，新しい組み合わせが非連続を生み
出すことにあるといえると思います。

清水　シュンペーターが著書『経済発展の理論』の中で提唱した定義ですね。
非連続であることが重要ということでしょうか?

栄藤　はい，AとBがくっつくことを数学の世界では線形結合といい，線形結
合は予測できます。ところが，非線形な結合は予測できない。そういう非線
形な結合によって，文化，社会，産業に予測できない変化，破壊的な変化が

起きるのです。

清水　連続的な「イノベーション」はあり得ないのでしょうか？

栄藤　「イノベーション」にはさまざまな定義がありますから，連続的，改良的，段階的な「イノベーション」というものもあり得て，それを「イノベーション」であるという方もいます。そのように考える方にとっては，たとえば，日本企業によるジェット機の開発や次世代通信の5Gネットワークも，段階的で，evolving（発展的）な「イノベーション」にあたるのだろうと思います。

　　ところが，破壊的な変化は，非線形な新結合によって生み出されるものがほとんどである思います。私が最初に勤めた松下電器産業株式会社（現・パナソニック株式会社）の水野博之副社長（当時）は，「イノベーションとは新結合だ，しかも，枯れた技術（昔からある技術）の組み合わせだ」と言い切っていました。それが自分の胸に強く刻まれています。

清水　日本では，1956年の経済白書が「イノベーション」を「技術革新」と訳したとされており，それ以降，「イノベーション」というと技術ばかりに目が行ってしまうように思いますが，どのようにお考えですか？

栄藤　技術ではない「イノベーション」があるかどうかですよね……。枯れた技術（昔からある技術）の場合，その組み合わせの探索はすでに終わっていることが多いのです。逆に言えば，新しい組み合わせの探索が起きるのは，新しい要素ができたときだ，ということになります。その新しい要素を中心に，また新しい化学反応が起きるのですが，新しい組み合わせの起点になる新しい要素は，確かに，技術であることが多い。

　　もっとも，新しい要素は，超革新的な技術でなくてもよいのです。たとえば，乗り合いシェアリングエコノミーのUberは，スマートフォンができてから2，3年後の2009年3月に設立されました。たぶん，アイディアはその少し前です。でも，2009年3月の時点で，ものすごい技術が新しく生まれたのかというとそうではなくて，ある程度実証されつつある技術でUberはできています。スマートフォンが登場し，スマートフォンのGPSを使ったナビゲーションができ，それをドライバーの運転に使い，顧客がそれをシェアリングして呼んで，乗るときも降りるときも位置情報を把握してチャージす

Introduction　イノベーション　3

る，ということができるのではないかと，そういう新しい組み合わせを考えるわけです。スマートフォンと車をシェアするという考え方との結合が起きたのです。

2 「イノベーション」はどのようにして起きるのか

栄藤 Uberの創業者たちは，スマートフォンが登場して2，3年で，「イノベーション」に必要な要素がある閾値を超えるだろうと考えたはずです。閾値を超えなければいけない必要な要素とは，この場合，スマートフォンが普及し，ドライバーがスマートフォンを使うようになり，カーシェアのユーザーも増えて，というようなことです。いつの時点で，その閾値，つまり臨界点を超えるのか，タイミングが重要なのですが，イノベーター（innovator：革新を起こす人）は，臨界点を見極めるのが他人より半歩早いのです。

清水 臨界点を超えるというのが，先ほどの「非連続」のことだろうと思います。ここで疑問なのですが，「イノベーション」が起きたことは後から振り返ればわかるとしても，「イノベーション」を起こす本人たちは非連続になるように意図してやっているものなのでしょうか？ それとも，新しい組み合わせを思いついただけなのでしょうか？

栄藤 新しい組み合わせを思いついたときにまず考えるのは，早すぎるか早すぎないかということだと思います。早すぎると燃え尽きてしまうのです。2007年にiPhoneが登場したときに，ものすごく天才的な人はカーシェアリングを思いついたのかもしれないけれど，米国西海岸のシリコンバレー（Silicon Valley）ですら2，3千人しか使っていないようなデバイスの世界でそれをやってみても，ビジネスとしてはおそらく成立しないのです。

ですから，本当のイノベーターは，新しい組み合わせが臨界点を超えるのか超えないのかを意識しているものです。つまり，本当のイノベーターは非連続を意識しているということを意味するのだろうと思います。

3 「イノベーション」において考慮すべき要素は何か

清水 臨界点を超えて「イノベーション」を起こす，または，「イノベーション」が起きる際に考慮すべき要素は何でしょうか？

4

栄藤　「イノベーション」を起こそうとする際には，いつも，リスクを仮定します。リスクのない「イノベーション」というのはありえないのです。そして，考慮すべきリスクとしては，少なくとも，①製品リスク，②顧客リスク，③レギュレーション（regulation：規制）リスクの３つがあります。

　まず，①製品リスクとは，製品を作ることができる技術が存在するか否か，その技術が一定の成熟度を持つかどうかです。たとえば，音声認識の認識率は，少し前までは90％でした。ところが今は，ディープラーニング（deep learning：深層学習）の活用によって97，98％まで認識率が上がっている。100回やって２回しか間違えないようになって，ようやく臨界点を超えた。Amazon EchoやGoogle Homeのようなスマートスピーカー，それに先立つAppleのSiriやNTTドコモの「しゃべってコンシェル」などは，音声認識が臨界点をいつ超えるかというタイミングを見計らっていたのです。

　①製品リスクのないところでものを作っても，「イノベーション」にはなりません。早すぎると失速しますので，①製品リスクをある段階で見極めるのがポイントです。自分はそういうサービスが生まれるもっと昔から思いついていた，開発していたのだ，という無邪気な言い方をなさる方がいらしたりもしますけれども，「イノベーション」の本質，タイミングの重要性をわかっていないということでしょう。

清水　②顧客リスクとは，ユーザーの有無のことでしょうか？

栄藤　はい，②顧客リスクとは，「それが実現できたとして，買ったり，使ったりする人（ユーザー）はいるのか？」という問題です。

　この点で，一番有名なのはTwitterだと思います。Twitterは，投稿に140字以内という字数制限があります。ですから，ベンチャーキャピタリスト（venture capitalist：投資家）たちは，「字数制限のある投稿に意味はない。流行らない」という烙印を押していました。でも，世間では受けた。Twitterの仕組みを作れるのはわかっていたけれど，②顧客リスクがあると思って誰もやらないでいたら，意外にもユーザーに受け入れられたのです。

清水　③レギュレーションリスクは，法規制の問題ですね？

栄藤　はい，③レギュレーションリスクとは，「イノベーション」によって技術や社会が進歩したのに，法律がそれに追いつけなくて，新しい技術や社会

Introduction　イノベーション　　5

の進歩をカバーできない場合が出てくるという問題です。たとえば，最初に検索エンジンをリリースしようとしたときには，著作権に抵触するという問題がありました。法律が悪い，邪魔だというつもりはありませんが，技術や社会の進歩に，法律がどのくらい柔軟に対応できるのかが問われるのだと思います。

清水　たとえば，1970年代の米国の排気ガス規制や昨今の中国のEV（電気自動車）規制のように，法律で厳しい規制を定めることによって，逆に，「イノベーション」が起きる，または，「イノベーション」を起こそうとする場合もあるように思いますが，いかがでしょうか？

栄藤　確かに，かつて米国で実施された厳しい排気ガス規制に対応するために，ホンダが先頭を切って新しいエンジンを開発したことによって，内燃機関の技術は著しく進歩しました。エストニアでは，省庁間の情報のやり取りをすべて電子的に行う法律を制定したところ，省庁間でデジタル化された情報のトランザクション（transaction：やり取り）が発生したと聞きました。実験的な試みが新しい化学反応を起こした例でしょう。

4　日本で「イノベーション」が起きるために必要なこと

清水　日本で「イノベーション」が起きにくくなっていると感じている人が多いと思います。どのようにお考えでしょうか？

栄藤　「イノベーション」を起こすためには，組み合わせを探索しなければならないのですが，探索は，失敗することを前提に取り組まなければならないのです。ところが，日本の多くのシステムは，失敗を前提としていない。これが，日本にとっての大きな課題だと思います。いわゆるリスクマネジメントです。①製品リスクは，できないかもしれないというリスクです。②顧客リスクは，売れないかもしれないというリスクです。③レギュレーションリスクは，法的に許されないかもしれないリスクです。新しい取組みにおいて，こうしたリスクは絶対に存在するにもかかわらず，それをゼロにしようという作業が日本ではあまりにも多すぎる。特に日本の大企業はそういう傾向が強い。企業内の昇進は，減点法ですから，挑戦した人が馬鹿を見ることになって，誰もリスクをとりたがらないのです。計算し尽くして，自分たちの周

りの，所与の情報の範囲内でできることだけやる。大作は失敗を伴うので，リスクをマネジメントできることだけやる。だから，小さく終わることが極めて多い。でも，本来，わからないことは霧の向こうにあるもので，そこで戦わなければいけないはずなのです。霧が晴れるのを待っていたら負けてしまう。その感覚を，日本の企業は，もっと持つべきだと思います。

清水　なるほど。とはいえ，「失敗は財産だ」という感覚を大きな企業の中で共有するのは，なかなか難しいように思います。ところで，ビジネスが成り立つかどうか，という視点も日本では不足しているような気がします。

栄藤　はい，新しい組み合わせを探索するときに，社会的なインパクトを持つかどうか，つまり，その組み合わせがビジネスとして成り立つかどうかを考えなくてはいけません。日本の技術者は興味本位が多くて，良くいえば好奇心旺盛なのですが，ビジネスモデル（business model）を組み立てることが苦手です。

　　　UCバークレイの客員教授であり，コンサルタントでもあるヘンリー・チェスブロウ（Henry Chesbrough）は，「イノベーション」とは，インベンション＋ビジネスモデルだといいます。また，「イノベーション」とは，インベンション＋インサイト（insight：洞察）だという人もいます。つまり，「イノベーション」が成立するためには，社会やビジネスに対する洞察が重要なのですが，その必要性を，日本の技術系大学ではきちんと教えていない。技術者であってもリアリティ（reality：現実感）を持つべきですが，日本ではそれができないことが多いのです。他方で，シリコンバレーのイノベーターは，社会やビジネスに対する洞察を持っていることが多い。ビジネスモデルを考えるためには，ビジネスの周辺環境，エコシステム（eco system）をも知る必要があるのです。

清水　社会やビジネスに対する洞察は，誰かに教わるものなのでしょうか？

栄藤　シリコンバレーには，多数のロールモデル（role model：模範となる人物）があるので，ビジネスを知らなきゃいけないという雰囲気があって，自然に洞察するのでしょう。大学の講義でもメジャー（major：専攻）とマイナー（minor：副専攻）の２つがあるので，多様な発想ができやすい可能性もあると思います。でも，日本の工学部や理学部にはそういう仕組みはほとんど

Introduction　イノベーション　7

ない。

清水　他に重要なポイントはあるでしょうか？

栄藤　もう1つ重要なのは，デザイン（design）です。デザインといっても，意匠設計ではなく，ビジネス設計も含めてデザインといいます。デザインの定義としては，ラルフ（Ralph）とワンド（Y. Wand）による「与えられた環境で目的を達成するために，さまざまな制約下で，利用可能な要素を組み合わせて，要求を満足する対象物の仕様を生み出すこと」という定義が有名です。

　　ここでいう，制約条件は，先ほど申し上げたリスクに対応していて，それが本当に実現可能なのか，ビジネスとして成り立つのか，顧客（ユーザー）がいるのか，法的に大丈夫なのか，といったことです。日本ではデザインというと意匠設計に目が行きがちですが，昨今認識されているデザインとは，予算，時間，顧客（ユーザー），法制度等々のさまざまな制約条件を全部見渡した上での，ビジネス設計，ビジネスモデルを意味しているのです。たとえば，総合デザインコンサルティング会社として有名なIDEOは，デザインをビジネスモデルと考える先駆けの1つでしょう。

清水　最近では，日本の経済産業省や特許庁も，産業競争力を高める方法として，「デザイン経営」の重要性を説いています。

5　「イノベーション」の展望

清水　日本に限らず，今後，「イノベーション」がどのように起きていくのかなど，将来の展望についてどのようにお考えですか。

栄藤　日本企業は，伝統的にバイオと素材・デバイスに強いといえます。東京大学発のベンチャーがうまくいっているのも，主にこの分野です。他方で，遅れているのはIT分野の「イノベーション」です。なぜ遅れているのかというと，IT分野におけるビジネスの発想，プラットフォームとしてどのようにビジネスをすればよいのかという，発想や知見がまだ欠けているからだと思います。

　　米国で成功してユニコーン（unicorn：評価額の大きな未上場企業）と呼ばれる巨大企業は，ほとんどがIT企業です。中国の百度（バイドゥ：Baidu）や

騰訊（テンセント：Tencent）もIT企業です。それに類するような新たなIT企業を日本で作るためには，人材育成を今からやっていくしかありません。すぐには追いつけませんね。

清水　人材育成は難しい課題です。どのような人材を，どのように育成する必要があるとお考えですか？

栄藤　良い質問ですね。やはり，ビジネスもわかるIT人材が必要だと思います。多面的に物事をとらえることができるようなデュアリティ（duality：二重性）が必要です。大学の専攻を2つ，たとえば，ITと経済，ITと法律などにすることを義務付けてみる，というような方法は面白いかもしれません。

清水　デュアリティを持たせるというのは，視野を広くするということに近いでしょうか？

栄藤　インベンション＋インサイトの，インサイトのところがわかるようになるということです。たとえば，技術とビジネスの両方がわかる，ということですね。

　　シリコンバレーでは基本的に，①ハスラー（hustler）という経営者であり営業ができる人間，②ハッカー（hacker）というソフトウェアのコードが書ける人間（技術者），そして，③デザイナー（designer）と言われているビジネスモデルとプロダクトの具現化ができる人間の3人が集まって起業することが必要だといわれています。

清水　日本でも昔から「三人寄れば文殊の知恵」と言いますね。少し前には，ジョシュア・ウルフ・シェンク（Joshua Wolf Shenk）著『二人で一人の天才（Powers of Two）』という本もありましたが。

栄藤　面白いですね。確かに，シリコンバレーのIT系のスタートアップは，平均2.5人で起業するのです。なぜかというと，デュアリティを持っている人がいるからです。たとえば，コードが書けるIT企業家という，ハスラーとハッカーを同時にできる人が多いのです。ときどきは，ハスラー兼デザイナーもいます。デザインというのは，もちろん，ビジネス設計も含めての話です。ビジネスもモノも，ユーザー中心のデザインとして考えなければなりません。

　　人材育成の観点では，ビジネスがわかり，かつ，モノを具現化できる人材，

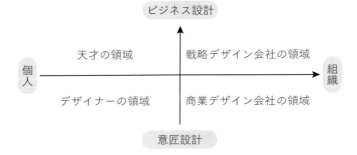

【図表序-1　デザイン思考人材の4象限】

いうなれば，デザイン・エンジニア（図表序-1の右上の領域）をどのようにシステマティックに育成するかが課題です。左上は，天才の領域なので，なかなかいないし，システマティックにつくれない。他方で，国として育てなければならない人間は，右上の領域に該当する人材であって，いろいろやっていけばなんとかなるかもしれない，ということです。

清水　日本の教育の問題になってしまいますね。

栄藤　近ごろでは，良い傾向もあって，東京大学や慶應義塾大学のコンピューター・サイエンスで優秀な成績を修めた若者たちが起業する傾向があります。世界中から人を集めているシリコンバレーに追いつくことはなかなかできないと思いますが，ダイナミクス（dynamics：動き）が出てきたかなと思います。大企業のR&D（Research & Development：研究開発）部門に優秀な人材が死蔵されるという状況は少しずつ改善されていると思います。

清水　オープンソース（open source：自由な再頒布等を認めているソフトウェア）の広がりなどによって，若いうちに起業をしても，さまざまなテクノロジーにアクセスしやすくなったのではないでしょうか？

栄藤　はい，オープンソースが普及したことはもちろん，最先端の知見がクラウド（cloud）上にアーカイブ（archive：資料や記録を保存する仕組み）されるようになったことも大きいです。コーネル大学（Cornell University）の運営するarXiv.org[1]は，査読をする仕組みがありませんので，最新の論文がどん

1　https://arxiv.org/

どんアップロード（upload）されます。内容の正確性はその後の引用回数等によって検証されることになりますが，この仕組みによって，誰でも容易に，かつ，タイムリーに，最先端の知見を知ることができるようになりました。もはや，知識は偏在するものではありません。R&Dは，基礎研究→応用研究→開発→事業化という従前のようなリニア（linear：直線的）な経路をたどるのではなく，世界で同時に進行するようになりました。これは，直近の瞠目すべき変化です。

清水 大げさな表現かもしれませんが，冷静な知性と熱意があれば，個人でも「イノベーション」を起こすチャンスが増えてきたといえるでしょうか？

栄藤 ある程度体系的な知識，問題発見能力とスキル（skill：技能）にパッション（passion：情熱）があれば，以前に比べて，「イノベーション」を起こしやすくなっているのは事実かもしれませんね。デジタル・トランスフォーメーション（digital transformation：デジタル技術による生活の変化）の現われと言えるかもしれません。インターネット，API（Application Programming Interface：プログラムからソフトウェアを操作するためのインターフェイス），そして，スマートフォンさえあれば，誰にでも新しいビジネスを起こすチャンスがあり得ます。ただし，昨今話題のAI（Artificial Intelligence：人工知能）には限界がありますから，AIに期待しすぎるのは禁物です。AIは，人間の大脳新皮質のレベルには到達していない。AIを活かしたビジネスモデルを考えるとしても，AIにできることとできないことをわきまえる必要があります。

清水 楽しみですね。他方で，もちろん，大企業も，「イノベーション」を起こすためにさまざまな取組みをしていると思います。

栄藤 大企業が「イノベーション」を起こすためには，独立組織を作るという方法が有効だと思います。たとえば，米国の航空機製造会社であるロッキード・マーティン（Lockheed Martin）社は，スカンク・ワークス（Skunk Works）という先行開発に特化した独立組織が存在することで有名です。こうした独立組織は，最上位の企業理念に合致している必要はありますが，本社・本業からは隔離されていなければ意味がありません。トップの支援と権限委譲がはっきりしていることも重要です。場合によっては，法制度が未整

備な領域にチャレンジするリスクを取ることも，独立組織には許されるべき
でしょう。このような独立組織が認められるならば，大企業の人材や資源を
活用した「イノベーション」が起きる可能性はあると思います。それでも大
企業で「イノベーション」が起きないのであれば，企業そのものが新陳代謝
するしかないのでしょう。厳しいことですが，社会の中心となる企業の淘汰，
つまり，入れ替わりが進めば，自ずと，新しい発想をする人材が登場すると
思います。

清水　事業が成功して大きく成長し，安定軌道に入った企業の中では，「イノ
ベーション」は難しいのでしょうか？

栄藤　そうですねえ……難しい気がしています。新しいビジネスを起こすため
には，ユーザー課題の解決，技術的実現可能性の確認，経済性の検証等が必
要になります。ある新しいチャレンジだけであれば経済性を肯定できるとし
ても，大企業の中でその新しいチャレンジを実行しようとすると，既存の別
部門が自分たちのビジネスとのカニバリ（cannibalism：ここでは，相互に市場
を取り合うこと）を主張してきたりして，経済性の検証に別の要素が入って
しまう。結局，大企業の中では新しいチャレンジを実行できないのです。と
なると，少なくとも，これまで日本の大企業がやってきたような，リスクを
ゼロにしようとするやり方や考え方では，「イノベーション」は起きにくい
と言わざるを得ないと思います。

清水　なるほど。日本でも，大胆にチャレンジをする人材や組織がたくさん登
場できる土壌ができれば良いなと思います。本日は，長い時間，ありがとう
ございました。

(インタビュー：2018年12月10日)

Legal Commentary 法務の視点から

「イノベーション」の経済社会に対する重要性が認識されるにつれて，世界
中で，「イノベーション」を創出するための制度設計が試行錯誤されてきまし
た。

本来，「イノベーション」とは技術革新だけを意味するものではありません

が，技術は「イノベーション」の重要な要素ですから，法制度においても，技術革新の機会を増やし，「イノベーション」の創出を目指すさまざまな新しい仕組みが試みられています。ここで，「イノベーション」の創出に資する法制度の方向性としては，①技術革新を促進または誘発する方向と②技術革新にとっての障害を取り除く方向が考えられます。

もっとも，現実を見てみますと，残念ながら，これらの法制度が技術革新に資するとは言い難い実態となっていたり，あまり利用されていない場合もあるようです。「イノベーション」創出に貢献できる法制度についての議論は，今後も継続してなされるべきであるように思われます。

1 技術革新を促進または誘発する法制度

(1) 技術革新の成果を保護するタイプ

●知的財産権

そもそも，研究開発の成果である技術が適切に保護されなければ，技術革新をしようという動機が湧きません。知的財産権は，知的創造活動によって生み出されたもの（発明，デザイン，商標，ノウハウなど）を，創作した人の財産として保護を与える制度であって，技術革新の成果を保護し，技術革新を成し遂げた者に独占権を与えることによって，技術革新を促すための仕組みといえます（知的財産基本法1条参照）。たとえば，特許法は，「発明の保護及び利用を図ることにより，発明を奨励し，もつて産業の発達に寄与することを目的とする」（1条）と定めています。

●データの保護と利活用

近時は，AIやIoT（Internet of Things：あらゆるものがつながること。もののインターネットなどといいます）の技術開発が進むにしたがって，その基礎となるデータの保護と利活用のバランスが議論されています。知的財産権の側面では，平成30年（2018年）の不正競争防止法改正によって，いわゆる「限定提供データ」の保護が導入されました。「限定提供データ」とは，「業として特定の者に提供する情報として電磁的方法〔……〕により相当量蓄積され，及び管理されている技術上または営業上の情報（秘密として管理されているものを除く。）

をいう」（改正後の不正競争防止法2条7項）と定義されています。

◆「限定提供データ」の要件
① 限定提供性：事業者が取引等によって第三者に提供
② 相当蓄積性：いわゆるビッグデータ等として蓄積
③ 電磁的管理性：技術的アクセス制限（パスワード等）

　「限定提供データ」の不正取得や不正使用等に対しては，差止めや損害賠償を請求することができます（不正競争防止法2条11号～16号，3条，4条）。具体的には，「限定提供データ」に関する指針[2]で説明されています。
　なお，データの寡占や不適切な収集をどの程度独占禁止法上制限するかについても，別途，議論がなされています[3]。

● デジタル化・ネットワーク化への対応
　また，AIやIoTを活用した「イノベーション」の創出（「第4次産業革命」などといいます）を視野に入れて，2018年の著作権法改正によって，いわゆる柔軟な権利制限規定が整備されました。米国のフェアユース（fair use）のような一般的・包括的な権利制限規定とは異なり，明確性と柔軟性との両立を目指すものとされています[4]。

　ア　権利者の利益を通常害さない行為類型
　改正後の著作権法30条の4では，「著作物に表現された思想または感情を自ら享受しまたは他人に享受させることを目的としない場合」には，必要と認められる限度において，著作物を利用することができるとされました。これによって，「情報解析〔……〕の用に供する場合」（同条2号）や「人の知覚による認識を伴うことなく当該著作物を電子計算機による情報処理の過程における利

2　http://www.meti.go.jp/policy/economy/chizai/chiteki/guideline/h31pd.pdf
3　たとえば，公正取引委員会競争政策研究センター「データと競争政策に関する検討会」報告書（2017年6月）　https://www.jftc.go.jp/houdou/pressrelease/h29/jun/170606_1.html　また，データの不適切な収集については，https://www.nikkei.com/article/DGXMZO47384590W9A710C1MM8000/
4　http://www.bunka.go.jp/seisaku/chosakuken/hokaisei/h30_hokaisei/

用〔……〕に供する場合」（同条3号）が権利制限の対象になります。たとえば，AI開発のための教師データとして著作物をデータベースに保存する行為やリバース・エンジニアリング（reverse engineering）のために著作物を利用する行為が，著作権法上，認められることになるとされています。

イ　権利者に及ぶ不利益が軽微な行為類型

改正後の著作権法47条の5では，「電子計算機を用いて，検索により求める情報（「検索情報」）が記録された著作物の題号または著作者名，送信可能化された検索情報に係る送信元識別符号〔……〕その他の検索情報の特定または所在に関する情報を検索し，及びその結果を提供する場合」著作物を利用することができるとされました。これによって，たとえば，書籍の所在検索サービスのために著作物の一部を利用する行為が，著作権法上，認められることになるとされています。

⑵　技術革新を誘発する刺激や結びつきの機会を増やすタイプ

次に，「イノベーション」創出の基礎となる技術革新を誘発するために，新しい刺激や新しい結びつきの機会を増やそうとする法制度があります。

日本では，技術の研究開発に用いられる新しいタイプの事業主体を制度上用意することによって，技術革新の誘発が期待されています。（たとえば，経済産業省「研究開発ビークルの比較」[5]を参照）。これらは，日本で通常用いられている株式会社とは違った仕組みとすることによって，資金調達や事業運営等の簡便性・迅速性を確保し，新たな技術革新への取り組みを促進する狙いがあるといえます。

●有限責任事業組合

有限責任事業組合（日本版LLPともいいます）は，「共同で営利を目的とする事業を営むための組合契約であって，組合員の責任の限度を出資の価額とするものに関する制度」です（有限責任事業組合契約に関する法律1条参照）。

有限責任事業組合に法人格はありませんが，①出資者（組合員）全員が有限

5　http://www.meti.go.jp/policy/tech_promotion/kenkyuu/03.html

責任であること（同法15条），②柔軟な権限分配・損益配分・組織構成が認められていること（同法33条），③原則として，意思決定は出資者（組合員）全員で行うこと（同法12条）等の特徴があります。

そして，有限責任事業組合では，パススルー課税が認められる点にメリットがあります。パススルー課税とは，①組合の事業で利益が生じた場合には，組合段階では課税されず，出資者（組合員）への利益分配に対して直接課税され，②組合の事業で損失が生じた場合には，出資の価額を基礎として定められる一定額の範囲内で構成員（出資者）の他の所得との損益通算が可能になる仕組みです（同法4章「計算等」参照）。有限責任事業組合を組成しているベンチャーに投資家が出資をすれば，ベンチャーが損失を出している期間中，投資家は損失を引き受けることになり，投資家にとっては，広い意味で税務上のメリットがあるものといえます。

ただし，有限責任事業組合には法人格がありませんので，株式会社への組織変更はできず，株式会社化を希望する場合には新たに会社を設立しなければならないという手間がかかります。

有限責任事業組合は，税務上のメリット等があり，再生可能エネルギー，ロボティクス等のビジネスでこの組合を活用する実例も増えてきているようです[6]が，実務上は，全員参加の意思決定がかえって煩雑であるなどの問題があり，期間限定の事業や小規模の事業に向いているとされています。

●技術研究組合

技術研究組合は，「産業活動において利用される技術の向上及び実用化を図るため」に，経済産業大臣の認可を得て，税務上の恩典等を受けながら，複数の企業，大学，独立行政法人等が共同して研究開発を行うことができる制度です（技術研究組合法1条参照）。これまでに，自動車用内燃機関技術研究組合，先端素材高速開発技術研究組合，次世代水素エネルギーチェーン技術研究組合などが設立されています[7]。

6　http://www.meti.go.jp/policy/economy/keiei_innovation/keizaihousei/llpPamphletJirei2.pdf

7　http://www.meti.go.jp/policy/tech_promotion/kenkyuu/saishin/gikumi1.pdf

技術研究組合は，法人格を有しています（同法2条）が，資本金という形での出資はありません。各組合員は，研究者，研究費，設備等を出しあって共同研究を行い，その成果を共同で管理し，組合員相互で活用します。組合員には，支出した賦課金（同法9条）を費用処理できるというメリットがあります。また，理事や監事が法定されていますので，組織運営は透明です（同法21条）。

　そして，技術研究組合の業務範囲は共同研究等に限定されます（同法6条）が，研究開発終了後に株式会社等へ組織変更をすることができます（同法7章）ので，研究成果の円滑な事業化が可能とされています。したがって，技術研究組合は，長期間を要する研究開発や大規模な研究開発を，将来の事業化を見据えて実施する場合には適しているとされます。

　もっとも，技術研究組合は，認可法人ですので，主務官庁に対する認可申請や届出が必要であり（同法13条等），運用が煩雑であるという意見もあります。また，現実には，独占禁止法違反のカルテルと認定されかねないような競合者間の情報交換を極端に避けるがあまり，競合者どうしが参加する技術研究組合における研究開発の内容が限定されたものになっている場合も見受けられます。今後は，制度運用上の改善が期待されます。

●産学連携・産学官連携

　いわゆる産学連携・産学官連携は，大学や研究機関等が保有する技術的または学問的なシード（seed：種）を企業と結び付けることによって，「イノベーション」を誘発しようとする試みです。

　最近では，国立研究開発法人科学技術振興機構（Japan Science and Technology Agency：JST）などを通じた予算配賦によって，大学・研究機関・企業の緊密なパートナーシップが形成されています。JSTは，「技術の創出に資することとなる科学技術（人文科学のみに係るものを除く）に関する基礎研究，基盤的研究開発，新技術の企業化開発等の業務及び我が国における科学技術情報に関する中枢的機関としての科学技術情報の流通に関する業務その他の科学技術の振興のための基盤の整備に関する業務を総合的に行う」とされています（JST法4条）。たとえば，産学共創プラットフォーム共同研究推進プログラム（通称：OPERA）は，基礎研究や人材育成における産学パートナーシップを拡

大し，オープンイノベーション（open innovation）を加速することを目指す取り組みです。

また，国立研究開発法人日本医療研究開発機構（Japan Agency for Medical Research and Development：AMED）は，「医療分野の研究開発における基礎的な研究開発から実用化のための研究開発までの一貫した研究開発の推進及びその成果の円滑な実用化並びに医療分野の研究開発が円滑かつ効果的に行われるための環境の整備を総合的かつ効果的に行う」とされ（AMED法4条），特に医療分野において，「オールジャパンでの医薬品創出プロジェクト」等に取り組んでいます。

こうした産学連携・産学官連携の取り組みには改善の余地があるものの，徐々に成果を挙げているといわれています。なお，知的財産権を取り扱う弁護士有志団体（弁護士知的財産ネットワーク）が，文部科学省による，産学連携関連契約書ひな型（「さくらツール」）の提供に協力し，産学連携・産学官連携の推進を支援しています[8]。

(3) 技術革新の成果を要求するタイプ

上記のほか，製品に対する技術的要求を厳格化し，技術革新の成果を要求することによって，技術革新を促進または誘発することがあります。専門家インタビュー中で言及した米国の排気ガス規制や中国のEV規制の他，日本でも，1979年，石油危機に対応する技術革新を促す目的で，いわゆる「省エネ法」（エネルギーの使用の合理化等に関する法律）が制定されました。なお，直近では，2011年の東日本大震災後に生じた電力需要の逼迫を受けて，再度，技術革新を促すために「省エネ法」が改正されています[9]。

こうした方法による技術革新の事実上の強制は，立法論としては，やむを得ない緊急事態には威力を発揮すると言えます。しかしながら，規制が厳しすぎると，当該技術の普及にとってかえって障害になるなど，その後の技術動向を左右する劇薬となる可能性もありますから，現実的なバランスを考慮し，謙抑的に実施されるべきであるように思われます。

---

8 http://www.mext.go.jp/a_menu/shinkou/sangaku/1383777.htm
9 http://www.enecho.meti.go.jp/category/saving_and_new/saving/summary/pdf/2017_gaiyo.pdf

2　技術革新にとっての障害を取り除く法制度

⑴　研究開発意欲を損なう行為を制限するタイプ

　企業等の研究開発意欲が妨げられれば，「イノベーション」を創出するための研究開発が実施されず，技術革新も起きなくなってしまいます。そこで，独占禁止法は，企業等の研究開発意欲が刺激され，新しい技術や製品が生み出される結果として，市場における自由な競争が促進されることを期待して，研究開発の成果を保護する知的財産権の「権利の行使と認められる行為」は独占禁止法に抵触しないと定めています（独占禁止法21条）。

　そして，公正取引委員会は，「知的財産の利用に関する独占禁止法上の指針」（「知的財産利用ガイドライン」）や「共同研究開発に関する独占禁止法上の指針」（「共同開発ガイドライン」）において，企業等の研究開発意欲が妨げられることのないように配慮しています。

●アサインバック（assign back）

　たとえば，「知的財産利用ガイドライン」によれば，技術などの使用許諾（ライセンス）を受けた者（ライセンシー）が開発した改良技術についての権利を，当該技術を使用許諾した者（ライセンサー）に帰属させる義務を課す行為または独占的ライセンスをする義務を課す行為（アサインバック（assign back））は，ライセンシーの研究開発意欲を損なうので，原則として，独占禁止法に抵触するとされています（同ガイドライン第4不公正な取引方法の観点からの考え方5（8））。

●非独占的グラントバック（grant back）

　これに対して，また，ライセンシーによる改良技術をライセンサーに非独占的にライセンスをする義務を課す行為（グラントバック（grant back））は，ライセンシーが自ら開発した改良技術を自由に利用できる場合は，ライセンシーの研究開発意欲を損なうおそれがあるとは認められず，原則として，独占禁止法に抵触しないとされています（同ガイドライン第4不公正な取引方法の観点からの考え方5（9））。

Introduction　イノベーション　　19

●取得知識・経験の報告義務

　なお，ライセンサーがライセンシーに対し，ライセンス技術についてライセンシーが利用する過程で取得した知識または経験をライセンサーに報告する義務を課す行為は，原則として，独占禁止法に抵触しないとされています（同ガイドライン第4不公正な取引方法の観点からの考え方 5 (10)）。

⑵　技術の方向性を統一することによって障害を減らすタイプ

　いわゆる標準化（standardization）は，技術の方向性を統一し，社会に対して，その利用を推奨することによって，革新の障害となりうる技術の多様性を単純化する方法といえます。情報通信分野を始めとして，製品が複雑化し，1つの製品に多数の知的財産権が含まれているような場合には，標準化することによって技術の普及が早まり，その技術を中心として，新たな「イノベーション」が起きることが期待されています。

⑶　障害となっている法規制等を実験的・例外的に取り除くタイプ

　新しい取り組みに対して，法規制が障害となっている場合において，実験的・例外的に当該障害を取り除く方法もあります。

　日本でいえば，産業競争力強化法はその1つの例であるといえます[10]。たとえば，産業競争力強化法においては，新事業開拓の取り組みと規制の代替措置をセットで実施提案することによって，個別に計画を認定する，「新事業特例制度」があります（同法9条参照）。また，「グレーゾーン解消制度」は，規制の適用の有無が曖昧で事業者が事業開始に萎縮しがちな新規事業分野について，事業者の照会に対して，関係大臣が連携し適法（ホワイト）であることを明確化し，必要なサポートを実施する方法です（同法7条参照）。

　また，2018年に導入されたいわゆる「規制のサンドボックス（Regulatory Sandbox）制度」も，参加者や期間を限定して，実証内容とリスクを確認し，「まずやってみる」ことを許容し，「イノベーション」の創出と社会実装を早期に実現することを目指すものです（生産性向上特別措置法1条参照）[11]。

10　https://www.meti.go.jp/policy/jigyou_saisei/kyousouryoku_kyouka/shinjigyo-kaitakuseidosuishin/index.html

このように，現在の日本では，諸外国の例に倣って，新規事業の障害となっている法規制等を実験的・例外的に取り除く方法が多く認められています。こうしたチャレンジによって新たな「イノベーション」が創出され，日本の産業競争力の維持・再生につながることが期待されています。

3　海外の動向

　「イノベーション」が経済活動に及ぼす影響の重要性に鑑みて，各国で，「イノベーション」を促進するさまざまな政策が取られています。

(1)　米国[12]

　米国では，2009年9月，オバマ政権（当時）下の国家経済会議（National Economic Council：NEC）および大統領科学技術政策局（Office of Science and Technology Policy：OSTP）が「米国イノベーション戦略」（A Strategy for American Innovation）を公表しました（2011年，2015年に改訂）[13,14]。

◆米国イノベーション戦略の主な目的
- 世界におけるイノベーション創出国家としての牽引的な地位の確保
- 健康長寿社会や持続可能な成長などの国家的課題への対応
- 政府によるイノベーション支援を重点化し未来の経済成長に先行投資

（出所）科学技術振興機構（JST）研究開発戦略センター（CRDS）「米国イノベーション戦略2015概要」

　また，トランプ政権に代わった後の2017年1月には，連邦法として，「米国イノベーション・競争力法」（American Innovation and Competitiveness Act：AICA）が成立しました[15]。

11　https://www.kantei.go.jp/jp/singi/keizaisaisei/miraitoshikaigi/suishinkaigo2018/revolution/dai1/siryou1.pdf
12　日本の科学技術振興機構（JST）による米国の科学技術動向に関する解説として，
　　https://www.jst.go.jp/crds/report/report10/US20151101.html
13　https://obamawhitehouse.archives.gov/sites/default/files/strategy_for_american_innovation_october_2015.pdf
14　日本の科学技術振興機構（JST）による解説として，
　　https://www.jst.go.jp/crds/pdf/2015/FU/US20151105.pdf
15　https://www.congress.gov/bill/114th-congress/senate-bill/3084/text/enr

Introduction　イノベーション　21

◆米国イノベーション・競争力法の目次
- 基礎研究の最大化（Maximizing Basic Research）
- 事務および規制面の負担低減（Administrative and Regulatory Burden Reduction）
- 科学，技術，工学および数学の教育（Science, Technology, Engineering and Math Education）
- 民間部門への梃入れ（Leveraging The Private sector）
- 製造（Manufacturing）
- イノベーションおよび技術移転（Innovation and Technology Transfer）

このように米国では，STEM（Science, Technology, Engineering and Math）を重視して，「イノベーション」の促進を図っています。

(2) 中国

中国では，2007年に「科学技術進歩法」の大改正が成立し，2008年7月から施行されています[16,17,18]。この「科学技術進歩法」は，科学技術の進歩を促進し，科学技術の成果を生産力に転換することを目的としており（1条），「イノベーション」の促進を目指すものといえます。

その後，中国は，2016年8月に，「中国第13次5カ年（2016年-2020年）国家科学技術イノベーション新計画」を公表しました[19,20]。

◆「第13次5カ年国家科学技術イノベーション新計画」（2020年まで）
(1) 数値目標
① 研究開発投資の拡充：対GDP比を2.5％に拡充（2015年は2.2％）

---

16 http://www.npc.gov.cn/npc/xinwen/lfgz/zxfl/2007-12/29/content_1387791.htm
17 JETROの日本語訳は，
 https://www.jetro.go.jp/ext_images/world/asia/cn/ip/law/pdf/regulation/20071229.pdf
18 日本の科学技術振興機構（JST）による解説として，
 https://spc.jst.go.jp/experiences/beijing/b080111.html
19 http://www.gov.cn/zhengce/content/2016-08/08/content_5098072.htm
20 日本の内閣府による解説として，
 https://www8.cao.go.jp/cstp/tyousakai/kihon5/2kai/siryo2-4.pdf

② 経済成長への科学技術進歩の貢献率：60％以上

③ 製造業における対外技術依存度：30％以下

④ 中国人による発明特許・科学論文引用数を2020年までに世界第5位以内に
（2010年時点では第8位）

(2) 特にイノベーションを推進する事業

① 重要電子部品

② ハイエンド汎用チップおよび基礎ソフトウェア

③ 超大規模集積回路製造技術およびセット技術

④ 次世代ブロードバンド・モバイル通信

⑤ ハイグレードNC工作機械および基盤製造技術

⑥ 大型油田，ガス田および炭層ガスの開発

⑦ 大型先進加圧水型炉および高温ガス冷却炉原子力発電

⑧ 水系汚染の抑制と管理

⑨ 遺伝子組換え生物新品種の育成

⑩ 重要新薬の開発

⑪ エイズやウィルス性肝炎等の伝染病の予防・治療

⑫ 大型航空機

⑬ 高解像度地球観測システム

⑭ 有人宇宙飛行および月面探査事業，等

（出所）内閣府「中国の科学技術イノベーション政策」

Part 1
人工知能

〈専門家〉

慶應義塾大学理工学部教授

栗原　聡
Satoshi KURIHARA

〈聞き手〉

廣岡健司　戸倉圭太　鷲見彩奈　佐賀洋之

(中央が栗原氏)

Interview	# 人工知能は「ヒト」を超えるのか

——慶應義塾大学理工学部教授　栗原　聡

1　「人工知能」とは何か

「知能」の定義

廣岡　栗原先生は，慶應義塾大学理工学部教授として，人工知能分野における研究に日々取り組まれていらっしゃるほか，オムロン　サイニックエックス株式会社アドバイザーや一般財団法人情報法制研究所の上席研究員も務めておられます。また，人工知能学会における理事や学会誌の編集長，電気通信大学・人工知能先端研究センターのセンター長も歴任しておられ，国内外における人工知能研究の現状についても見識をお持ちでいらっしゃいます。最初に，研究者である栗原先生の視点からは「人工知能」とはどのような概念として捉えられるのでしょうか。

栗原　「人工臓器」や「人工雪」など，「人工○○」という言葉はいろいろありますが，それは○○についての仕組みや構造がきちんと理解されているからこそ，人工的に○○を作ることができるのです。となると，人工知能とは「人工的に作られる知能」ということになるのですが，それでは「知能」とは何かというと，実は統一的な定義がされているわけではなく，研究者によってもさまざまな捉え方があるのです。私としては，突き詰めていえば「生き残るための環境適応力＝知能」というのが，もっとも素直な定義付けではないかと考えています。その観点からは，鳥や昆虫等あらゆる生物は一定の知能を備えているということがいえるのですが，その中でも人はとりわけ「知能」が高い生物として地球上で繁栄できているといえます。

「ヒトみたいな」を目指す人工知能

栗原　そこで人工知能という言葉についてですが，個人的には，昨今盛んにメディアや新聞・雑誌で見かけるところの「人工知能技術」というのは，現時

点でその実体は「IT技術の延長線」として位置付けることの方がより適切なのではないかと考えています。従来の情報技術と差別化を図るという意味では、「知的IT技術、もしくは高度IT技術」です。

　一方、「人工知能」という言葉自体が生まれたのは意外と古く60年くらい昔でして、コンピュータの開発の歴史とほぼ同じ歩みを辿り、当時が第一回目の人工知能ブームとなりました。コンピュータはそもそも「ヒトのように知的な計算ができる」ことを目的に作られたもので、ここでいう「ヒトみたいな」というのがIT技術と本来の人工知能技術とを分ける1つのキーワードとなるのではないかと思います。

廣岡　約60年前から使われている「人工知能」という概念ですが、最終的には出発点から一貫している「ヒトのような」という点に行き着くということでしょうか。

栗原　そのとおりです。「ヒトのような」という点については、人ならではの「言葉の使用」や「推論」、「感情・感性」といった、他の生物にはない、人ならではの能力に着目されてきたのですが、なかでも「記号を用いる」という点は人類独自の特徴であり、人工知能の歴史は、「記号」をいかにして「ヒトのように」技術として再現するかという点に始まったといってもよいのではないかと思います。

現代の人工知能研究の切り口：第三次「人工知能ブーム」

廣岡　昨今の「人工知能」分野の盛り上がりは、第三次「人工知能ブーム」と呼ばれていますが、現代に至るまでの「人工知能」を取り巻く状況はどのようなものでしょうか。

栗原　すでに述べているとおり、人工知能はまず記号論理という観点から捉える考え方、たとえば、日常生活で使われる文章を論理的な表現に変換して、その論理関係によって文を理解したり、質問に対する回答を計算したりする、といった考え方から始まったのですが、その後、確率・統計という観点から物事を捉える切り口も加わるようになってきました。確率・統計の観点からの考え方は、データに内在する因果関係を統計的手法で分析し、その因果関係を確率として表現する考え方です。この10年は、確率・統計を用いる手法

Part 1　人工知能　**27**

が実用化され，人工知能技術のメインストリームを形成しているように思います。実は，人工知能とひと口でいっても，さまざまな手法，たとえるなら「宗派」のようなものが存在し，2大巨頭が論理派と確率・統計派です。最近は後者の勢いが強く，たとえば文章について，文法（記号論理）として現代人の「ヤバい」の意味を分析することは難しいが，確率・統計的には容易に意味を導き出すことができます。文法などなくとも，確率・統計論でもって言葉を分析することができるのだと。このような確率・統計の切り口は，データ量の増加に伴ってこの10年くらい，ずっと優位性を保ってきたように思います。

栗原　ところで，人工知能技術における宗派についてですが，ヒトの「脳」を手本にしようという一派もありまして，その方法はニューラルネットワーク（neural network）と呼ばれるのですが，これも人工知能という言葉が生まれた約60年前に盛り上がった老舗的な人工知能技術なのです。脳を真似るという切り口ということもあり，その頃の記事の見出しは現代と同じ「人工知能が人間を超える」といったものでした。まさに歴史は繰り返す，ですね。もっとも，当時は，コンピュータ等の技術力がそのような（脳を手本とする）考え方を実現するには，性能不足であったがゆえに，「実現は無理だ」という結論に至ってしまい，長らく研究が進んでこなかったという事情があります。その中でも研究を続けていた研究者が存在し，その結果，時代を経て，画期的な研究が生まれることになります。

栗原　そして，近年のコンピュータの発展による処理能力の格段の向上とビッグデータの登場によって，従来は3層が限界であったニューラルネットワークの多層化が可能となり，第一次人工知能ブームの時に生まれた手法がこの10年で飛躍的に進化し，現代の第三次人工知能ブームの主役に躍り出ることになったのです。そして，その名前もニューラルネットワークではなく「ディープラーニング（Deep Learning：深層学習）」という新しい名前になりました。

2　人工知能を支える技術：ディープラーニングという第三次ブーム

廣岡　第三次ブームを迎えている人工知能研究，とりわけディープラーニング

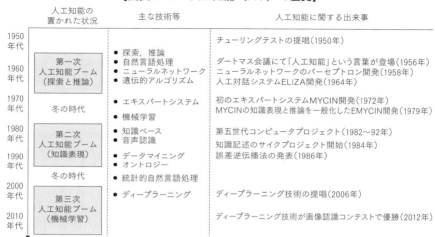

(出所) 総務省「ICTの進化が雇用と働き方に及ぼす影響に関する調査研究報告書」
（平成28年3月，株式会社野村総合研究所）

ですが，コンセプト自体は約60年前から存在したものが，ようやくコンピュータ技術やビッグデータの向上によって具体的な研究が進んできていると理解しました。

栗原 天気予報のように，ビッグデータに基づく統計処理による成功例があるように，現在においても商業的に見れば確率・統計を用いた技術がメインストリームに位置しています。そのような状況で，突如，いきなり高性能な人工知能技術として登場したのが「ディープラーニング」なのです。先ほども申しましたように，約60年前に人間の脳内にある神経回路網を人工ニューロンという数式的なモデルで表現し，人のような情報処理を実現しようとするニューラルネットワークと呼ばれる技術そのものなのですが，当時の3層ではなく，より多層，かつ大規模なニューラルネットワークでの計算が可能となったことから，新たに「ディープラーニング」という名前が付けられたのです。ディープラーニング自体の技術は10年前にすでに確立していましたが，当時はまだビッグデータを利用できる環境が十分に整備されていなかったこともあり，ブレークには至っていなかったものが，ここにきて隆盛を見せて

【図表1-2　衝撃　2011年：音声認識における成功】

acoustic model & training	RT03S		Hub5'00	voicemails		tele-conf
	FSH	SW	SWB	MS	LDC	
GMM 40-mix, ML, SWB 309h	30.2	40.9	26.5	45.0	33.5	35.2
GMM 40-mix, BMMI, SWB 309h	27.4	37.6	23.6	42.4	30.8	33.9
CD-DNN 7 layers x 2048, SWB 309h, this paper	18.5	27.5	16.1	32.9	22.9	24.4
（rel. change GMM BMMI→ CD-DNN）	(−33%)	(−27)	(−32)	(−22)	(−26)	(−28)

- DNN-HMM を使った手法が，音声認識の word error rate で従来法（GMM）より10％前後も改善
- 携帯端末における音声操作に Deep Learning が利用されるように

（出所）F. Seide, G. Li and D. Yu
　　　　Conversational Speech Transcription Using Context-Dependent Deep Neural Network, in INTERSPEECH, pp. 437-440 (2011) より抜粋

いるのです。第一次・第二次ブームは，研究や技術自体への期待が先行したブームであったのに対し，現代の第三次ブームは，具体的な技術の利用への期待に対するものである点が大きく異なります。10年前の技術が揃った時点では盛り上がりを見せていなかった理由としては，約60年前に一度「無理だ」と結論付けられてしまっていたことや，確率・統計論が10年前ブームの只中にあったことにあるようにも思います。

栗原　そのような中で，2011年の音声認識に関する国際会議にて，ディープラーニングが，確率・統計による手法を大きく上回る精度を発揮し，一躍ブームとなります。翌年には画像認識の分野でも目覚ましい結果を発揮し，技術・研究の進展ではなく，実用性・ビジネスでもって第三次ブームが始まった形になりました。従来の人工知能技術では，画像認識であれば，認識するために有用な特徴，すなわちヒントのような情報をあらかじめ人工知能のプログラムに入れ込んでおく必要がありましたが，ディープラーニングでは，この特徴を人が教えることなく，自らが自動的に獲得できるようになったのです。実用性という観点では，まだ投資に見合うほどの大きな結果が出てい

る状況には至ってはいないものの，潜在的能力は極めて高く，たとえば脳の CT スキャン画像からの腫瘍の早期発見において，医師が見抜けないほどの小さな段階での発見に成功するなど，具体的な成果も出始めています。

3　発展可能性，技術的課題

可読性という課題

廣岡　十分な実用化までは至っていないということですが，今後実用化に向けたギャップを埋めるための技術的課題としてはどのようなものが挙げられるでしょうか。

栗原　端的にいうと，「可読性」の問題の解消が挙げられると考えています。

栗原　「可読性」とは，知的情報処理技術において「どのような仕組みでデータ処理がなされているか」ということをわれわれ人間が理解できるかどうかという問題です。人が理解できるのであれば，われわれはその技術を安心して利用できます。たとえば，人工知能により病気の診断を行う際に，検査データに対して，なぜそのような診断結果となったのかについて，人工知能の判断の中身がわかれば，われわれは人工知能を信頼して利用できるのだと思います。しかし，余りにも人工知能システムが複雑となり，さらにディープラーニングのような手法を利用する場合，この可読性の問題に直面することになるのです。なぜそのような判断をしたのかの中身がわからないからです。優れた判断をするものの，どうしてそのような判断をしたのかが不明な技術は，高性能であっても実用化しにくいのです。自動運転技術を含めディープラーニングを用いたシステムの多くは現状この可読性を欠く状況にあり，大きな課題といえます。

今後の発展条件

廣岡　第三次ブームについて，比較的短期の時間軸で見た場合に，企業は AI を自社技術に積極的に取り込んでいます。今後の第三次ブームの継続的な発展条件はどのようなものになるでしょうか。

栗原　ディープラーニングは，現時点では効率化など無駄の削減という用途での活躍を見せていますが，メインストリームであるモノづくりの方向へ入っ

Part 1　人工知能　　31

ていくこと，潜在的な可能性を産業的成功に導くことが必要であると思います。そのためにもデータはやはり必要であり，豊富な種類の情報を大量に収集し，統合できる分野からまずは活用場面が広がっていくのではないかと考えています。潜在的な能力が高く期待も高まっているだけに，現実的な可能性を冷静に把握して持続的な研究開発を続けていくことが重要でしょう。

廣岡 企業の側でも期待を抱きつつ，一方で現実的な可能性への目線をもつことも重要ということでしょうか。

栗原 そうですね，たとえば，こちらも人工知能技術と同じように盛り上がりを見せているバーチャルリアリティ（virtual reality）についても，研究が最もブームを見せていたのは実は20年も前のことなのです。当時は高価であるにも関わらず解像度や画像処理速度は極めて低く，実用的に使える代物ではなかったのです。20年後の現在，ようやくその実力を発揮できる土壌が整いました。ディープラーニングについても，本格的な実用化においては5年，10年先を見据えることが必要なのではないかと思います。

戸倉 巷ではAIを掲げたベンチャー，スタートアップ企業が数多く出てきていますが，これらの活動についてはどのような印象をお持ちでしょうか。

栗原 ディープラーニングを支えるシステムは極めて複雑かつ難解なものであり，鍵となる手法のいくつかにおいて特許が取得されているものの，無償で利用できる状況にあります。オープンイノベーションによる研究開発の活性化という世界的な風潮が後押ししていることもあり，この状況はしばらくは継続すると考えています。そして，そのような状況下で日本企業が競争力を高める方法の1つとしては，ディープラーニングの複雑性を理解したうえで，ある種職人的な，経験に根差した，現場やデータを理解した上での適切な前処理や効率的なデータの組み合わせ等のノウハウを磨くことが挙げられるかもしれません。

応用領域

廣岡 ディープラーニングの有効な応用領域はどのあたりになるでしょうか。

栗原 ディープラーニングの強みは主として「画像からの特徴抽出」にありますので，画像や音声の認識分野が主要な応用領域として挙げられると思いま

す。認識に基づく作業，たとえば工場の製造レーンにおける不良品の検出も今後効果を生み出していくのではないかと考えています。

4 汎用型人工知能

汎用型人工知能とは

廣岡 現在実用化が進められているのは，「用途限定型」のいわゆる特化型人工知能といえますが，これに対して，汎用型人工知能というのはどのようなものでしょうか。

栗原 こちらは研究的要素が強い分野でして，これから発展していくという予想をもっている分野です。「汎用型」に対置される概念は「用途限定型」となりますが，科学技術というのは，元来特定の目的をもって開発された，用途限定型の技術ということができます。これに対して，汎用型人工知能とは，必ずしも規定付けられた目的のみに限定した技術ではなく，人があらかじめ想定した状況以外にも自律的に適応できる能力を備えた人工知能であり，これまでに学んだ異なる経験・技術を統合し，組み合わせる技術を有した人工知能といえます。これは，単に処理できる用途を増やせばよい，ということではなく，それらを自力で組み合わせることによって，最初に与えた用途を超えた数の用途をこなせることで初めて汎用性を取得するということができるのだと考えています。

汎用型人工知能の活躍分野

栗原 汎用型人工知能の活躍分野は，用途限定型の人工知能では足りない場面，具体的にはわれわれの社会に入り込み「ヒトと共生する」場面ではないかと考えています。少子高齢化が進む中で，人工知能がわれわれの生活において機能する機会が増えてくることが予想されますが，単純に特定の用途を果たすのではなく，ヒトに対して限定的な用途以上の「何か」を提供できる場面があるのではないかと考えています。

「技術的特異点」という仮説

廣岡 「技術的特異点（Technological Singularity：シンギュラリティ）」，つまり

技術の進歩が指数関数的に進む中で，ある時点で，人間の能力を凌駕する「超知能」をもたらすという仮説がありますが，汎用型人工知能の開発といわゆる技術的特異点の関係についてはいかがでしょうか。

栗原　人工知能がもし自分で思考して自力で目的を設定し，その達成のために成長していけるようになるとすると，もはや新しい生命体であり，人知を超えた存在となり得．そうすると，人類の最後の発明は，そのような人工知能となるのかもしれません。可能性について，議論は分かれますが，個人的には可能なのだろうと考えています。

創発とは

栗原　大半の工学製品は皆基本的にトップダウン型の設計により製造されています。トップダウン型では，まず，作りたいモノを想像して明確化し，それを細分化して十分に製造できるレベルまで細分化した後，それら個々のパーツを製造し，組み立てることで作りたいモノを完成させます。つまり，最初の段階で作りたいモノをきちんと想像できなければなりませんし，個々のパーツにはそれぞれ個別の役割があります。つまり，トップダウン型の思考を

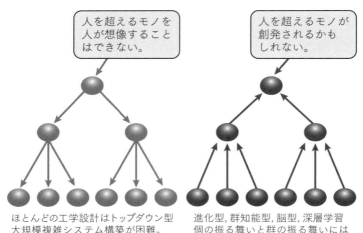

【図表1-3　創発とは？】

している研究者は，技術的特異点への到達は難しいのではないかと考える傾向にあると思います。「人はそもそも『人を超えるモノ』を想像することなんてできないから」です。これに対して，生物は進化により成長しますが，進化は工学的設計法と正反対のボトムアップ型なのです。ボトムアップ型での構築は，最初から構築する目標を志向せず，最下層のパーツに相当する「構成要素」を設計するだけです。後は，それらの相互作用による多段階的な自己組織化により，構成要素全体を超える能力を発揮させようという仕組みです。進化は，環境に適応することを目的として，結果的にわれわれヒトが現在において最も高い知性を持つ生物として存在しているだけなのです。つまり，ボトムアップ型の創発は，われわれの想像を超えた人工知能を実現できる可能性を秘めてはいるものの，今のところは結果論的な設計法しか存在しないのです。いかにトップダウン的にボトムアップ型手法を制御するかが鍵となります。

5　人工知能と法律の交錯点

廣岡　人工知能の発展と法的問題点との交錯についてどのような問題意識をお持ちでしょうか。

栗原　1つには，先ほどもお話しした「可読性」の問題に関連して，われわれが完全に制御できない，もしくは動作の説明が困難なシステムが何か問題を起こした場合にどうするのか，たとえば自動運転が事故を起こした場合に，販売時点の学習度を基準としてメーカーに責任を負わせるのか，またはその後の走行によって継続される学習度も含めて，ユーザにも責任を負わせるのか，といった議論もあります。さらに，汎用型人工知能が実現された場合に果たしてどのような議論になるのかという点は関心があるところです。

　　ロボットは人間が作り出したものですが，その後はロボットが自分の目的で学習し，自分で自分を改造したり，新たな能力を獲得できたりするようになった場合，どこまでがロボットを作り出した人間の責任となるのでしょうか。自律型人工知能には，「法人」のように「AI人」といった人格を与えようという考え方もあり得ると思います。やはり問題が顕在化するのは「自律型」の人工知能の登場以降ではないかと考えています。

廣岡　個々の局面に応じて適切な責任分配をできるような制度が必要というこ
とになりますね。

栗原　それから，このような問題を考えるにあたって日本の法律に求めること
は，事前に予測がつかないからといって何でもかんでも縛り付けるのではな
く，ある程度自由度を確保するスタンスがあってもよいのではないか，とい
うことです。もちろん細心の注意を払って研究は進められるべきものですが，
やみくもに縛り付けることによって，日本の研究開発が遅れていくという現
実も見据えた議論を行ってほしいと思っています。人工知能の開発倫理につ
いてもまだかなり抽象的な議論状況であり，具体的な法律論を展開していく
という段階ではないものの，現時点での印象としてはこういった感想を抱い
ています。

廣岡　法律業務における AI の導入についても，現在法律家が行っている業務
の中で，特に単純な機械的作業については，これから AI が取って代わるも
のと想定しています。

栗原　人とのコミュニケーションが必要な場面，単に効率を最適化しようとい
うことでは解決が難しい場面では，用途限定型人工知能の対応では力不足で
あり，経験に根差した膨大なノウハウが必要な場面ですので，まだまだ現在
の人工知能では対応は困難なのです。

6　人工知能の実現により目指すこと

人工知能のあるべき姿

廣岡　人工知能が社会の中で役割を果たすべき，果たしてほしい役割としてど
のようなものをお考えでしょうか。

栗原　第一に人間のための AI でなければならないというテーゼはありますが，
可能であれば社会に溶け込みヒトと「共生」できる存在，人間と 1 対 1 の存
在であって欲しいと考えています。特に日本人には欧米人と比較して「共
生」というコンセプトが馴染みやすいのではないかと考えています。また，
それとは別に，人類として何を成し遂げたのかという観点から，冒頭にお話
した「知能」との関係で，人類は人工知能の発明によって，「知能」のレベ
ルを高めたという多大な足跡を残したという位置付けを行うことも，1 つの

ものの考え方として面白いのではないかと思います。AI研究者は皆「知能」に対する何らかの思いがあり，知能こそが主役ではないかと心のどこかでは考えているのではないでしょうか。

社会に求められる姿勢

廣岡 人工知能は今後社会を大きく変えていくことが予想されますが，個々人や社会はどのように人工知能と対応していくべきとお考えでしょうか。

栗原 ヒトと違う存在ではあるものの，自律的な人工知能が登場して，人間の想像を超えた反応を人工知能が見せたときに，自律的な存在としての人工知能に対してわれわれは「何らかの生命観」を抱くのではと考えています。そして，その時，われわれがそのような人工知能を，自分達の道具である「モノ」として扱っていくのか，それともわれわれと異なる新たな相棒として対等の立場として付き合っていくのか，どちらの選択をするのかに関心があります。

一同 本日は，ありがとうございました。

(インタビュー：2019年1月7日)

Legal Commentary **法務の視点から**

1　人工知能技術を自社のビジネスに取り入れる場合の法的留意点

　人工知能（AI）技術を自社のビジネスに取り入れる場合，自社の事業やオペレーションにおける特定の課題を解決する手段として，AI技術を利用したソフトウェア（「AIソフトウェア」）の導入が検討され，外部の会社にそのAIソフトウェアの開発が委託されることが多いと考えられます。

　もっとも，AI技術については，近年急速に実用化が進んでいる技術であることから，①AI技術の特性について当事者間で意見の不一致が生じる可能性があること，②AIソフトウェアの権利関係・責任関係について法律上明確でない部分が存在すること，③AIソフトウェアの開発において利用されるデータに高い経済的価値や秘密性があり，データの取扱いが特に問題になること，

Part 1　人工知能　**37**

④AIソフトウェアの開発・利用に関する契約の実務が確立していないこと，等の問題点が指摘されており，AIソフトウェアの開発・利用に関する契約の交渉や締結が難航する恐れが生じます。

　このような状況を背景として，AIソフトウェアの開発・利用を促進する等の観点から，2018年6月に，「AI・データの利用に関する契約ガイドライン」[1]（「本ガイドライン」）が経済産業省から公表されています[2]。本ガイドラインは，「データ編」と「AI編」から構成されていますが，AI編では，AIソフトウェアの開発・利用に関する基本的な考え方を解説し，参考としてモデル契約案を提示しています。本ガイドラインは，法的拘束力を有するものではありませんが，AIソフトウェアの開発・利用に関する契約交渉や開発の文脈における一定の考え方が提示されており，実務上も指針として広く参照されることが想定されるため，本ガイドライン［AI編］に基づき，以下の①から④の事項につき整理し，最後に，国内外における人工知能技術に関連する政策動向や法令改正（第6節）について概観します。

---

① 人工知能技術の実用化の過程（第2節）
② 人工知能技術に関する知的財産権の整理（第3節）
③ 人工知能技術に関する開発・利用契約締結上の留意点（第4節）
④ 海外での取引の場合の留意点（第5節）

2　人工知能技術の実用化の過程

　本ガイドライン上，AI技術の実用化の過程は，大きく「学習段階」と「利用段階」に区分されています。

　また，「学習段階」は，さらに，①センサやカメラ等何らかの方法により収集・蓄積された「生データ」を加工し，「学習用データセット」を生成する段階と，②最終的成果物としての「学習済みモデル」を生成する段階に区分され

1　https://www.meti.go.jp/press/2018/06/20180615001/20180615001-1.pdf
2　本ガイドラインを踏まえつつ，農業分野の特殊性にも配慮したデータ契約に関するルール作りが検討され，平成30年12月には「農業分野におけるデータ契約ガイドライン」が農林水産省から公表されています。〈http://www.maff.go.jp/j/kanbo/tizai/brand/b_data/attach/pdf/deta-50.pdf〉

ます。他方、「利用段階」は、学習済みモデルに「入力データ」を入力し、その出力として一定の結果（「AI生成物」）を得ることを目的とする段階を意味します。

　各段階の工程は、「生データ」「学習用データセット」「学習用プログラム」「学習済みモデル」「ノウハウ」等の要素により構成され、本ガイドラインでは、各要素は図表1-5のように整理されています[3]。これらの各要素については、それぞれの意味内容や範囲がAIソフトウェアの開発契約の条件を定める上で意味を持ちますが、各用語の表現や意味内容については、技術者の方や当事者により全く異なって用いられている可能性がありますので、契約作成の前提として、当事者間で共通の用語を用いるようにし、また、それぞれの用語が意味する内容についても議論し、明確化しておくことが重要です。

　これらのAI技術の実用化の過程については、一社で完結することは稀であり、通常は、ソフトウェア開発業者に対して、AIソフトウェアの開発を委託する当事者（「ユーザ」）や、AI技術に関する専門知識を有し、AI技術を用い

【図表1-4　実用化の過程】

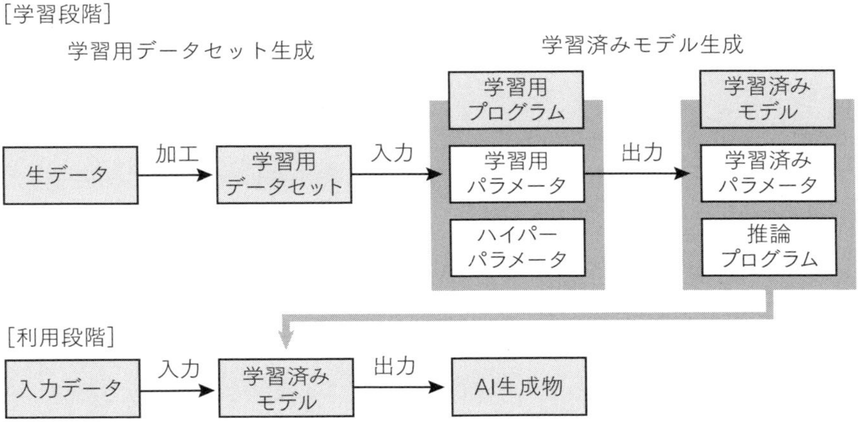

（出所）　本ガイドライン［AI編］12頁

————————————————

3　本ガイドライン［AI編］13頁

Part 1　人工知能 | 39

【図表1-5 本ガイドライン上の各要素の定義】

生データ	事業者や研究機関等により一次的に取得されたデータであって，データベースに読み込むことができるよう変換・加工処理されたもの
学習用データセット	「生データ」に対して，欠測値や外れ値の除去等の前処理や別個のデータの付加等，変換・加工処理を施すことによって，対象とする学習の手法による解析を容易にするために生成された二次的な加工データ
学習用プログラム	学習用データセットの中から一定の規則を見出し，その規則を表現するモデルを生成するためのアルゴリズムを実行するプログラム
学習済みモデル	「学習済みパラメータ」が組み込まれた「推論プログラム」。また，「学習済みパラメータ」とは，学習用データセットを用いた学習の結果，得られたパラメータ（係数）を意味し，「推論プログラム」とは，組み込まれた学習済みパラメータを適用することで，入力に対して一定の結果を出力することを可能にするプログラムを意味します
ノウハウ	AI技術の研究・開発・利用過程において，当事者が有する知見，技術，情報等のこと。具体的に何がノウハウに該当するか，当事者間で意味内容を明確にした上で，その帰属や利用範囲について契約に定めを置くことが必要です

たソフトウェアの開発その他のサービス提供を行う者（「ベンダ」）等，複数の当事者による共同での開発の形態を取るのが一般的です。その場合，どの過程を，いずれの当事者が担当するのか，契約上，責任範囲を明確にしておく必要があります。

3 人工知能技術に関する知的財産権の整理

本ガイドラインでは，AI技術の実用化の過程で当事者に帰属する可能性のある知的財産権を，①データ，②プログラム，③ノウハウ，に分けて整理しています[4]。

---

4 本ガイドライン［AI編］25頁

【図表 1-6　知的財産権の分類】

デ ー タ	前記の実用化の過程において、「生データ」「学習用データセット」「学習済みパラメータ」「入力データ」「AI生成物」等は、データの状態で存在します。データは、無体物であり、所有権等の対象ではありません。知的財産権（著作権、特許権）として保護される場合、不正競争防止法上の営業秘密または個人情報保護法（正式名称：個人情報の保護に関する法律）上の個人情報に該当し保護される場合があり得るものの、限定的であるため、データの保護は、原則として、当事者間の契約の規定を通じて図られます（この点に関連し、平成30年不正競争防止法および著作権法の改正については、後記6（人工知能技術に関連する政策動向や法令改正）を参照下さい）。
プ ロ グ ラ ム	「学習用プログラム」「推論プログラム」等のプログラムは、プログラムの著作物として著作権法上の保護を受ける可能性があるほか、特許法上の要件を充足すれば、「発明」等として保護を受ける可能性があります。ベンダが開発したプログラムについて著作権法または特許法による保護が及ぶ場合、職務著作や職務発明等の制度を通じて、その著作権や特許を受ける権利は、ベンダに帰属することが多いため、それを前提として、権利の譲渡や利用権限の付与について、ユーザとベンダとの間の契約上定める必要があるか検討の必要があります。
ノ ウ ハ ウ	AI技術の開発に関するノウハウについては、所有権の対象とはなりません。管理されているノウハウについて営業秘密として不正競争防止法上の保護が及ぶ場合があるほか、特許法上の発明に該当する場合もあり得るものの、それ以外の場合には、原則として、当事者が自由に利用できることになります。したがって、当事者の契約上、ノウハウの範囲を特定した上でその帰属や利用権限について定めておく必要があります。

　AIソフトウェアの開発に関する契約においては、上記の「データ」「プログラム」「ノウハウ」のそれぞれについて、知的財産権が発生する場合、その権利が誰に帰属するのかを確認することが必要となります（原始的に誰に帰属するのかという点に加え、その権利を他方当事者に譲渡するか否かという点も問題になります。「権利帰属」の問題）。さらに、知的財産権の対象となる場合と知的財産権の対象とならない場合の双方について、それらの成果物等を当事者が利用できる条件（利用条件）を契約上定めておく必要があります。

　もっとも、以上のような「権利帰属」や「利用条件」の設定については、ユーザとベンダの立場の違いもあり、図表1-7のように考え方に大きな隔たりが生じる可能性があります。

【図表 1-7　立場による意識の違い】

	ユーザ	ベンダ
学習済みモデルの権利帰属	開発費を支払い，学習済みモデル生成のために，価値あるデータ・ノウハウを提供したのだから，学習済みモデルに関する権利は全部自社のものとしたい	プログラムやシステムに関する権利は，開発主体である自社に帰属してしかるべき
他社への提供（横展開）	学習済みモデルを競合事業者に使われたくない 自社のデータ・ノウハウを外部に流出させたくない	学習済みモデルを横展開して一定の範囲で他社にも提供したい
品質	学習済みモデルやこれを用いたシステムは，一定レベルのものを納品してもらいたい	ユーザの求める目的に合致する学習済みモデルを作成できるかはやってみないとわからない 学習済みモデルの完成や未知の入力（データ）に対して性能の保証はできない
アップデート	自らのデータを使って追加学習をさせて学習済みモデルの精度をさらに上げたい	追加学習して精度を上げた学習済みモデルを生成したい

　以上のような当事者の立場や考え方の違いを前提として，当事者間で協議の上，「権利帰属」や「利用条件」について定めることになりますが，この点について確立した実務は存在しないため，交渉が難航する恐れもあります。本ガイドラインでは，対象となるデータやプログラムの生成・作成に寄与した程度（寄与度），これに要する労力，必要な専門的知識の重要性，データやプログラムの利用により当事者が受けるリスク等を主な基準として判断すること，および，寄与度に影響する要素として，次のものが提示されています[5]。実務上は，これらの基準について事実関係を整理した上で，互いに求める権利帰属や利用条件等について協議し，当事者の合意により具体的に設定する必要があります。

● 　当事者が提供したデータ・ノウハウ・創意工夫の価値

● 　当事者の技術力

5　本ガイドライン［AI編］28頁

- 生成・作成に要した人的・物的なコスト
- 生成物の独自性・固有性・当事者にとっての有効性，有用性
- 支払われる対価の額や支払条件等

　また，本ガイドラインでは，利用条件の主な交渉ポイントとして，①利用目的（契約に規定された開発目的に限定するか否か），②利用期間，③利用態様（複製，改変およびリバースエンジニアリングを認めるか），④第三者への利用許諾・譲渡の可否・範囲（他社への提供（横展開）を認めるか，競合事業者への提供を禁じるか），⑤利益配分（ライセンスフィー，プロフィットシェア），が挙げられています。

4　人工知能技術に関する開発・利用契約締結上の留意点

(1)　契約締結の進め方

　AIソフトウェアの開発をユーザがベンダに委託する場合，両者の間で，開発委託に関する契約を締結することになりますが，それをどのように進めるのかという点が問題になります。

【図表1-8　「探索的段階型」の開発方式】

	アセスメント	PoC	開発	追加学習
目的	一定量のデータを用いて学習済みモデルの生成可能性を検証する	学習用データセットを用いてユーザが希望する精度の学習済みモデルが生成できるかを検証する	学習済みモデルを生成する	ベンダが納品した学習済みモデルについて，追加の学習用データセットを使って学習をする
成果物	レポート等	レポート／学習済みモデル（パイロット版）等	学習済みモデル等	再利用モデル等
契約	秘密保持契約書等	導入検証契約書等	ソフトウェア開発契約書	多様なものが想定される

（出所）　本ガイドライン［AI編］44頁

Part 1　人工知能　43

この点，従来型のシステム開発の文脈では，ウォーターフォール型という開発方式が多く用いられてきましたが，同方式では，システムの仕様等を開発の初期に確定し，後に仕様等を変更することに困難が伴うことが多いことから，開発の過程で後戻りが不可避的に発生する学習済みモデルの開発には向かないと考えられます。

　そこで，本ガイドラインでは，AIソフトウェアの開発において，一括して契約を締結するのではなく，フェーズごとに分けて契約を締結していく方法を提唱しています[6]。具体的には，開発プロセスを，①アセスメント段階，②PoC（Proof of Concept：概念実証）段階，③開発段階，④追加学習段階の4段階に分け，段階的に進めていく方式です（「探索的段階型」の開発方式）。

(2)　契約の法的性質

　従来型のソフトウェア開発の場合，具体的な仕事の完成を目的とし，一定の瑕疵担保責任を伴う請負型の契約が親和的である場合も多いと考えられますが，学習済みモデルの生成の場合は，契約締結までに仕様や検収基準を確定することは難しいことが多く，特に未知の入力（データ）に対しては性能保証を行うことも困難と考えられますので，法律行為でない事務の依頼を目的とし，仕事の完成義務までは内容としない準委任型の契約が親和的といえます。

(3)　モデル契約

　システム開発契約に関しては，経済産業省が設置した情報システムの信頼性向上のための取引慣行・契約に関する研究会が，2007年4月に公表した「情報システム・モデル取引・契約書（受託開発（一部企画を含む），保守運用）〈第1版〉」（「モデル契約2007」）が実務において広く参照されていますが，本ガイドラインでは，モデル契約2007の考えを基本的に踏襲しつつも，AI技術を利用したソフトウェア開発に即した契約案として，新たにモデル契約を提示しています。

　具体的には，「探索的段階型」の開発方式を前提に，アセスメント段階における「秘密保持契約書」，PoC（概念実証）段階における「導入検証契約書」，

6　本ガイドライン［AI編］42頁

開発段階における「ソフトウェア開発契約書」の３つのモデル契約案を新たに提示しています。本ガイドラインにおけるモデル契約とモデル契約2007との関係は図表１-９のとおりです。

　本ガイドラインにおけるモデル契約は，下記を含む一定の前提を置いて，雛

【図表１-９　モデル契約の比較】

	2007年４月公表の モデル取引・契約書 （第１版）	2008年公表の モデル取引・契約書 （追補版）	2018年公表の 本ガイドライン
想定する 契約当事者	対等な交渉力がある大企業のユーザとベンダ	ITの専門知識を有しない中小企業と業として情報サービスを提供するベンダ	大企業から中小企業までのすべての企業ユーザとベンダ
想定する 対象システム	重要インフラ・企業基幹システムの受託開発，保守・運用	財務会計システム，販売管理システム等の導入等	事業やオペレーションに関する一定の目的を実現するためのAI技術を利用したソフトウェア，特に学習済みモデルを想定

【図表１-10　３つのモデル契約案の設定】

	秘密保持契約書	導入検証契約書	ソフトウェア開発契約書
当事者	ユーザとベンダ（ユーザやベンダの技術レベルや企業規模は問わない）		
契約の 法的性質	秘密保持契約	準委任型	準委任型
締結時期	アセスメント段階	PoCの初期段階	開発段階
前提とする ケース	ユーザから限定的なサンプルデータを受領し，無償でAI技術の導入可否について検証を行うケース	一定のサンプルデータを用いて学習済みモデルの生成や精度向上作業を行い開発の可否や妥当性の検証を行うケース	ユーザが提供するデータを元にベンダが学習済みモデルの開発を行うケース

Part 1　人工知能　45

形として作成されているものですので，実際の取引で利用するに際しては，個々の取引の内容や当事者の置かれた特定の状況を前提として，適宜契約内容を調整する必要があります。また，取引に関して当事者間でやりとりされるデータの取り扱いについてより詳細な規定を置く場合には，本ガイドライン（データ編）の契約条項例が参考になります。

5　海外での取引の場合の留意点

　海外での取引が生じる場面としては，日本国外に所在するベンダとの間で，学習済みモデルの開発を委託する場合や，逆に，日本に所在するベンダが，海外の当事者からデータの提供を受け，学習済みモデルの開発を受託する場合等が考えられます。

　この場合，当然に日本法が適用されるとは限らないため，取引に適用される準拠法を定める必要があるほか，当事者間で紛争が生じた場合の紛争解決手段・解決地について合意しておく必要があります。また，当事者間での準拠法の定めにかかわらず適用され得る相手国の強行法規その他の法令についても調査が必要であり，それらの法令には，知的財産権関係の法規，競争法，外為法に相当する輸出入管理規制が含まれます。

　本ガイドラインでは，学習済みモデルの生成・利用に関連して，国際的取引の文脈で問題になり得る事項として，以下の項目が挙げられています[7]。

- 海外において生データの取得や学習用データセットの生成等を行う場合，データに適用される各国の著作権，個人情報保護法に相当する規制
- 外国で生成される学習済みモデルの保護に関する規制（著作権や特許権に相当する現地法上の権利が発生するか否か，それらの権利の行使の要件）
- 学習済みモデルの利用の過程で第三者に対して責任が生じるリスクに関して，契約上責任制限の規定を設けた場合，国により当事者間の責任免除・制限条項の一部または全部が無効とされるリスク
- 国内で開発した学習済みモデルを海外で提供する場合，または，海外で開発した学習済みモデルを日本で提供する場合における，日本の外為法および各国の輸出入規制の確認の必要性

7　本ガイドライン［AI編］68頁

6　人工知能技術に関連する政策動向や法令改正

⑴　知的財産関係の政策動向

　最後に，今後の事業環境に影響を与え得る人工知能技術に関連する知的財産関係の政策動向や法令改正の状況について概観します。また，下記⑶においては海外における動向につき記載します。

　知的財産関係の政策動向については，内閣の知的財産戦略本部において議論が行われており，2018年6月に公表された，「知的財産推進計画2018」においても，重点事項として「データ・AI等新たな情報財の知財戦略強化」が挙げられています。具体的には，データ・AIを利活用しやすいような環境を整えていくことの必要性を確認した上で，①引き続き学習済みモデルやAI生成物等の技術動向や運用上の課題について注視し，必要に応じ，現行の知財制度や運用の見直しについて検討していくこと，②オープンサイエンスが広がりを見せる中，研究成果としての研究データの管理・利活用の方針や計画の策定について検討の必要性，③データの流通を適正化する観点から，ブロックチェーン技術の活用についても検討することが述べられています。さらに，2019年6月に公表された「知的財産推進計画2019」においても，さらなる取組みについての検討が行われ，分散した多様な個性の「融合」を通じた新結合を加速するための中長期の方向性として，データ・AIを活用した価値のデザインを円滑化することが掲げられ，また，当面の施策の重点として，データ・AI等の適切な利活用促進に向けた制度・ルール作りが挙げられています。各省庁における具体的な施策の方向性は図表1-11のとおりです。

⑵　法令改正

　上述の知的財産戦略本部での議論に沿って実施された人工知能技術に関連する主な国内法令の改正としては，不正競争防止法および著作権法の改正があります。それぞれの改正概要は図表1-12のとおりです。これらの改正は，AIソフトウェアの開発にあたり必要なデータの利活用について法令上の障害を取り除き，また，データの保護を強化することにより，事業環境を整備することを目的とするものです。

【図表 1-11　各省庁における施策の方向性】

関連省庁	施策の方向性	期間
総務省，経済産業省	情報信託機能の認定スキームに関する指針の継続的な見直し，本指針に基づく民間団体による認定の推進や官民が連携した実証実験の実施等による情報銀行の実装に向けた取り組みを継続する。	短期，長期
経済産業省	国内・国外のデータ利活用促進に向け，AI・データ契約ガイドラインの英訳の発信，法令改正に即した内容のアップデート，モデル契約類型の充実，ユースケース事例の多様化，セミナー等を通じた普及啓発活動等を行う。	短期，中期
経済産業省	2019年1月に公表したAI関連技術に関する特許審査事例について，説明会や国際会議等を通じて，国内外での普及を図る。	短期，中期
経済産業省	OSS（オープンソースソフトウェア）を安全に活用するためのOSSの選定および活用の枠組みについての検討等を通じて，OSSの活用に対する意識向上に取り組む。	短期
総務省，経済産業省	一定のサイバーセキュリティ対策が講じられたデータを共有・連携することにより生産性を向上させる取り組みに用いられる設備等への投資に対する税制措置等の支援や，さらなるセキュリティの確認を受けたデータ共有事業者が，国や独立行政法人等に対し，データ提供を要請できる手続きを生産性向上特別措置法（2018年6月施行）により整備。今後も同制度の周知・普及を行うとともに，必要な措置を検討する。	短期，中期
公正取引委員会	データ利活用の実態を踏まえながら，公正かつ自由な競争環境の確保・イノベーション促進の観点から，データ利活用に関連する論点について所要の検討を実施し，整理の結果を周知する。	短期，中期
文部科学省	2018年の著作権法の改正に伴い，ガイドラインの策定や著作権に関する普及・啓発など，法の適切な運用環境の整備を行う。	短期
文部科学省	研究目的の権利制限規定の創設や写り込みに係る権利制限規定の拡充等，著作物の公正な利用の促進のための措置について，権利者の利益保護に十分に配慮しつつ検討を進め，結論を得て，必要な措置を講ずる。	短期，中期

経済産業省	政策と結びついた標準の活用の深化に対応するため，公的機関等を活用して，分野に捕らわれず横断的に標準化活動に取り組むことができる組織体制の構築について検討を行う。	短期，中期
総務省	事業者・分野毎に存在するさまざまなIoTデバイスが接続されるプラットフォームの相互連携により，多様な事業者の技術やサービスを結びつけ，新たな付加価値の創出に寄与するため，プラットフォーム間連携技術の確立と相互接続検証を行うとともに，国際標準化に向けた取り組みを強化する。	短期，中期
経済産業省	データ品質の担保を含む，AIのライフサイクル，およびAIの品質保証に関する国際標準の提案を検討する。	短期，中期
厚生労働省	データヘルス改革を着実に推進するため，国民の健康確保に向けた健康・医療・介護のビッグデータ連結・活用や，がんゲノム情報・AI開発基盤に必要なデータの収集・利活用等に関するサービスの提供に向け着実に取り組む。さらに，厚生労働省において，今夏に策定予定の2020年度以降の工程表等に基づいて取り組みを進める。	短期，中期
厚生労働省	健康・医療分野において，健診情報にかかるデータ提供や利活用に関する契約条項例や条項作成時の考慮要素等をガイドライン等の形で示すとともに，NDB・介護DB等の連結データの民間企業への提供に向けて，提供にかかる審査基準・手続き等を検討し，ガイドラインとして公表する。	短期
内閣府，文部科学省，厚生労働省，経済産業省	次世代医療基盤法の下，同法の基本方針に基づき，広報・啓発による国民の理解の増進をはじめ，産学官による匿名加工医療情報の医療分野の研究開発への利活用を推進する仕組みを稼働させる。	短期，中期
農林水産省	農業データ連携基盤の機能を，農産物の生産から，加工・流通・販売・消費までデータの相互活用が可能となるよう強化・拡張し，フードチェーン全体でデータの相互活用が可能なスマートフードチェーンを構築する。また，異なるITシステム間でデータの形式や用語等の統一化によって農業情報の相互運用性・可搬性を確保するため，農作物名・農作業名等の標準化を推進する。	短期，中期

関連省庁	施策の方向性	期間
農林水産省	2018年12月に策定された農業分野におけるデータ契約ガイドラインを踏まえ，熟練農業者等の技術・ノウハウの流出防止を図りつつ，農業AIサービス等の利用を促進するため，その利用に関する契約の実態や農業分野の特殊性について現地調査等を通じて分析を行い検討し，それらの利用に関する契約の考え方や契約雛形を内容とするガイドラインを策定する。	短期，中期

（出所）　知的財産戦略本部「知的財産推進計画2019」をもとに作成

【図表1-12　近時の主な改正】

法令名	改正概要
不正競争防止法（2019年7月1日施行。ただし②については2018年11月29日施行）	【改正趣旨】 　安心してデータの提供・利用ができる環境を整備する 【改正概要】 ①ID・パスワード等の電磁的方法により管理しつつ，相手方を限定して業として提供するデータ（「限定提供データ」）を不正に取得・使用・開示する行為を「不正競争」に位置付け，これに対する民事的救済措置（差止請求権等）を創設 ②いわゆる「プロテクト破り」（無断コピー制限等の技術的制限手段の効果を妨げる行為）を助長する不正競争の範囲を，プロテクトを破る装置・プログラムの提供だけでなく，当該プロテクト破りのサービス提供等に拡大 ③特許法等と同様に，裁判所が書類提出命令を出すに際して非公開（インカメラ）で書類の必要性を判断できる手続を創設するとともに，技術専門家（専門委員）がインカメラ審理手続に関与できるようにする
著作権法（2019年1月1日施行）	【改正背景】 　従来の著作権法では利用の目的や場面ごとに個別具体的な要件を定めた権利制限規定をおく形式が採用されていたため，条文上で明記されていない限りは，すでに権利制限規定の対象となり適法とされている利用行為と同じコンセプトの類似行為であっても形式的には違法となってしまい，利用の萎縮が生じていたため，技術革新による新たな著作物の利用ニーズに応える必要が謳われていた 【改正概要】 　権利者に及び得る不利益の度合いに応じて，以下のとおり，必要と認められる限度で著作物を利用できるとし，デジタル化・ネ

ットワーク化の進展に対応した柔軟な権利制限規定を整備
①権利者の利益を通常害さないと評価できる行為類型
- 著作物に表現された思想又は感情の享受を目的としない利用（改正法30条の4）
- 電子計算機における著作物の利用に付随する利用等（改正法47条の4）
②権利者に及び得る不利益が軽微な行為類型
- 電子計算機による情報処理及びその結果の提供に付随する軽微利用等（改正法47条の5）

　また，この他にも，生産性向上特別措置法（2018年6月6日施行）において，データの共有・連繋を行う取り組みについての減税措置等の支援を伴う認定制度が導入されており，政府の掲げる，人工知能の活用を含む「生産性革命」に向けた法令整備が進められているといえます。

⑶　海外における政策動向や法令改正

　海外においても，AI技術の導入を自国の競争力に結びつけるため，AIに関連する政策や法令改正に向けた議論が活発に行われています。以下では，米国，中国，英国，EUにおける状況について記載します。

●米国

　米国では，AIは自動運転や顔認証をはじめ幅広く実用化されており，その安全性やデータ・プライバシー保護等の観点から法規制の必要性が議論されてきました。

　　　●自動運転に関しては，安全性基準やサイバーセキュリティ等に関する連邦法上の規制を盛り込んだ法案が2017年に議会に提出されています（未だ成立していません）。

　　　●民間におけるプライバシー保護に関しては，医療，児童，通信等の個別分野を対象とした連邦法が存在するほか，商取引において米国連邦取引委員会が消費者保護を目的とする一定の規制権限を有するものの，日本の個人情報保護法やEUの一般データ保護規則（General Data Protection Regulation）に相当する分野横断的な連邦法は存在していません。

●顔認証技術に関しては，AIにインプットされるデータの偏りが人種差別を増長させる危険があることが一部の研究者から指摘されており，AIによるアウトプットの説明責任を確保するための規制枠組みの必要性が議論されています。

●現行の判例法上発明者は自然人とされていることから，AIを使用して発明がなされた場合，発明者の特定が困難になる事案があり得ることが指摘されています。

今後の動向は，トランプ大統領が2019年2月11日に署名した大統領令において，①AIの研究開発のための予算を優先的に確保すること，②AIの研究開発のリソースとして政府が保有するデータへのアクセスを提供すること，③AIの研究開発促進のために規制を緩和し，必要な技術基準を設定すること，④AIの研究開発および普及のための人材を育成すること，⑤AIに関する米国の優位性を確保するための施策を実施すること等について連邦政府がイニシアティブをとることが定められたことから，法規制を含む制度の構築が加速することが予想されます。また，AI技術は2018年輸出管理改革法に基づき新たに米国輸出規制の対象に加えられる可能性があります。

●中国

中国では，急速に発展しているAI技術は，医療，金融，ビジネスその他の業界で広く利用されている一方で，ロボットによる人身傷害，ロボットの新書の発売会，インターネット会社である百度のCEOが自動運転車の乗用で交通警察から行政指導されたこと等のニュースが報道され，人々に懸念を起こし，法制度についても問題を提起しています。

中国は，国家戦略においてAIに関する法規制および政策システムの構築の重要性を強調しています。2017年7月20日，国務院は，「新世代人工知能開発計画」を発表し，AI技術を国家戦略として位置付け，法制度の構築については，2030年までにより完備されたAI関連法令，倫理規範および政策システムを確立するとし，AIに関わる民事および刑事責任の認定，プライバシーおよび財産権の保護，情報の安全利用，責任追及のメカニズム，潜在的リスクおよびその評価問題の解決に重点を置いて，自動運転やサービスロボットなどの個

別分野に関する立法研究を加速することを求めています。同計画の発表後，いくつかの省庁（たとえば工業および産業情報技術省）および地方政府（たとえば浙江省人民政府）もAIに関する産業発展計画を発表しています。

AIに関する法規定としては，電子商取引におけるプレシジョンマーケティング，データセキュリティ分野におけるアルゴリズムに基づくコンテンツの推薦およびスマート投資の分野における法規定が，異なるレベルの法令に定められています。しかし，これらの規定のみでは，AIによって引き起こされる法的問題に完全には対処できません。AIについて議論されている法的問題としては，著作権法におけるAI作成物の性質およびその法的保護，AIに係る不法行為の責任分担，個人情報の保護，アルゴリズム差別防止およびサイバーセキュリティが挙げられます。会社法や独占禁止法などの分野へのAIによる影響に関する議論もあります。

2019年4月，AIが生成したコンテンツの著作権保護の可否に初めて触れた判決が行われました。同判決は，AIによって生み出される成果物は，内容，形式，さらに表現の観点からも自然人による作品に近いが，現行法によってシステム技術および経済利益等について適切に保護されていることを考えると，自然人による創造を作品の要件としている著作権法の基本的な規範を逸脱することが適切ではなく，現行法に定める作品に該当しないと述べました。中国では，このような裁判例を含めて，AIに関連する法規制の構築およびその運用がこれからも進展することが想定されます。

● 英国

英国政府は，2017年11月に「Industrial Strategy: building a Britain fit for the future（産業戦略：将来に適応する英国の建設）」を発表しました。その戦略の主な内容は，人工知能の倫理的，法律的な影響に留意しながらも，英国が人工知能に投資を行う点にあります。このコミットメントは，2018年4月に発表された英国政府の「Artificial Intelligence Sector Deal（人工知能セクターディール）」によく表れています。

投資および倫理面において，英国はさまざまな取り組みを行っています。英国は，安全で倫理的，かつ革新的なAIの使用とデータ駆動型技術の実現およ

Part 1 人工知能 **53**

び保証のために必要な手段に関する独立した専門的な助言を行う機関，Centre for Data Ethics and Innovation（データ倫理とイノベーションセンター）を設置しました。今後 5 年間で1,000人に博士号を授与するため，新たに16の大学センターが設立されています。また，英国は，デジタルパソロジーとイマジニング，そして AI医療発達の研究地点を英国全土に新たに 5 カ所展開することにも同意しています。

　倫理および規制の観点から眺めても，英国は重要な歩みを進めています。英国議会は，AIに関して追加で特定又は全般的な法又は規制が必要かどうか検討を進めています。上院の超党派的Select Committee on Artificial Intelligence（人工知能特別委員会）は幾度も公聴会を開き，多数の文書を作成しています。

　特定の法のひとつが，Autonomous and Electric Vehicles Act 2018（自動運転車および電動輸送機器法2018）です。これは2018年 7 月に施行されたもので，自動運転車を巡って保険会社が負う責任問題に直接対応しています。もちろん，General Data Protection Regulation（一般データ保護規則）の制定は英国法に自動意思決定に関する新しい法律を導入するきっかけとなりましたが，データに対して警戒心を抱く必要は，このような取扱活動によるものです。そして，英国法制定時によくあるように，多数の過去の法律がAIのような新たな技術にも適用され続けています。Copyright, Designs and Patents Act 1998（著作権・意匠・特許法）は，コンピューターで作成した作品の作者は誰かを定めており，これは，AIエンジンが作り出した作品の著作権を誰が所有するかという問いに対する答えとなっています。

　英国の規制機関も AI問題と無縁ではいられません。2016年，消費者と競争規制を担当するCompetition and Markets Authority（競争・市場庁）は，自動価格再設定ソフトウェアを巡る Trod and GB eyeの事例に既存の原則を適用しました。

●EU

　EUにおいて，AIは重要なテーマとみなされており，これは2018年 4 月10日の「Cooperation Declaration（協力宣言）」や「HORIZON 2020（ホライズン

2020)」における大規模投資の提案，その他の類似した宣言や提案から分かります。「Ethical Guidelines for trustworthy AI（信頼できる AI のための倫理的指針）」（これは個人情報保護や透明性の方針に関し検討しています）が2019年4月8日に公表されました。また，製造物責任指令（これは欠陥商品に関して，消費者および製造者にはっきりとした法的責任を保証するものです）および機械指令（機械に関する法的責任）は，このデジタル産業革命における関連性について評価されています。欧州委員会は，指令に関する指針を出し，2019年半ばまでには AI，IoT およびロボット工学に関し必要な起こりうる変化に関する報告書を発表します。GDPR は，個人情報が AI を使用して取り扱われた場合の個人情報保護を懸念しています。

　他方，European Patent Office は，2018年11月1日に人工知能および機械学習技術の特許に関する公式指針を公表しました。これは，AI や機械学習の考案に関し，既存の法的枠組みがどこまで適用可能かを明確にしたものです。

　AI に関する対応は，EU 加盟国レベルでも行われており，たとえば，ドイツでは，2018年11月，「Artificial Intelligence Strategy（人工知能戦略）」が連邦政府の承認を受け，発表されました。同戦略は，AI を取り巻く問題に対処できるように現行の法制度を調整する必要性に言及しています。また，法的な問題については，AI システムに関する説明責任の度合い，この先 AI が引き起こす損害に誰が責任を持つのか，プライバシー保護（個人情報），知的財産権の保護等について議論されています。

Part 2
ビッグデータ

〈専門家〉

dotData, Inc. CEO

藤巻　遼平
Ryohei FUJIMAKI

〈聞き手〉

戸倉圭太　中崎尚　小倉弘資

(左から2番目が藤巻氏)

Interview 真に価値のあるデータを見極める
——dotData, Inc. 藤巻 遼平

1 「ビッグデータ」とは

戸倉 藤巻氏は，これまでNECデータサイエンス研究所の北米研究所に在籍し，機械学習やデータマイニングの最先端の研究をしながら，海外案件のリーダーとしてグローバルにご活躍されてきました。現在は，dotData, Inc.（2018年2月にNECより戦略的カーブアウトにより米国で設立）のCEOとして，同社を率いていらっしゃいます。誰もがデータを活用し，予知・予測ができる未来を見据え，データサイエンスの自動化プラットフォーム（dotData）の開発に従事していらっしゃるとのことです。本日は，藤巻氏の専門分野である「ビッグデータ」について質問させてください。まず，ビッグデータとは何か？ ということからお聞きしたいと思います。

藤巻 ビッグデータという用語に厳密な定義はありませんが，主として，Volume（データ量の巨大さ），Variety（データの種類の多様さ），Velocity（データの発生頻度の大きさ）という3つの特徴を備えたデータであるという説明がされてきました。これまでは大きなデータを扱う難しさに焦点が当たってきましたが，ビッグデータという用語の定義よりも重要なるのは，どのようなデータが価値を生み出すかということです。データをたくさん集めても必ずしも有効に活用できない場合があり，データから生み出される価値こそが重要と言えます。

戸倉 たとえば，どういったデータが価値を生み出すものと考えられるでしょうか？

藤巻 私が身をおくNECデータサイエンス研究所やdotData, Inc.では，企業で収集・蓄積される業務データ等に関する分析を主に取り扱っています。そこでは，顧客の取引（トランザクション）に関する情報，ウェブアクセスに関する情報，工場のセンサーに蓄積される情報などが広く対象となります。

ビッグデータの分析といえば，ウェブ上にある膨大な画像データやTwitter のつぶやきの文字列の分析を思い浮かべる方もいるかもしれません。そういったインターネット上の情報，あるいはオープンデータは重要ですが，企業にとって本当に価値のある情報かという視点で考えた場合，その企業の本質的な活動の中で生成され，企業活動を表現するインハウスのデータにこそ，価値があると考えています。また，インハウスのデータは，競合との差別化という観点でも，戦略的に重要なデータであると言えます。

2　ビッグデータには何ができるか

戸倉　価値を生み出すビッグデータこそ重要であることがわかりました。そのようなビッグデータによって，何ができるのでしょうか。

藤巻　簡単に言えば，ビッグデータを分析することで，ある種の将来予測や現象の理解をすることができます。もっとも，企業活動中に生成される膨大な生のデータは，そのままでは分析することができません。まずは，生のデータを加工して整理し，分析に有効なデータ項目（特徴量）を含むデータセットを作成します。データセットを基に，統計学や機械学習を駆使して予測モデルを設計し，そのモデルを用いて将来を予測する，あるいは予測に寄与するデータ項目を通じて現象の理解をすることができます。

戸倉　データセットや予測モデルの構築は人間が行うのですか？

藤巻　これまでは人間がソフトウェアを用いて行っていました。さも簡単なことのように言いましたが，実際には，分析に役立つ「良い」データセットを作るのは大変な時間とコストがかかりますし，予測モデルの構築には，これまでは私のようなデータサイエンティストによる専門的な分析が必要でした。近年では，AI，つまりはディープニューラルネットワークを用いた機械学習（深層学習）の技術がある種のデータに対する予測モデルの構築にブレークスルーをもたらしましたが，ディープラーニングを含めて，まだまだ一部の専門家の属人性に頼っているというが現状です。

戸倉　最先端の技術ですね。ビッグデータの分析にはAIがとても相性がよいと思うのですが，AIを用いた分析にはどのような限界があるでしょうか。

藤巻　たとえば，ビッグデータとAI（機械学習の技術）を組み合わせることで，

「相関関係」を発見することはできますが，それは「因果関係」と必ずしも一致しないという点が挙げられると思います。具体例を挙げましょう。

　あるコンビニの店長が「アイスクリームの売上をもっと伸ばしたい」と考えたと想像してみてください。店長が人工知能（AI）を用いて過去の購買データを分析したところ，AIは，「傘を売るのをやめましょう」との回答をしました。店長は，これに従って傘を売るのをやめましたが，結局アイスクリームの売上は伸びず，傘の売上がゼロになるだけでした。

戸倉　AIの分析結果は明らかに変ですね。どうして「傘を売るのをやめましょう」という結論になったのでしょうか？

藤巻　「相関関係」と「因果関係」を混同したためです。AIはデータを分析し，「傘が売れない日には，アイスクリームが売れる」という傾向（相関関係）を発見し，それを因果関係と混同した結果，傘を売るのをやめればアイスクリームの売上が上がるという予測を立てました。これは単純かつ極端な例ですが，相関関係と因果関係との違いを示しています。

戸倉　現代の寓話のようです。「風が吹けば桶屋が儲かる」ではありませんが，一見何の関係もないような2つの事象の相関関係が示された場合，それにのみ基づいて意思決定するのは危険ですよね。飲料を販売する企業が過去の膨大な売上データをAIで分析した結果，「国政選挙があった年の翌年には，お

【図表2-1　アイスクリームと傘の相関関係】

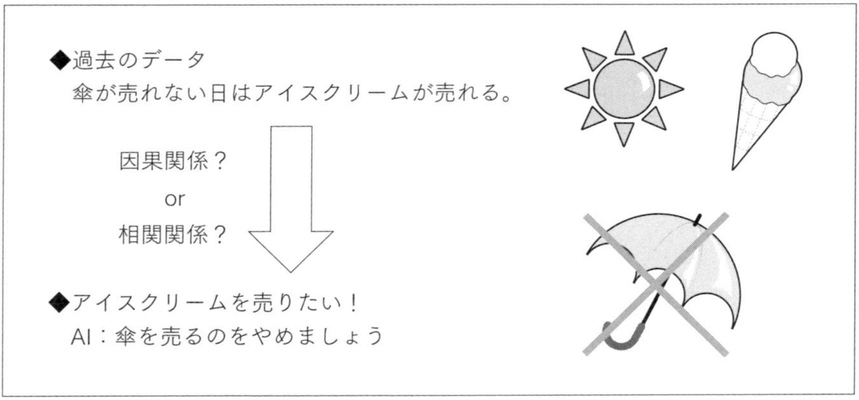

◆過去のデータ
　傘が売れない日はアイスクリームが売れる。

因果関係？
or
相関関係？

◆アイスクリームを売りたい！
　AI：傘を売るのをやめましょう

茶Aの売上は増える」という予測が示されても，では「今年は国政選挙が
あったから，来年はAの出荷量を増やそう」という意思決定には直ちにな
らないですよね。AIがなぜそのような予測に至ったのかの過程，ロジック
の検証が重要と思えますが，それは可能なのでしょうか？

藤巻　深層学習（ディープラーニング）による推論の過程がブラックボックス
であるといった批判はよくあり，実際，領域によっては検証が困難な場合も
あります。たとえば，深層学習による画像認識の過程は，一般に事後的な検
証が困難だとされています。画像認識の領域では，「画像の特徴点」という
人が認識することが困難な情報を扱うからです。深層学習のようなブラック
ボックスのモデルを説明可能にしようという研究は急速に広まっていますが，
やはり原理的な限界があります。一方で，たとえば企業のデータハウス内の
情報を基にした分析の領域においては，説明性や検証可能性を備えたホワイ
トボックスのモデルが好んで利用されますが，精度に関してはブラックボッ
クスのモデルに劣後します。

戸倉　なるほど，よくわかりました。GDPRのプロファイリング規制でも，総
務省AIネットワーク社会推進会議が示したAI開発ガイドライン案にも，透
明性の原則が謳われていますが，1つの重要な課題ということですね。

3　最先端の世界で起きていること

戸倉　今，ビッグデータの最先端では，何が起きているのでしょうか？

藤巻　従来は，分析ベンダーがお客様のデータを預かり，それを基に予測モデ
ルを作るというサービス受託型の案件が多かったのですが，これは変わりつ
つあると感じています。ガートナーのシチズンデータサイエンティスト
（citizen data scientist）という考え方によれば，データ分析の担い手は，従来
の専門知識を有する一部のデータサイエンティストから，データ分析に関わ
るより広い人材，究極的にはビジネス部門への広がっていくとされています。
データを利用する一般人の誰もが，データに基づく予測を立てて意思決定を
するような，「データの民主化」時代が到来するとされています。これを可
能とするのは，AIを用いてデータ分析の自動化を行う技術であり，近年，
ニーズが非常に高まってきています。AIを用いたデータ分析の自動化によ

Part 2　ビッグデータ　61

り，ビッグデータから学習して得られるモデルを作成するコストが大幅に小さくなります。NECデータサイエンス研究所では，膨大なデータから特徴量を自動的に検知し，予測モデルを自動的に構築することを可能にするための「予測分析自動化技術[1]」の開発を担当し，現在はdotData, Inc.においてこの技術を用いたソフトウェア「dotData」を開発・販売しています[2]。dotDataは，企業が精度の高い予測モデルを短期間で構築することを可能にしますから，ビッグデータを用いた将来予測をよりビジネスの現場に浸透させるのではないかと考えています。

戸倉 藤巻さんから見て，ビッグデータを用いたAIによる分析の研究開発をめぐる日本の状況について，他の先進諸国と比較してどうでしょうか？

藤巻 日本では，AIの頭脳にあたるアルゴリズムの研究を重視する傾向にありましたが，グローバルに見れば，データビジネスにおいては，高度なアルゴリズムはある程度オープンソース化されてきているため，新しいアルゴリズム開発の重要性は相対的に小さくなってきていると思います。一方で，データビジネスが大規模に成立するためには，AIのアルゴリズムだけでなく，ビッグデータを収集・蓄積・分析するためのプラットフォームの技術，高速な計算を行うコンピューティングの技術，それらを支えるソフトウェアやハードウェアの技術など，さまざまな技術を1つの製品・サービスとしてまとめ上げる必要があります。花形のアルゴリズムが1つあれば，それだけでビジネスに世界的な競争力が生まれるというものではありません。

　日本にも，これらの各層における相応の技術はあるのですが，私の目からみると，それらを有機的に結合し，グローバルに展開するビジネスに結実させることがまだできていないように思います。この点では，米国企業が先行しているでしょう。dotData, Inc.では，グローバルに通用する新しいデータ分析のプラットフォームの構築を目指しています。あと数年以内に，古典的な分析プラットフォームから，自動化分析プラットフォームへのパラダイムシフトが起こると考えています。いったんあるプラットフォームが浸透しデファクトスタンダード化してしまうと，そのプラットフォームの下で動く画

1　http://press.jal.co.jp/ja/release/201711/004489.html

2　http://dotdata.com/

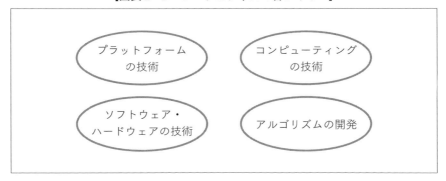

【図表 2-2 データビジネスの各レイヤー】

期的な技術が開発されたとしても、ビジネスをリードできなくなってしまうため、ここが勝負だと考えています。

戸倉 技術で勝ってもビジネスで負けるということがあるのですね。それにしても、AIという用語が巷にはあふれ、「これは本当にAIと呼ぶべきものなのかな」と疑問に感じる製品の宣伝文句も見られますよね。こういった状況を藤巻さんはどのように見ていますか？

藤巻 昨今、AIやビッグデータといった単語がバズワード化し、他社に後れを取るまいと、自社にとって本当に価値を生む情報は何かという本質的な考察がないままに、とにかくAIの導入を急ぐような風潮がみられます。すでにAI導入で多くの失敗を経験し、トライアル疲れを起こしている企業がたくさん出ている状況のように思いますね。AIは確実に今後のビジネスを変革していくブレークスルーですし、またAIをまわる市場のスピードが早いためAIの導入を急ぐのは重要ですが、企業にとってのAIとは、あくまでも問題解決・ビジネス拡大のためのツールの1つとして、本質的に重要なユースケースの議論と並行して考えることが重要です。

4　ビッグデータの課題

戸倉 ビッグデータの取扱いをめぐるさまざまな議論のうち、データプライバシーの観点について、お聞かせください。

藤巻 ビッグデータを取り扱うにあたって、個人のプライバシーをどこまで保

護するのかという問題があります。われわれ技術者が実務において依拠できる確立したガイドラインの類はなく，データ分析の現場も手探りというのが実情かと思います。

中崎 日本でも個人情報保護法が改正され，個人情報の匿名加工について一定の枠組みが提示されましたが，詳細については不明な点もあります。

藤巻 どこまでの匿名加工が可能か，あるいは求められるのかというのは，レギュレーターと開発技術者双方の視点からの検討が不可欠ですね。また，データプライバシーに関するルールづくりは，今後のデータビジネスにおける各国の競争力を左右する問題でもあるという点は忘れてはなりません。EUではプライバシー保護のための規制が厳しいため，日本企業はEU域内で保護される個人データを収集分析することは大きく制約されますが，逆に，EU企業は日本において保護される個人データを収集分析することは比較的容易に行うことができるという不均衡が生じています。シンガポールはヨーロッパとは考え方が逆で，国策として個人データの収集分析に対して寛容的になることで，外国から企業を誘致しています。

戸倉 たとえば，個人の病歴等のセンシティブな医療データを有する企業が，外国の企業に買収され，軒並みデータが外国に移されてしまうといったことに対しては，ルールの問題とは別に，国民感情として抵抗感，違和感も強そうです。たとえば，それが日本政府要人の医療データだったらどうかと考えると，感情の問題にとどまらず，国防や安全保障といった観点も問題となってきます。データプライバシーの観点以外に，ビッグデータをめぐる問題としてはどのようなものがありますか？

藤巻 ビッグデータに関しては，データ汚染という問題もあります。近年では，正常な機械学習を阻害するようなデータを，悪意をもって意図的に送りこむことも技術的に可能となってきています。たとえば，猫の写真にある特殊なノイズパターンを含ませると，AIに犬の写真であると判断させることもできてしまうといったことです。こういった悪意のあるデータ汚染は，犯罪にも使われることがありえますし，ライバルとなる企業や政党の評判を落とすようなデータを，意図的にAIに学習させることは考えられるでしょう。このようなリスクに対しては，ハッカーからのアタックがある場合にどのよう

に対処するかをあらかじめAIに学習させる技術が注目されています。

戸倉 なるほど，AIの学習に使われるデータを操作することで，AIの判断を意図的に誤らせることができてしまうわけですね。

藤巻 その他にはビッグデータの抱える問題として，IP（知的財産権）の問題があります。AIが小説を書いた場合に当該小説の著作権は誰に認められるかといった古典的論点もありますが，近年特に注目を集めているのが，生データの保有者，学習済みモデルの開発者，モデルのユーザーといった複数の当事者がいるケースにおいて，学習済みモデルや成果物に対して誰がIP，あるいは利用権限を有するかという問題があります。今後は，1つのモデルを作るのに複数のデータソースを掛け合わすことがさらに活発になるでしょうし，複数の学習済みモデルを掛け合わせることで1つの製品を作る場合もあります。IPが誰に帰属するか，利用権限の有無・範囲の判断が非常に困難になっている中，実務では，個別契約においてIPの帰属や利用権限の有無・範囲を決定するという運用となっており，交渉力が強い者が権利を有することになるというのが現状です。

戸倉 学習済みモデルのIPや利用権限については，どのような問題意識がありますか？

藤巻 われわれのようなベンダーサイドから見ると，お客様のデータを使って学習済みモデルを作成する場合，お客様が学習済みモデルのIPや利用権限を持つということが比較的多いかと思います。ただし，いつの時点の学習済みモデルを問題とするのか，という議論はあると思います。また，開発者側が学習済みモデルの構築の過程で得られたノウハウやモデルに基づく予測結果それ自体について，開発者側がそれを別の収益機会に利用する，いわば「横展開」が許されるのかといった問題意識もあります。たとえば，ダイヤモンドの販売を行っている企業から，当該企業が収集したデータをAIを用いて分析し，どのような人がダイヤモンドを購入するかを予測する案件があるとします。開発された学習済みモデルのIPや利用権限は，顧客企業が得ることになったとしましょう。しかし，その場合でも，学習済みモデルの構築過程や，あるいはモデルによる予測結果として，たとえば「ある特定の条件を充足する人に，ダイヤモンドの購入者が多い」といった面白い結果が出

Part 2　ビッグデータ　65

てきたとします。そういった結果である情報を，他の会社に販売して良いか
という問題です。学習済みモデルを運用した結果である情報にこそ価値があ
るわけですし，そもそもお客様の期待を裏切ることにもなりかねない点が難
しいですね。

5　ビッグデータのこれから

戸倉　ビジネスとしてビッグデータは今後どのようになっていくのでしょう
か？

藤巻　まず，データ分析のプラットフォームは企業におけるインフラ技術に近
くなり，すべての会社が，当たり前のようにデータ分析をする時代が来るで
しょう。そうすると，今は個別案件の受託の形式で行われているデータ分析
業務も様変わりしていくと思います。裁判官，検察官や弁護士といった法律
家も，これまでに蓄積された膨大な数の裁判例等のビッグデータをAIで分
析していくことになるのではないでしょうか。

戸倉　弁護士自身の業務がAIに取って代わられるのではないかという危機感
もありますが，一方で，日々の業務に積極的にAIを活用することで，業務
の効率化，迅速化が進むことへの期待もあります。実際，法律家が扱うデー
タは，裁判例，文献等のテキストデータがほとんどなので，それらはAIに
よる分析になじみやすい面もあると思います。われわれの法律事務所でも，
すでに業務にAIを活用する取り組みが始まっています。

藤巻　なるほど，ではわが社の製品をぜひ活用してください。

一同　（笑）

（インタビュー：2019年1月7日）

Legal Commentary　法務の視点から

　ビッグデータの領域においては，①データの利活用に関する議論と②個人デ
ータの保護に関する議論があります。

1 データの利活用

　目まぐるしい技術の進歩に伴い，旧来の法制度の枠組みでは法的保護の対象として想定されていなかったものの，経済的価値が認められるものが多数登場していますが，データの利活用はその典型です。そのような状況で，さまざまな会議体でデータの利活用や権利の帰属をめぐる法的な問題点が官民連携で検討されています。

(1) 法律によるデータの保護

　ビッグデータビジネスにおいては，いわゆる「生データ」として個別のデータの収集がなされます。まず，「生データ」のうち，画像や音楽や文章といった創作性が認められるものについては著作権法上の著作物として法的に保護されることとなります。著作権で保護されないような「生データ」であっても，秘密として管理されている「生データ」であれば営業秘密に当たるデータとして不正競争防止法によって保護されることとなります。近年，営業秘密の漏えい実態や国際競争力の強化に鑑み，不正競争防止法が改正され，営業秘密の保護範囲の拡大や，営業秘密侵害罪の罰金額の上限の引上げといった対応がなされています。また，「生データ」のうち，氏名・名称，電話番号といった人のプライバシーに関わるデータについては，個人情報の保護に関する法律（個人情報保護法）によって保護されることとなります。

◆生データの類型
① 創作性が認められるもの（例：画像，音楽，文章）
　⇒著作権法によって保護
② 秘密として管理されているもの（例：顧客情報データ）
　⇒不正競争防止法によって保護
③ 人のプライバシーに関わるもの（例：氏名・名称，電話番号）
　⇒個人情報保護法によって保護

　「生データ」がデータベース化して検索可能になっている場合，データベースのデータの選択または体系的な構成（効率的な検索ができるような情報のグル

ーピング等）に著作権法上の「創作性」があれば「データベースの著作物」として法的保護の対象となります。

　しかし，データが網羅的になればなるほど「創作性」は認められにくくなり得ますから，ビッグデータを取り扱うデータベースが必ずしも著作権法上の保護を受けるとは限りません。企業はビッグデータがコピーされないような技術上のプロテクションを講じたり，コンテンツの利用者との間で利用規約を結んだりすることで対応することになります。

　AIのアルゴリズムや学習済みモデルは特許権によって保護の対象となり得ますし，場合によっては，営業秘密として保護の対象となり得るでしょう。

　これら上述の「生データ」，データベース，アルゴリズムや学習済みモデルが，特許法，著作権法，不正競争防止法によって保護されないとしても，無断で複製等する行為が民法上の不法行為を構成する可能性はあります。

⑵　データ・オーナーシップ

　ビッグデータにまつわるビジネスには，「生データ」を提供する者，AIのアルゴリズムを製作する者，学習済みモデルを作成する者，学習済みモデルを利用しそのモデルにデータを提供する者，学習済みモデルが稼動するためのハードウェアを製作する者などさまざまな登場人物が考えられます。しかし，学習済みモデルや学習済みモデルから得られる成果物が誰に帰属するのかという点については，データが無体物で所有権の対象とならないことや，プレイヤーが複雑多岐にわたることもあって，法律によって明確な規定がなされておらず，国内で十分な議論や裁判例の蓄積もないのが現状です。複数の登場人物のうちの誰がデータの利活用の権限を有するのかという問題が「データ・オーナーシップ」の問題です。

　このような不明瞭な状況がデータの流通に阻害を生じさせているという問題意識から，2017年5月には経済産業省の主導で「データの利用権限に関する契約ガイドラインver1.0」が作成され，AI・データ契約ガイドライン検討会での議論も踏まえて2018年6月に「AI・データの利用に関する契約ガイドライン」が作成されました。このガイドラインはデータ編とAI編で構成され，データに関する取り決めを契約交渉で行うにあたって留意すべき事項が以下のとおり

記載されています。

AI・データの利用に関する契約ガイドライン

◆データ編

データ契約（データの利用，加工，譲渡その他取扱いに関する契約）を以下の3つの類型に分け，各類型における構造，主要な法的問題，モデル契約書案等について具体例を用いた解説がなされています。

　　①データ提供型（一方当事者から他方当事者へのデータの提供）

　　②データ創出型（複数当事者が関与するデータの創出）

　　③データ共用型（プラットフォームを利用したデータの共用）

◆AI編

AI技術（人間の行い得る知的活動をコンピュータソフトウェアに行わせる一連のソフトウェア技術）を利用するソフトウェアの開発・利用に関する契約について，権利帰属・利用条件の設定に当たって着目すべき考慮要素，責任分配に関する取り決め等について具体例を用いた解説がなされています。

⑶　政府によるデータの利活用の促進

　2018年6月6日，生産性向上特別措置法が施行され，わが国の産業競争力の強化や社会課題解決に向けたデータの利活用を促進するため，データの収集・活用を行う民間事業者の取り組みへの支援が開始しました。

　主務大臣が事業者のデータ利活用に向けた取り組み（革新的データ産業活用）の計画を認定し（認定事業計画），認定事業者のうち，一定のデータを共有する事業（特定革新的データ産業活用）について，一定のデータの安全管理の確認を受けた上で，国の機関，独立行政法人等の保有するデータの提供を要請できる手続が同法に基づき創設されました（公的データ提供要請制度）。公的データ提供要請制度の今後の活躍に注目が集まっています。

2　個人データの保護

　2017年5月30日施行の改正個人情報保護法は，個人情報の取り扱いについてグレーゾーンを解消し，ビッグデータの利活用を促進することが課題とされて

いましたが，プロファリングの問題の検討は先送りにされました。

　プロファイリングとは，ネット通販での購買履歴やGPSでの位置情報等の情報から個人の性向や属性等を自動的に分析することをいいます。AIを用いたビッグデータビジネスにおいては，現在も，プロファイリングによって個人の性向や属性を分析したターゲティング広告が当たり前のように行われています。AIのテクノロジーが進歩しプロファイリングが精緻になれば，差別に繋がるような「人に知られたくない個人情報」（センシティブな個人情報）がプロファイリングによって簡単に取得できるという問題があります。

　2016年4月にEU議会で採択され，2018年5月に施行されたEUの一般データ保護規則（General Data Protection Regulation：GDPR）においては，プロファイリングに対して，異議を唱える権利，自動処理のみによって重大な決定を下されない権利，透明性の要請に関する規定を定めており，注目を集めています。また，GDPRには一定の条件を満たしたEU外の人や会社にも適用されますので，日本企業に無関係ではありません。日本企業がEU域内の消費者に対してビジネスをする場合には，個人データの収集等にあたってGDPRのルールに従わなければなりません。

　プロファイリングは国際的にも注目を浴びている領域であり，日本においても，次の個人情報保護法の改正において検討がなされるべき課題であるとされています。

Part 3
ロボット

〈専門家〉

ATR萩田紀博特別研究所　所長　ATRフェロー
大阪芸術大学教授

（インタビュー時
　株式会社国際電気通信基礎技術研究所（ATR）　取締役
　知能ロボティクス研究所　所長　ATRフェロー　博士（工学））

萩田　紀博
Norihiro HAGITA

〈聞き手〉

清水亘　森山正浩　白波瀬悠美子

（中央が萩田氏）

Interview	目指すは日常を共に生きるロボット
	——前・株式会社国際電気通信基礎技術研究所　萩田　紀博

1　「ロボット」とは何か

清水　萩田先生は，「ネットワーク・ロボット（network robot）」の概念を提唱
し，ロボット工学を牽引なさっている日本の第一人者です。最近は，大阪芸
術大学で教鞭もお取りになり，後進の育成にもご尽力なさっていらっしゃい
ます。非常に難しい質問と承知をしつつ伺いまして恐縮ですが，「ロボット
（robot）」とは何でしょうか？

萩田　少なくとも，①センシング（sensing：感知）機能，②アクチュエーショ
ン（actuation：動作）機能，③知的制御機能の３つを備えたシステムやデバ
イス（device：機器）が「ロボット」であると考えています。ビルがこの３
つの機能を備えると「ロボット」ビルになりますし，街がこの３つの機能を
備えると「ロボット」シティになります。

　たとえば，ビルが①センシング機能と②アクチュエーション機能を備えて
いれば，ビルの中にいる人たちが暑いと感じたときに，自動的に冷房を作動
させることができます。温度は，③知的制御機能によって，ビルが自動的に
コントロールします。

　また，「ロボット」シティであれば，清水さんが街を歩くと，自動的に40
代の男性向けのアンチエイジング化粧品の宣伝がビルの壁面に流れる，そう
いうことが起きるようになるかもしれません。

清水　人間が意識しなくても，街がビッグデータを集めて，判断し，それに基
づく対応をするイメージでしょうか？

萩田　そうです。最近でこそ，ビッグデータが世間でも話題にされるようにな
りましたが，私たちは，2004〜2005年ごろから，そういった環境知能（人間
と人間を取り巻く生活環境から得られる情報。環境情報ともいう）について考え，
取り組んできました。

2007年には，ユニバーサル・シティウォーク大阪で実験を行い，25cm単位で24時間，1週間にわたって，人の分布を計測しました。地図を見る人，お店に入る人，ベンチに座る人など，色々な人がいました。そのデータを分析したところ，街に人が増える時間や行動（たとえば，どこのお店に入るのか）の傾向を予測することができるようになりました。

清水　「ロボット」というと，ホンダのASIMOやソニーのAIBO，でなければ，工場に配置されたFANUCやDENSOの手だけの「ロボット」を思いうかべる人が多いと思います。萩田先生は，必ずしも単体ではなくて，相互につながって情報をやり取りし，自律的に判断して動くものはすべて「ロボット」だというお考えなのですね？

萩田　そのとおりです。私は，この「ネットワーク・ロボット」という考え方を2000年代前半から提唱しています。ネットワークでつながっていることが重要なのです。

　たとえば，最近の「ロボット」は音声認識機能が搭載されていますから，単体のお掃除「ロボット」や病院の受付「ロボット」は，音声による指示に基づいて，掃除をしたり道案内をしたりすることはできます。しかしながら，そういう単体の「ロボット」は，3階にいる私に1階の来客を教えることはできません。3階にいながらにして1階の来客を知るためには，すべてを単体の「ロボット」にやらせるのではなく，1階の受付にセンサを置いて，ネットワークの技術を活用して「ロボット」に情報を伝えるほうが現実的で，かつ，安価です。

　私が「ネットワーク・ロボット」という考え方を提唱した当時は，いまよりさらに「ロボット」の値段が高かった。ホンダのASIMOだとか，産業技術総合研究所が作っている「ロボット」だとかは，1台あたり何千万円もします。そんな高価な「ロボット」は，個人が買ったり，介護の現場で導入したりするのには向きません。だから，安価にする必要がありました。

　当時，携帯電話はすでに世間に浸透していましたので，ICT（Information and Communication Technology：情報通信技術）を使ってネットワーク化すれば，単体の「ロボット」は本当に必要な機能だけを搭載して安価にすることができます。そうなれば「ロボット」はもっと普及するのではないか。「ロ

Part 3　ロボット　73

ボット」とネットワークとを連携したり，「ロボット」とウェアラブル（wearable：身に着ける）なデバイスとを連携したりすれば，さまざまな環境変化にも対応することができる新しい「ロボット」の概念になるのではないか，と考えたのです。

森山　認知→判断→制御という考え方も，ネットワークによるつながりも，いまでは比較的当たり前になっているように思います。

萩田　博物館や科学館などの「ロボット」展であれば，単体の「ロボット」で良いのかもしれませんが，現実の世界は，そうではありません。

　アメリカと異なり，日本では，「ロボット」の開発も，軍事目的ではなく，民生目的でなされます。すると，人々の生活の中に「ロボット」を導入することになります。そのためには，人々の行動の癖を知ったうえで，たとえば，人にぶつからないような行動を「ロボット」に教える必要があります。かといって，「ロボット」単体の①センシング機能は限られてしまう。「ロボット」が３階にいると，１階に人が来たことはわかりません。ネットワークでつながっていない単体「ロボット」は，目隠しをして耳栓をしている人間と同じです。ネットワークでつながっていない単体「ロボット」は，自分の目の前にいる人の存在は認識できるけれども，他は認識できませんから，教えてもらう必要があります。

　「ロボット」展やTVなどで紹介されている「ロボット」は，ほとんど単体で動きます。でも，現実の世界は実験室よりもはるかに複雑な状況ですから，ネットワークでつながっていない単体「ロボット」を実際に人混みに置くと，ロボットの目の前の人が邪魔になって，その先にいる人々の行動を捉えられなくなり，単体「ロボット」はどちらに動いていけば良いのかわからなくなるのです。

2　「ロボット」の要素技術は何か

清水　そういたしますと，「ロボット」の要素技術も，先ほどの３つの機能に関係すると考えてよいでしょうか？

萩田　はい，①認識センシング技術，②アクチュエーション技術，③知的制御技術の３つが「ロボット」の要素技術だと考えています。

①認識センシング技術とは、「ロボット」単体だけでなく、環境知能（環境情報）をも認識する技術のことです。これまで認識センシングは「ロボット」単体でやってきましたが、先ほど申し上げましたとおり、今後は、ネットワークを介して環境知能（環境情報）が集められ、それらの関係が整理されて、構造化される時代になります。未知の新しい場所であっても、ネットワークを経由して環境知能（環境情報）に接続すれば、「どのような場所であるのか？」という情報を得ることができ、「ロボット」は動くことができるようになるのです。

清水　②アクチュエーション技術は、つまり、動作のための技術でしょうか？

萩田　はい、②アクチュエーション技術は、動作のための技術ですが、把持・走破・移動の技術のみならず、対話行動制御や合意形成の技術も含むべきと考えています。私たちも以前に、単体で逆立ちする「ロボット」を製作したことがありますが、それだけでは社会的なインパクトは乏しい。「ロボット」単体で動く代わりに、センサやネットワークにつながることによって得られる環境知能（環境情報）を踏まえながら、行動制御をして動く「ロボット」のほうが、消費者のニーズに応え、生活者のためになるのです。

なお、念のために申し上げておきますと、「ロボット」の把持機能や走破機能を考えるにあたっては、「ロボット」に特有の配慮をする必要があります。たとえば、介護用の「ロボット」は、ただ力任せに人を持ち上げれば良い訳ではありません。車いす「ロボット」があったとしても、時速100kmで走る訳にはいきません。「ロボット」はその役割に応じて、利用者にとっての快適性や安全性を考慮する必要があるのです。

清水　なるほど、おっしゃるとおりですね。あまり高速に移動する車いす「ロボット」では、利用者は不安になりますし、危険な目にも遭うかもしれません。次に、③知的制御技術は、３つの技術の中で最も難しく、色々な内容を含むように思えます。

萩田　確かに、難しいのは事実です。③知的制御技術とは、機械学習（machine learning）、通信ネットワーク制御、インターネット技術、体験共有知識・知恵獲得技術、セキュリティ制御などを含む技術であると考えています。難しい技術分野ですが、みなさんの関心を引きやすい分野でもあり、研

究開発も盛んです。

3　将来における「ロボット」の役割

清水　先ほどの3つの機能を搭載したものが「ロボット」であると考えた場合，「ロボット」は，将来，社会においてどのような役割を果たすべきとお考えでしょうか？

萩田　大きく分ければ，2つの場面で「ロボット」が活躍できるようになり，また，活躍すべきだと思っています。まず1つは，時間的・空間的または安全性の観点から，人間が行うのは難しいことを，人間の代わりに行う場面。2つめは，人間ではできないことを「ロボット」が代用する場面です。

清水　二次災害の危険のある自然災害現場での救助活動や原子力発電所事故現場での調査・探索活動などでは，安全性の観点から，「ロボット」の活躍が期待されていますね。宇宙空間や月面での作業も同じかもしれません。人間ではできないことというのは，具体的にどんな場面を想定していらっしゃいますか？

萩田　いろいろあります。たとえば，心臓の動脈のような極端に細かな部位の手術を「ロボット」がやるというような場面です。いまは天才外科医のような人しかできないことを「ロボット」が当たり前にできるようになると思っています。

清水　いまおっしゃったのは，いわゆるナノロボット（nanorobotics）とは違うものですか？

萩田　ナノロボットも「ロボット」かもしれませんが，いま私が申し上げたのとは，違います。究極のナノロボットは，たとえば，血液の中に入っていって，癌細胞を①センシングし，癌細胞を見つけたら，抗癌剤を②アクチュエーションし，そうした一連の動作を③インテリジェントに制御するのでしょう。所定の時間内に体から出るなどの制御をすることができれば，癌の治療による身体への負担を減らすことができるようになります。

清水　「ロボット」の技術が進化し，普及が進むと，さらにいろいろな場面で「ロボット」の活用が期待されるようになると思います。

萩田　そうですね。私も作成に関与した，世界初の「NEDOロボット白書

2014」[1]の副題は，まさに「社会を変えようとするとき，そこにロボット技術がある！」でした。そして，「ロボット」が当たり前になってくると，「ロボット」が人間の身体的機能をサポートすることは一般的になってくるはずです。おしゃれな眼鏡をかけるように，将来は，「ロボット」による身体的機能のサポートがファッションの一部になるかもしれません。そうなると，そもそも障がいという言葉に意味がなくなる，何をもって障がいというのかがわからなくなり，個性の一部になると思うのです。たとえば，物をどのように見ているのかは，個々人の個性によって違うはずなのに，われわれは，みんなが同じように物を見ているはずだと思い込んでいる。または，障がいのある方がどのように物を見ているのかを知ることはできない。でも，「ロボット」が普及すれば，相手がどのように物を見ているのか，何を考えているのかを知ることもできるようになるはずですから，相手の物の見方・考え方を踏まえてコミュニケーションを開始することができようになります。「ロボット」が普及すれば，コミュニケーションも大変革するのです。

4 「ロボット」の技術的課題

清水 「ロボット」の研究は，やはり，人間論やコミュニケーション論に向かいますね。萩田先生は，「ロボット」のさらなる発展のためには，どのような技術的課題があるとお考えでしょうか？

萩田 ビッグデータやAI（Artificial Intelligence：人工知能）によって高精度の未来予測ができるようになれば，「ロボット」はさらに発展すると思っています。高精度の未来予測とは，いままでは得られなかったような質と量のデータを集めて分析することによって，いつ地震が起きる，いつ台風が来る，いつ海洋に異常が起きるというような，いままでは予測できなかったことがらを予測することをいいます。そして，単にデータをセンシングするのではなく，集めたデータを構造化し，加工して提供する方法までを考えますと，新たなサービスになります。高精度の未来予測ができれば，個別の人や場所や状況にピンポイントに対応したシチュエイテッド・サービス（situated

---

1　http://www.nedo.go.jp/library/robot_hakusyo.html

service）とでも呼ぶべきものが実現できるようになるのです。

　たとえば，ゲリラ豪雨が起きることを予測できたのであれば，その地域の人々に情報を提供すれば良い。ゲリラ豪雨の情報に依存して競技場やイベント会場に集まる人の数は変わりますから，競技場やイベントを運営している人だけでなく，その会場でお弁当を売る人にとっても有用であって，単に集められただけのデータよりも，エコノミック（economic：経済的）に価値のある情報になります。究極まで進んだ「ロボット」は，もはやサービスなのかもしれません。

清水　なるほど。では，「ロボット」が人間と共存するための親和性という観点ではいかがでしょうか？

萩田　「ロボット」が人間と共存するためには，人間—「ロボット」間の違和感のないインタラクション（interaction：相互作用）のための技術を開発することが大きな課題です。究極のヒューマン・インターフェース（human interface）技術といえるかもしれません。

　先ほども申し上げましたように，「ロボット」が人間社会に違和感なく入り込むためには，「ロボット」特有の快適性や安全性を考える必要があります。たとえば，スマートフォンは人間工学的に不自然だと思いませんか？ずっと親指で操作していて，腱鞘炎になる人すらいます。ヒューマン・インターフェースとしてのスマートフォンは，発展の途中段階なのでしょう。

　大阪大学の石黒浩教授は，われわれATRにも特別研究室をお持ちですが，人間を知り，「ロボット」に求められる快適性や安全性を追求するために，アンドロイドの研究をしていらっしゃいます。私個人としては，究極のヒューマン・インターフェースは，最終的にウェアラブルなものに落ち着くのではないかと思っています。安全で快適であれば，メガネがしゃべっても良いのです。「ロボット」の技術がそこまで機能アップすれば，さまざまな社会課題の解決に役立てるだろうと思っています。

清水　いま，突然理解したのですが，いわゆるコミュニケーション型の「ロボット」は，もしかして，コミュニケーションをすることによって，人間らしさを維持するための「ロボット」なのでしょうか？

萩田　そのとおりです。たとえば，誰でも年齢を重ねると，体が動かなくなっ

【図表3-1　ネットワーク・ロボットによる機能アップで高度なサービスに進化】

● 機能アップ
　① 空間　　　　　　　　　　　　単地点 ⇨ 多地点
　② 作動　　　　　　　　　　　　単独 ⇨ 協調・連携・能力補充
　③ 情報　　　　　　　　　　　　個別 ⇨ 情報共有
　④ 遠隔操作　　　　　　　　　　個別 ⇨ 連携・同時・並列操作
　⑤ ヒューマン・インターフェース　言語・ジェスチャー ⇨ 脳・生体情報(BMI(体格指数)等)
　⑥ ビッグデータ　　　　　　　　静的知識 ⇨ 動的体験共有知識・知恵

● 社会課題対策に貢献
　• 生活介護予防　　　　　• 先進医療
　• 雇用促進　　　　　　　• 新産業創出
　• 社会参加　　　　　　　• 教育改革
　• 地方創生　　　　　　　• 芸術／科学

（出所）萩田博士のまとめによる

てきます。そういうときに,「ロボット」に何ができるのか？　もちろん,人間の代わりに買い物に行く「ロボット」もいるでしょう。掃除をしてくれる「ロボット」もいるかもしれない。でも,体が動かなくなったときや周りに話をする人がいないときに一番必要とされる人間らしさは,相手が「ロボット」でも良いから,コミュニケーションをすることなのではないでしょうか。「ロボット」の研究は,すべて人間に戻ってくるのです。

5　「ロボット」の法的規制

清水　薔薇色に見える「ロボット」ですが,欧州では,2014年に,ロボティクスに関するガイドライン（"Guidelines on Regulating Robotics"[2]）が公表され,その後も議論が続いています。他方で,ものすごいスピードで進化する技術について,あらゆる事態を想定した法律をあらかじめ定めておくことには限界があるように思われます。萩田先生は,「ロボット」について,どのよう

2　http://www.robolaw.eu/RoboLaw_files/documents/robolaw_d6.2_guidelinesregulatingrobotics_20140922.pdf

な法的規制が必要であるとお考えでしょうか？

萩田　万一，「ロボット」が事故や問題を起こしてしまった場合の保険制度や刑事罰については，社会的に合意形成ができる範囲で，法的な枠組みが必要だろうと思います。とはいえ，おっしゃるとおり，これからの時代，法律で事前に何かを定めておくというやり方は，もはや不可能ではないでしょうか。たとえば，「ロボット」の分野で明日何が起きるかなんてことは，私にもまったく想像ができないのですから。

　　生命科学などの研究開発においては，倫理的（ethical），法律的（legal），社会的（social）な側面での検証が必要であるとされており（Ethical, Legal and Social Issues：ELSI），「ロボット」ではこれに加えて，経済的（economic）な側面も重要だと考えていますが，今後は，倫理的な側面が特に大切になってくるように思います。つまり，お互いの倫理観を踏まえつつ，コミュニケーションをしたうえで問題に対応するような方向性にならざるを得ないのではないか，と考えています。

清水　事前規制型の法律に限界があることを前提に，上手くコミュニケーションをして問題解決を図ることは，1つの重要な方法ですね。哲学的な議論ではありますが，その場合，コミュニケーションを拒否しないという意識が倫理の1つになっているような気もいたします。

萩田　そうですね。もう1つ別のお話をしましょう。AIやビッグデータの時代になって，われわれは，データを過剰に信用し，依存し始めているように思います。たとえば，これまで重視されてきたのは，弁護士や検察官が調査して探してきた事実や証拠ですけれども，最近は，監視カメラのデータやコンピュータがパターン認識したデータがより信用されるようになってきています。医師の世界でも同じです。人間はデータに弱いのです。そのデータが実は嘘かもしれないのに信用してしまう。でも，データにも誤りはあり得るのだから，どこまで信用して良いのか，冷静に考えてみる必要がある。データを使う人どうしで議論してみる必要がある。その意味でも，コミュニケーションは，今後，さらに重要になるはずなのです。

清水　AIやビッグデータがこれほど議論される前から，日本の法学には，幸福追求権（憲法13条）の一環として「自己情報コントロール権」という概念

があります。自己情報は，サイバー（cyber）空間のデータによって表現された自分自身，いうなればアバター（avatar：化身）ですから，萩田先生がおっしゃるような正確性の確保は，個人情報の問題としても重要です。

萩田　法律では幸福追求権というのですね。表現が面白いですね。

6　理想の「ロボット」

清水　最後に，萩田先生の理想の「ロボット」像を教えていただけませんでしょうか？

萩田　人間とコミュニケーションすることでき，人間を助けてくれる「ロボット」が私の理想です。今後は，IoT（Internet of Things：もののインターネット）によって，あらゆるものが「ロボット」化してくると思います。そのためには，コンピュータの世界でいうWindowsのような，「ロボット」共通のプラットフォームが必要であろうと考えています。なぜかと申しますと，現時点では，それぞれがスタンドアローン（stand-alone：単独で動作する）のOS（オペレーティング・システム）で動いている「ロボット」たちが，いずれはネットワークにつながるようになります。すると，それぞれのネイティブ（native：本来）言語をすべての「ロボット」にとっての共通言語に置き換えなければ，コミュニケーションやメンテナンスなどに支障が出る可能性があるのです。たとえば，ドローンは，現在，それぞれの会社が製作した固有のOSで飛んでいます。仮にドローンがOSのバグで墜落した場合，さらなる事故を避けるためにはOSを書き換える必要がありますが，共通言語でないOSは，当該会社以外には書き換えることが難しいですし，第三者による検証可能性も低い。これは非常に危険な状態です。自動運転の車両でも同じことです。Microsoft Wordで作成した文書をどのプリンタからでも印刷できることを考えれば，「ロボット」のプラットフォームの共通化は，当たり前のことだろうと思っています。

清水　「ロボット」の普及につれて，共通プラットフォームはますます重要になりますね。

萩田　今のソフトウェアは単一機能について開発して積み重ねるという発想ですが，規格化・標準化をしていないと無駄な開発が生じます。理想的には，

iPS細胞のように，プログラムを動作させれば目になったり肝臓になったり，すべてに使えるソフトウェアが実現されるべきだと思っています。

清水　なるほど，やはり人間に近付いてきますね。非常に勉強になりました。本日は，ありがとうございました。

（インタビュー：2018年12月15日）

Legal Commentary 法務の視点から

1 「ロボット」の定義と法的論点

現時点では，法律上，「ロボット」の一義的な定義はありません。インタビューで言及のあった「NEDOロボット白書2014」は，「センサ，知能・制御系，駆動系の3つの技術的要素を有する，知能化された機械システム」を「ロボット」と定義していますが，法律論では，たとえば，「〈感知／認識〉+〈考え／判断〉+〈行動〉の循環」を「ロボット」の定義するもの（平野『ロボット法』p.55）や現在のロボットの核心がAIであることを指摘するものもあります（弥永・宍戸編『ロボット・AIと法』p.6）。とはいえ，どのような定義を採用するにしても，「ロボット」が一定の自律性を有することは共通しています。そして，「ロボット」が普及することによる社会生活への影響を考慮して，「ロボット」と法に関する議論が日本でも始まっています。

そもそも，「ロボット」と法に関する議論が必要になるのは，NEDOの定義をベースにするならば，知能・制御系を有する「ロボット」が自律的にものごとを判断し，駆動系を使って動作をするからだと思われます。つまり，法律論としては，人間と無関係に判断し動作する「ロボット」の安全性や法的主体性が主な問題であって，たとえば，次のような検討が必要になります（なお，新保史生「ロボットをめぐる法領域別課題の鳥瞰」情報法制研究1号p.64（2017）には，「ロボット」についての法的問題の全体像が示されています）。

◆「ロボット」に関する主な法的論点
- (a) 「ロボット」に対して，安全性確保等の観点から，どのような規制をすべきなのか？
- (b) 「ロボット」が不法行為等の問題を起こした場合の責任（民事責任，刑事責任等）の所在はどうなるのか？
- (c) 「ロボット」が生み出したものに係る権利（知的財産権等）の帰属はどうなるのか？

2 「ロボット」に対する規制（安全性の確保等）

　仮に自律的に判断し動作する「ロボット」を念頭に置いた場合，「ロボット」が人間の社会生活に円滑に受け入れられるためには，「ロボット」の利便性と安全性とが両立されていることが必要であると思われます。

　この点，総務省情報通信政策研究所は，2017年7月に，「国際的な議論のためのAI開発ガイドライン案」を発表しました。このガイドライン案においては，次のような原則が掲げられています[3]。

◆国際的な議論のためのAI開発ガイドライン案
（主にAIネットワーク化の健全な進展およびAIシステムの便益の増進に関する原則）
　①連携の原則：開発者は，AIシステムの相互接続性と相互運用性に留意する。
（主にAIシステムのリスクの抑制に関する原則）
　②透明性の原則：開発者は，AIシステムの入出力の検証可能性および判断結果の説明可能性に留意する。
　③制御可能性の原則：開発者は，AIシステムの制御可能性に留意する。
　④安全の原則：開発者は，AIシステムがアクチュエータ等を通じて利用者および第三者の生命・身体・財産に危害を及ぼすことがないよう配慮する。
　⑤セキュリティの原則：開発者は，AIシステムのセキュリティに留意する。

3　http://www.soumu.go.jp/menu_news/s-news/01iicp01_02000067.html

⑥プライバシーの原則：開発者は，AIシステムにより利用者および第三者の
　　プライバシーが侵害されないよう配慮する。
⑦倫理の原則：開発者は，AIシステムの開発において，人間の尊厳と個人の
　　自律を尊重する。
（主に利用者等の受容性の向上に関する原則）
⑧利用者支援の原則：開発者は，AIシステムが利用者を支援し，利用者に選
　　択の機会を適切に提供することが可能となるよう配慮する。
⑨アカウンタビリティの原則：開発者は，利用者を含むステークホルダー
　　（stakeholder：利害関係者）に対しアカウンタビリティ（accountability：説
　　明責任）を果たすよう努める。

（出所）総務省情報通信政策研究所「国際的な議論のためのAI開発ガイドライン案」

　これらの原則は，自律的に判断し動作する「ロボット」に求められる安全性
の検討においても参考になると思われます。「ロボット」が人間の社会生活に
円滑に受け入れられるためには，これらの原則にいう動作の検証可能性や制御
可能性を前提とした「ロボット」への信頼と，「ロボット」の安全性確保が不
可欠だからです。
　また，「ロボット」と人間の関係という観点では，内閣府統合イノベーショ
ン戦略推進会議が2019年3月に発表した「人間中心のAI社会原則」[4]が注目さ
れます。今後は，こうした原則を視野に入れたAIや「ロボット」の開発が重
要になってくると思われます。

◆人間中心のAI社会原則
　①人間中心の原則：AIの利用は，基本的人権を侵すものであってはならない。
　②教育・リテラシーの原則：AIに関する教育・リテラシーを育む教育環境が
　　すべての人に平等に提供されなければならない。
　③プライバシー確保の原則：パーソナルデータが本人の望まない形で流通した
　　り，利用されたりすることによって，個人が不利益を受けることのないよう
　　にしなければならない。

4　https://www8.cao.go.jp/cstp/aigensoku.pdf

④セキュリティ確保の原則：社会は，常にベネフィットとリスクのバランスに
　留意し，全体として社会の安全性および持続可能性が向上するように努めな
　ければならない。

⑤公正競争確保の原則：新たなビジネス，サービスを創出し，持続的な経済成
　長の維持と社会課題の解決策が提示されるよう，公正な競争環境が維持され
　なければならない。

⑥公平性，説明責任および透明性の原則：公平性および透明性のある意思決定
　とその結果に対する説明責任（accountability）を適切に確保し，技術に対
　する信頼性（Trust）を担保する。

⑦イノベーションの原則：Society5.0（日本が目指すべき未来社会の姿）を実
　現し，AIの発展によって，人も併せて進化していくような継続的なイノベー
　ションを目指す。

（出所）内閣府統合イノベーション戦略推進会議「人間中心のAI社会原則」をもとに作成

3　「ロボット」が問題を起こした場合の責任の所在

(1)　「ロボット」の民事責任

　自律的に判断し動作する「ロボット」を念頭に置いた場合，どれほど謙抑
的・制限的に「ロボット」が設計されていたとしても，予期せぬ事故等によっ
て，「ロボット」が人間の生命・身体に危険を及ぼしたり，損害を発生させた
りする可能性は否定できません。

　そのような場合であっても，少なくとも，現在の法制度を前提とする限りに
おいては，「ロボット」自身は民事責任の主体となり得ず，不法行為責任（民
法709条）その他の民事責任を問うことはできません（そもそも，意思を持たな
い現時点の「ロボット」に民事責任を負わせても無意味というべきかもしれません）。

　そこで，将来はともかく，少なくとも現時点では，「ロボット」自身に民事
責任を負わせるのではなく，①事故等によって発生し得る損害を保険であらか
じめカバーする対策を講じておいたり，②「ロボット」の製造者等に対して責
任を問うたりするほかないと考えられます（この点，自動運転に関する議論が参
考になります。本書Part 4 参照のこと）。

Part 3　ロボット　　85

(2) メーカーの製造物責任

　自律的に判断し動作する「ロボット」が問題を起こした場合に，当該「ロボット」の開発・製造等をしたメーカーの製造物責任（Product Liability）（製造物責任法3条）を問うことができるでしょうか。「ロボット」も，ハードウェアとソフトウェアからなる「製造物」に該当するところ，「通常有すべき安全性を欠い」た「欠陥」（製造物責任法2条）があるといえるかが問題となります。自律的に判断し動作する「ロボット」の場合，「ロボット」の開発・製造等をしたメーカーであっても，「ロボット」がかかわるありとあらゆる事態を予測できるわけではないと思われます。そこで，「ロボット」が「通常有すべき安全性」はどの程度であるのかについて，個別具体的なケースごとに検討しつつ，メーカーの予測可能性と照らし合わせながら，「欠陥」といえるかどうかを検討し，責任の有無を判断せざるを得ないように思われます。

(3) 刑事責任

　自律的に判断し動作する「ロボット」を念頭に置いたとしても，少なくとも現時点では，「ロボット」自身は刑事責任の主体になり得ません（いまのところ，SF映画の中でなければ，「ロボット」が故意を抱くこともありません）。

　そこで，「ロボット」が事故や問題を起こした場合の刑事的な責任追及の方法としては，「ロボット」を開発・製造したメーカーに何らかの注意義務違反があることを前提として，過失犯に問うことは理論的には可能であるように思われます。

　この他，「ロボット」が事故や問題を起こした場合において，当該「ロボット」を破壊したり，「ロボット」を動かしているソフトウェアを強制的に書き換えたり，という"制裁（刑罰）"を加えるべきという議論を耳にすることもあります。しかしながら，刑罰を加えることによって将来的な犯罪を抑止するという刑罰根拠論からすれば，そもそも法的主体になり得ない「ロボット」に対して，なぜ制裁（刑罰）だけを加えることができるのか，難しい問題があるように思われます。

4 「ロボット」が生み出したものに係る権利の帰属

　AIの進化に伴い，「芸術作品を書いたAIに著作権を認めるか？」という議論がなされています。自律的に判断し動作する「ロボット」についても同様に，たとえば，「『ロボット』が特許権者や著作権者になり得るか？」というような議論があり得ます。

　しかしながら，これも上記3の議論と同様に，「ロボット」に法的主体性（権利者性）を認めるか否かの問題があり，少なくとも現時点では，「ロボット」が著作権者や特許権者になることはないと考えます。現在の知的財産法は，権利者として人間しか想定していないからです。仮に「ロボット」がある種の発明をした（ように見える）場合，それが「ロボット」製造者の設計どおりになされたのであれば，設計者がAIによってなされた判断のすべてを承知していないとしても，当該発明に係る権利は「ロボット」製造者に帰属すると考えることも不可能ではないように思われます。

　今後は，AIや「ロボット」技術の急速な発展によって，AIや「ロボット」が膨大な数の発明（のようなもの）や著作物（のようなもの）を自動生成する可能性を否定できません。CPUの性能が知的財産権を生み出すスピードを決めるという意見もあります。実際に人知を超えるスピードでAIや「ロボット」が大量の発明や著作物を生み出すようになったとき，それらをどのように保護するのか，AIや「ロボット」の研究開発への投下資本をどのように回収するのか，知的財産制度のあり方が問われていると思います[5]。

5　脱稿前に，法律時報7月号「特集　AIがもたらす知的財産法の変容と未来」（日本評論社）に接しました。上記と同様の問題意識から，参考になる論考が掲載されています。

Part 3　ロボット　87

Part 4
自動運転

〈専門家〉

トヨタ自動車株式会社　先進技術開発カンパニー

自動運転・先進安全統括部
主査

未来創生センター
技範

松尾　芳明
Yoshiaki MATSUO

佐藤　和明
Kazuaki SATO

〈聞き手〉

清水亘　森山正浩　松尾朝子

（左から3番目が松尾氏）

	自動運転はヒトに寄り添う
Interview	クルマの究極形態
	——トヨタ自動車　松尾　芳明
	未来創生センター　佐藤　和明

1　「自動運転」とは何か

清水　松尾様は，トヨタ自動車株式会社で，長年，車両運転制御やプリクラッシュセーフティシステム（Pre-Crash Safety System：衝突被害を軽減する仕組み）などの安全技術の開発に携わっていらっしゃいます。現在では，「自動運転（autonomous driving）」関連技術開発の中心人物のお1人です（現在は，後述のTRI-ADに所属）。佐藤様は，長年，知的財産関係の業務をご担当なさり，現在は未来創生センターで産学官連携などのお仕事をなさっています。早速ですが，「自動運転」とは何でしょうか？

松尾　色々な考え方があり得ると思いますが，トヨタでは，「人の運転プロセスを機械が代行する技術」こそが「自動運転」技術であると考えています。

　このような「自動運転」技術を，これまで，多くの人たちが夢見てきました。トヨタが「自動運転」技術の開発を始めたのは，1980年代です。歴史的に見れば，トヨタの「自動運転」技術開発は，3つの時期に分けることができます。

　①1980年代後半から1990年代にかけての第1期は，いわばスタートアップで，いまと同じような自律型を目指していました。白線やテールマーカー（tail marker：自動車の後部にある尾灯）を利用して，渋滞時に前を走っている車両を追走するような技術が目標でした。しかしながら，当時は，技術が理想に追い付きませんでした。

　そこで，②1990年代半ばから2000年代の初めにかけての第2期は，都市や道路のインフラ（infrastructure）を利用したシステムの開発を目指しました。2005年に愛知県で開催された愛・地球博でみなさんにお乗りいただいたIMTSは，インフラを利用して自動で走ることができる電波磁気誘導式のバスで，いわゆるITS（Intelligent Transport Systems：高度道路交通システム）

の一種といえるものです。もっとも，このやり方では，インフラ整備に莫大なコストがかかるという問題点がありました。

　そして，③2000年前後から今につながる第3期では，再び，自律型システムを目指しています。2016年には米国にToyota Research Institute, Inc.（略称：TRI）を，2018年には東京にToyota Research Institute Advanced Development（略称：TRI-AD）を，それぞれ設立し，「自動運転」関連技術の開発を積極的に進めています。

清水　最近は，コンピュータや半導体等々の性能向上によって，「自動運転」の実現に資するさまざまな技術が登場してきているのではないでしょうか？

松尾　はい，第1期とは異なり，さまざまな技術が登場してきました。3つの大きな技術革新を挙げるとすれば，①センサの性能向上，②ハードウェアの処理能力向上，③ソフトウェアの性能向上です。

　まず，①センサの性能向上としては，カメラの高解像度化・高感度化が進みました。また，レーザーも，2Dではなく，3Dのイメージスキャナ（image scanner）が登場しました。これらによって，車両の周辺状況の認知は以前に比べて格段に向上したと思います。次に，②GPU（Graphics Processing Unit：画像処理に特化した演算装置）やFPGA（Field-Programmable Gate Array：製造後に，購入者や設計者が構成を設定できる集積回路）などによって，ハードウェアであるコンピュータの性能が向上し，画像などの処理能力が向上しました。画像処理能力の向上は，高性能のゲーム機が普及したことも一因になっています。③ソフトウェアについては，「自動運転」のための基本アルゴリズム（algorism：手順や解法）が徐々に整理されつつあることと，ディープラーニング（deep learning：深層学習）などによって認識ロジックの性能が向上してきていることが挙げられます。より高度な「自動運転」の実現のためには，これらの技術の統合が必要です。

2　「自動運転」によって目指すもの

清水　完全な「自動運転」が実現できると，個人の移動の自由度は格段に上がりますね。

松尾　はい，トヨタは「すべての人が，安全，スムーズ，自由に移動できる社

会の実現」を目指しており，そのために必要な技術の1つが「自動運転」技術であると考えています。誰でも自由に移動できるように，ハンディキャップのある方や高齢者の方でも免許を返納しなくて済むようにしたいと考えています。

清水 「クルマが人に寄り添う」というような言い方を耳にすることがあります。

松尾 はい，トヨタは，クルマが人に寄り添うことを目指して，"Mobility Teammate Concept"を掲げています。"Mobility Teammate Concept"は，「人とクルマが，同じ目的を目指し，ある時は見守り，ある時は助け合う，気持ちが通った仲間の関係を築く」ことを目標としています。

清水 移動に不自由がある方々であっても，移動によって得られる嬉しさや楽しさを享受できるようにすることが移動の自由の実現であると考えれば，クルマが人に寄り添うのは当然の目標ですね。

松尾 はい，この目標を達成するためにも，いま注目を浴びている「自動運転」が一過性のブームで終わらないようにしたいと思っています。

3 「自動運転」を構成する技術とその課題

清水 「自動運転」のレベルについては，日本でも，米国と同じ5段階の定義が採用されました[1]。

　　もっとも，市街地でレベル5の「自動運転」を実現できるようになるまでには，さまざまな技術が必要になり，かなりハードルが高いように思われます。そもそも「自動運転」を構成するのはどのような技術でしょうか？

松尾 人の運転プロセスは，①「認知」→②「判断」→③「操作」の段階を経ています。そして，「自動運転」を構成する技術も，このプロセスに対応しています。

　　すなわち，「自動運転」のプロセスは，まず，①「認知」です。人が行っている「認知」を，機械にさせます。クルマが周辺を認識し，地図と照合し

1　公益社団法人自動車技術会「JASOテクニカルペーパ『自動車用運転自動化システムのレベル分類及び定義』」（2018年2月1日）
　　http://www.jsae.or.jp/08std/data/DrivingAutomation/jaso_tp18004-18.pdf

【図表 4 - 1　自動運転レベルの定義[2]】

レベル	名　称	定義概要	安全運転に係る監視，対応主体
運転者が一部またはすべての動的運転タスクを実行			
0	運転自動化なし	運転者がすべての動的運転タスクを実行	運転者
1	運転支援	システムが縦方向または横方向のいずれかの車両運動制御のサブタスクを限定領域において実行	運転者
2	部分運転自動化	システムが縦方向および横方向両方の車両運動制御のサブタスクを限定領域において実行	運転者
自動運転システムが（作動時は）すべての動的運転タスクを実行			
3	条件付運転自動化	システムがすべての動的運転タスクを限定領域において実行　作動継続が困難な場合は，システムの介入要求等に適切に応答	システム（作動継続が困難な場合は運転者）
4	高度運転自動化	システムがすべての動的運転タスクおよび作動継続が困難な場合への応答を限定領域において実行	システム
5	完全運転自動化	システムがすべての動的運転タスクおよび作動継続が困難な場合への応答を無制限に実行	システム

（出所）　高度情報通信ネットワーク社会推進戦略本部・官民データ活用推進戦略会議「自動運転に係る制度整備大綱」6 〜 7 頁「表 1 ：自動運転レベルの定義の概要」

て自車位置を推定するのです。人は，前方だけを見て運転している訳ではありませんから，認識すべきなのは，前方だけではなく，周辺全部です。また，地図と照合するのは，自分がどこにいるかわからなければ判断ができないからです。つまり，「自動運転」を実現するためには，クルマは，高精度の地図情報，走路形状，周辺車両配置，相対速度などを認識する必要があります。

2　https://www.kantei.go.jp/jp/singi/it2/kettei/pdf/20180413/auto_drive.pdf

次に，②「判断」です。クルマは，認識した周辺状況に対して，どれが安全なルートであるかなどの状況判断をして，運転計画・運行計画を立てます。パスプランニング（pass planning）ともいいます。この計画には，目標走行軌跡や目標速度の設定も含まれます。

　そして，最後の③「操作」は，たとえば，人が乗っていて気持ちの良い，乗り心地の良い運転を実現することです。また，「自動運転」のクルマに乗っている人が「このクルマは何をやっているのか？」と不安にならないように，HMI（Human Machine Interface：ヒューマン・マシン・インターフェース）を工夫して，インタラクティブ（interactive：双方向）な操作を実現する必要もあると考えています。

清水　いま教えてくださった「自動運転」を構成する技術の中では，①周辺状況の「認知」が一番難しいのではないでしょうか？　もちろん，どの技術も難しい課題があると思いますが。

松尾　はい，どの技術も決して簡単ではないのですが，あえて言えば，おっしゃるとおり①「認知」が一番難しいです。

　少し話が逸れるようですが，トヨタの考えるクルマの「知能化」についてお話をさせてください。トヨタは，「自動運転」の実現には３つの知能化が必要だと考えています。すなわち，(a)「運転」の知能化，(b)「人とクルマの協調」の知能化，(c)「つながる」知能化です。

　①「認知」の難しさは，このうちの(a)「運転」の知能化に関係します。「運転」の知能化は，段階的に進化していきます。最初は，(i)網羅的に周辺環境を認識するRichのステージです。この段階では，網羅的な認識と判断によってクルマはより安全に走行しますが，判断はもたつきます。次に，(ii)賢い判断ができるSmartのステージでは，クルマは周辺のさまざまな移動物体の振る舞いを認識・予測しスムーズに走ることができます。このステージでは，ある程度定型的に，右折をしたり左折をしたりすることはできます。ただし，車は，初めて起きた事象に対処することができません。そして，(iii)クルマが自己学習するEmergenceのステージになれば，クルマは，初めての事象にそれまでの学習や経験を踏まえて適切に対処し，さらに知識を積み上げていくことができるようになります。このステージに至ってようやく，

クルマは，「自動運転」技術によって，あらゆる道路を走行できるようになると考えています。このEmergenceのステージの実現は相当に難しいのですが，その実現のためには，AI（Artificial Intelligence：人工知能）が不可欠です。

清水　あらゆる周辺状況に対応できる「自動運転」技術の開発には，AIが必要という意味でしょうか？

松尾　はい，ご理解のとおりです。最近では，ソースコード（source code：プログラミング言語で書かれたコンピュータ・プログラム）を機械的に生成するモデルベース開発（model base development）も普及してきましたが，クルマの制御ソフトウェアは，基本的に，発生しうる周辺状況を人間が想定して作ってきました。しかしながら，「自動運転」のクルマはどこをどのように走るかわからず，人間が想定できない周辺状況に出くわすかもしれません。この点，AIは，教師データを学習し，ある程度を超えると人間が知っている以上のことができるようになります。

　　AIは，①「認知」に関する従来の技術を大きく超えるポテンシャルを持っているのです。ですから，①「認知」が難しいといっても，AIを活用すれば，人間には想定できないような周辺状況にも対応可能な「自動運転」技術を開発できる可能性があると考えています。

清水　AIを活用して「自動運転」技術を開発するためには，AIの学習用教師データとなるビッグデータ（big data）が必要となるように思います。特に①「認知」のプロセスを考えますと，AIに大量の画像データを学習させる必要があるのではないでしょうか？

松尾　はい，AIを「自動運転」技術の開発に活用するためには，AIに適したデータ，中でも画像データを大量に収集して整理し，AIに学習させることが必要です。しかも，「自動運転」技術の汎用能力を向上させるためには，データはできる限り網羅的である必要があります。現在，たとえば，周辺状況を録画するためのドライブレコーダー（drive recorder：運転中の様子を撮影する機器）が市販されていますが，残念ながら，AIの学習用教師データとするにはドライブレコーダーの画像は十分に鮮明ではありません。そこで，今後は，AIに適した画像データを収集するための機器を準備しなければな

らないと考えています。

清水　データが整理できたとして，AIのアルゴリズムの開発はどのようになさるのでしょうか？

松尾　AIによる「自動運転」技術開発の全体像を考えてみますと，キーとなるのは，いま申し上げた学習データの収集，アルゴリズムの確立，学習環境の設定，そして，実装技術の確立です。このうち，アルゴリズムについては，ディープラーニングも活用しながら，周辺車両の行動を予測し，パスプランニングができるようなものを開発しています。今後は，先ほど申し上げたTRIやTRI-ADが開発の中心になります。

清水　実装技術の確立とはどのような意味でしょうか？

松尾　「自動運転」技術をクルマに実装する場合，ディープラーニングのできるAIを，クルマに搭載された小型コンピュータに実装しなければなりません。

清水　確かに，スーパー・コンピュータ（super computer）はクルマに乗せられませんね。

松尾　となると，スパコン並みの性能を有する小型コンピュータにAIを実装しクルマに搭載する必要があるのです。現時点で，最も期待できるのがGPUです。GPUは，もともと，画像処理のために開発されたものですが，非常に高性能ですので，ディープラーニングを実現することができます。現時点では，消費電力が大きく，また，コストが高いという問題がありますが，今後，さらに改良されていくと思います。

清水　日本のメーカーさんから，小さく，安価なチップでディープラーニングを実現できます，というお話を聞いたことがあります。

松尾　そういうものがあれば，ぜひ使ってみたいです。小型，高性能，低コスト，低電力という点で妥協はできませんので，良いものは何でも試してみたいと思います。

清水　小型，高性能，低コスト，低電力のチップを，車両にたくさん搭載なさるのでしょうか？

松尾　いえ，心臓として1つ搭載することを想定しています。そういったチップが手に入れば，性能や品質評価の環境を準備して，開発を進めていきます。

これが実装技術の確立です。

4 「自動運転」で現在できることと今後

清水　(b)「人とクルマの協調」の知能化との関係でお伺いしますと，貴社が目標とする「人とクルマが気持ちの通った関係を築く」という観点では，現時点でどのようなことまでが実現できているのでしょうか？

松尾　極めて限定された状況下で，レベル4の「自動運転」ができるクルマは，2020年ころには登場するかもしれませんが，いわゆるレベル5の完全な「自動運転」の実現には，どのくらいの時間がかかるのかわかりません。おそらく，クルマに関わっている人はみなさんそう思っているのではないでしょうか？　しかしながら，トヨタは，レベル2やレベル3の「自動運転」技術であっても，クルマがシステムの状況を提示し，ドライバーが状況を把握して，手動または自動で運転を交代する仕組みを準備することによって，「人とクルマが気持ちの通った関係を築く」ことはできると考えています。トヨタは，衝突回避・被害軽減システム（プリクラッシュセーフティシステム）のみならず，追従ドライブ支援機能（レーダー・クルーズ・コントロール：Radar Cruise Control），車線維持支援機能（レーン・トレーシング・アシスト：Lane Tracing Assist）などをすでに市販車両に実装しており，目標の実現に向けて着実に進んでいます。トヨタは，いうなれば，「自動運転」技術によって，安全な運転システムをすでにパッケージ化しているのです。

清水　なるほど。次に，(c)「つながる」知能化は，クルマが外部と情報をやり取りするイメージだと思いますが，どの程度，実現されているのでしょうか？

松尾　(c)「つながる」知能化としては，さまざまな道路交通情報や車両情報がクラウドを介してタイムリーにやり取りされることを想定しています。「自動運転」技術の実現のためには高性能の地図が必要となりますが，古い地図では意味がありません。道路上を走っているすべてのクルマやインフラから周辺の情報を集めて，地図を常に更新し続ける必要があります。たとえば，前方のクルマが集めた情報を瞬時に後方のクルマに伝えることができれば，渋滞や事故を減らすことができます。現時点では，クルマに搭載された自律

的なセンサで地図の更新に対応していますが，たとえば，高速道路の合流地点に道路交通情報を配信するインフラが完備されていれば，「自動運転」技術によって，よりスムーズに合流することができるはずです。インフラからの情報配信は，自律センサで知ることができない情報の補充にもなります。道路のインフラ整備には行政機関の力が必要ですが，そのようなインフラが整備されることに期待しています。

清水　そのような情報をやり取りするためには，情報がある程度標準化される必要があるように思います。クルマどうしの情報のやりとりはいかがでしょうか？

松尾　クルマどうしが通信を利用し，協調型の安全システムを構築することが理想ではあります。ただし，すべてのクルマがセンサを搭載し，情報を発信し受け取ることができるようになるためには，クルマの買い替えが進む必要があり，それなりに長い時間がかかるのではないかと思っています。

清水　なるほど，現実の世界では，センサを搭載していない古いクルマも走っているからですね。クルマどうしの情報のやりとりが増えると，サイバーセキュリティも重要になるように思います。ところで，現時点で一部の「自動運転」技術は実装されているとのことでしたが，今後，貴社における開発の方向性はどのようになるのでしょうか？

松尾　トヨタにおける開発は，①高速道路のような自動車専用道向けの自動走行システムと②一般道向けのシステムとに分かれます。

　①自動車専用道は，走行レーンが明確であり，かつ，同じ進行方向のクルマ専用ですので，「自動運転」を実現しやすい。ETCを通過して高速道路本線に合流してから，高速道路本線を走行し，必要に応じてJCT（junction：分岐点）における分流などに対応したうえで，最終的に高速道路本線からIC（interchange：インターチェンジ）に分流し，目的地であるETCまでたどり着くことができる高度な「自動運転」を目指します。

　他方で，②一般道における「自動運転」の実現は非常に難しいと考えています。なぜなら，一般道では，(i)走行環境が整備されておらず，走るべき走路や交通ルールは非常に多様です。場合によっては，車線と歩道との区別がないところもあります。また，(ii)歩行者や自転車などのさまざまな移動体が

混在し，進行方向や動線もさまざまです。その結果，一般道における「自動運転」は，(iii)さまざまなシーンにおける総合的な判断を必要とする極めて難しい作業になります。たとえば，「自動運転」のクルマが，道路工事の警備員の手信号を認識して対応する場面を想像してみてください。

清水　難しいですね。とはいえ，貴社であれば，②一般道向けの「自動運転」技術の開発もなさっていると思います。

松尾　はい，もちろんです。カメラ，ミリ波レーダー，GPS，姿勢センサなど多種のセンサを搭載した実験車を作って，一般道で試験を実施しています。「自動運転」技術に対する信頼を得るために，慎重を期しながら進めています。

清水　一般道であっても，場所や速度など条件を限定すれば，「自動運転」をある程度実現できるのでしょうか？　たとえば，過疎地の高齢者向け移動手段としての無人バスなどでは，それほどスピードを出す必要もありませんし，歩行者などもあまりいないように思います。そのような取り組みをしているベンチャーもあります。

松尾　そのような観点でいえば，トヨタは，一般の人向けのオーナーカー（Privately Owned Vehicle (s)：POV）と移動サービス向けのクルマとを並行して開発しています。移動サービスは，近時，MaaS（Mobility as a Service）とも呼ばれていますが，地域，道路，交通状況，速度など極めて限定された条件の下で，高度に自動化された移動手段を提供することをイメージしています。

清水　MaaSとは，もともと，さまざまな移動手段を1つのサービスに統合して，オンデマンドで利用できるようにする，という考え方のことですね？

松尾　はい，MaaSのような移動サービスでは，移動手段の利用環境や条件を限定することができます。

たとえば，都市の真ん中を高速で移動する必要があるとは限りません。そして，すぐに止まることができるほどの低速度であれば，センサで感知すべき範囲も限られますので，高度な「自動運転」を実現しやすいのです。また，移動サービス用のクルマは，毎日保守点検をすることができますし，ソフトウェアのデバッグ（debug：プログラムの誤りを修正すること）も定期的に実

施することができます。故障時の対応も確実です。さらにいえば，オーナーカーと違って，利用者は移動サービス用のクルマの見た目にそれほどこだわらないはずですので，多数のセンサを少々目立つように搭載しても問題がなく，カーメーカーにすれば，意匠デザインの自由度も大きいのです。

清水　なるほど。そうであれば，MaaSに使われる車両，先ほど申し上げた過疎地の高齢者向け無人バスなどでは，より高度な「自動運転」を実現しやすいということですね。

5 「自動運転」に対する規制

清水　「自動運転」技術が実用化され，社会に普及するにあたっては，技術以外の課題もあるように思いますが，いかがでしょうか？

松尾　はい，①法規上の課題，②事故発生時の責任の所在，③社会的受容性の3つの問題があります。

　　　①法規上の課題とは，そもそもドライバーの乗車していない車両が車道を走って良いか，つまり，「自動運転」のクルマが車道を走ることなどについての規制です。

清水　日本では，実証実験を超えた「自動運転」に関する法整備が遅れているという意見を耳にすることもあるのですが，いかがお感じでしょうか？

松尾　条約と足並みを揃える必要がありますので，日本は「自動運転」に関する法整備が遅れているとまで言うことはできないでしょう。

清水　日本政府は，条約改正において議論を主導しようとするなど，法整備に積極的になっていると思います。

松尾　ぜひ弁護士の立場から議論のお手伝いをなさってください。きちんと法整備がなされてこそ，「自動運転」のクルマを開発する意味があります。

清水　はい，できる限りお手伝いさせていただきます。

　　　次に，②責任の所在とは，万一，「自動運転」のクルマが事故を起こしてしまった場合に，責任を負うのは，ドライバーか，それとも，「自動運転」のクルマを開発・製造したカーメーカーか？　というような問題ですね。

松尾　これは，ケースごとによって異なるのではないでしょうか？　何でもかんでもカーメーカーの責任にされるのは困りますが，カーメーカーが責任を

負うべきであるようなケースもあるのではないかと思っています。

清水 ③社会的受容性という観点では，社会全体から，「自動運転」のクルマは安全で信頼できると思ってもらうことが必要ですね。

松尾 はい，そのとおりです。「自動運転」のクルマの走行が，歩行者や他のクルマのドライバーを怖がらせるようではいけません。そのためには「自動運転」技術の安全性や信頼性を担保しなければならず，膨大な走行試験が必要です。

清水 一番難しいのはどのような点でしょう？

松尾 「自動運転」技術は，人間よりも事故を起こす回数が少ないことを示す必要があります。そのためには，たとえば，「100万km走行して無事故」ではなく，「人間の100倍走行して無事故」であることを示さなければなりません。

　「自動運転」の実現のためには，統計的に1億数千万km走る必要があるなどと世間で言われていますが，実際にそれほど走行するには途方もない時間がかかります。これは，長年，車を開発・製造・販売しているトヨタの経験からしても膨大な時間です。

　となると，シミュレータを使った試験が大切になってきます。前が見えないほど土砂降りの雨が降っている場面や逆走する車両がある場面など，実際にはあまり起きない極限的な場面を想定したシミュレーションをする必要があります。もちろん，通常走行時のヒヤリハット（実際の事故や災害には至らないものの，ヒヤリとしたり，ハッとしたりするなど，事故や災害に直結してもおかしくない出来事）のデータを集めることも大切です。

清水 ある大学の研究室でドライビングシミュレータ（driving simulator）を見せていただいたことがあります。

松尾 トヨタでは，東富士研究所にドライビングシミュレータを設置しています。このシミュレータは，ドーム状の機械の中にクルマを入れて，コンピュータグラフィックス（computer graphics：CG）で360度すべてに運転中の周辺状況を再現します。たとえば，ハンドルを切ると，横向きの加速度を感じたりもします。このシミュレータを使って，同じ条件で何度も実験をすることによって，最適な対応をAIに学習させるのです。

Part 4　自動運転　　101

清水　シミュレータによる周辺状況の再現性は，どの程度なのでしょうか？

松尾　ほぼ完璧だと思います。ただし，人間の側の問題ではありますが，本物のクルマに比べて，乗り物酔いになりやすいという問題があります。なぜ酔いやすいのかはわかりません。

森山　実際に走行してデータを取るという点では，Google（現在では，持株会社であるAlphabet傘下のWaymo社）がやはり先行しているのでしょうか？

松尾　はい，そう思います。

森山　万一，「自動運転」の実証実験中に事故などが起きると困ってしまいますね。

松尾　はい，実証実験中の事故などによって，「自動運転」技術への信頼性が損なわれるのは困ります。トヨタとしては，やはり安心・安全で信頼される「自動運転」技術を開発しなければならないと思います。

佐藤　Googleの「自動運転」の実証実験に関するキーノート（key note：基調説明）では，乗った人がみんな笑顔で「Thank you, car!」といっています。「自動運転」技術がそのように社会から受け入れられるとすれば，それが一番望ましいように思います。

清水　安心・安全で信頼される製品の開発は，日本企業の得意とするところだと思いますし，世界からもそれを期待されているのではないでしょうか。貴社には，1日も早く，安心・安全で信頼される「自動運転」技術の開発を実現していただきたいと思います。本日は，長時間，ありがとうございました。

（インタビュー：2018年6月1日）

Legal Commentary　法務の視点から

1　概観

いま，自動車産業は，CASE（Connected：コネクテッド（つながるクルマ），Autonomous：自動運転，Shared & Services：シェアリングとサービス，Electricity：電動化）と呼ばれる大きな変革の波を迎えているといわれています。これに伴い，「自動運転」と法をめぐる問題も，近時，非常に大きく注目され

ています。「自動運転」と法の関係が問題になるのは，人間が直接的に関与することなく，自動車が自ら判断して動作をする「自動運転」の技術が，人間が運転することを前提とする従来の法制度の想定を超えているからです。そもそも，自動車は，非常に利便性の高い道具でありながら，使い方によっては周囲の安全を脅かす危険性もあります。そこで，「自動運転」については，移動の自由を達成する前提として，自動車の利便性の維持と安全性の確保とのバランスをどのように図るかが制度設計や法解釈上のポイントになります。

一般道における「自動運転」の実現は困難が大きいとしても，自動車専用道における「自動運転」はレベル3→レベル4→レベル5と徐々に実現されていくと見られています（上記インタビュー4.参照）から，「自動運転」関連のビジネスに新たに取り組む場合には，このバランスを頭に入れて検討すべきことになります。

「自動運転」と法をめぐる問題の全体像は，概ね下記のとおりです。

---

① 行政的規制：「自動運転」車両は，どのような条件（車両の安全性，交通ルールなど）の下で，公道を走行することができるか？

② 民事責任：万一，「自動運転」車両が事故を起こした場合，民事責任を負うのは誰か？（保険の問題を含む）

③ 刑事責任：万一，「自動運転」車両が事故を起こした場合，刑事責任を負うのは誰か？

なお，今後，「自動運転」の技術開発がさらに進むと，非常に複雑なシステムができあがることは想像に難くありません。とするならば，どれほど優れた「自動運転」のシステムであっても，ありとあらゆる場合に対応可能な完璧なシステムは存在しないことを前提として，これらの論点を検討すべきであるように思われます。

2　自動運転に係る制度整備大綱

「自動運転」について，日本政府は，2018年4月17日，高度な自動運転の市場化・サービス化を目指して，高度情報通信ネットワーク社会推進戦略本部・官民データ活用推進戦略会議から「自動運転に係る制度整備大綱」[3]を公表しま

Part 4　自動運転 | 103

した。

　この整備大綱は，公道において「自動運転」システム搭載車両（「自動運転」車）と「自動運転」システム非搭載の従来型の車両（一般車）とが混在し，かつ「自動運転」車の割合が少ない，いわゆる「過渡期」を想定した法制度の在り方を検討するものです。時期としては，「自動運転」車の導入初期段階である2020年以降2025年頃が念頭に置かれています。

　この整備大綱によれば，「自動運転」が目指すものは，以下のとおりです。

◆「自動運転に係る制度整備大綱」の考える「自動運転」が目指すもの
- 交通事故の削減や渋滞緩和等による，より安全かつ円滑な道路交通社会の実現
- きめ細かな移動サービスを提供する，新しいモビリティサービス産業の創出
- 自動運転車による日本の地方再生
- 世界的な自動運転車の開発競争に勝ち，日本の自動車産業が，引き続き世界一を維持

（出所）「自動運転に係る制度整備大綱」3頁〜4頁

　また，整備大綱の重点的な検討対象は，以下のとおりとされています。

◆「自動運転に係る制度整備大綱」の重点的な検討対象
- 安全性の一体的な確保（走行環境条件の設定）
- 自動運転車の安全確保の考え方
- 交通ルールの在り方
- 責任関係
- 運送事業に関する法制度との関係
- その他

（出所）「自動運転に係る制度整備大綱」12頁〜21頁

　そして，日本政府は，これらの検討を通じて，2020年までに，高速道路での「自動運転」可能な自動車の市場化，限定区域（過疎地等）での無人「自動運

3　https://www.kantei.go.jp/jp/singi/it2/kettei/pdf/20180413/auto_drive.pdf

転」移動サービスを実現することを目指すとしています。さらに，2022年度以降には，高速道路でのトラック隊列走行の事業化を実現することを目指すとしています。

なお，2019年6月に公表された「官民ITS構想・ロードマップ2019」[4]も，2030年までに「世界一安全で円滑な」道路交通社会を構築することを目標として掲げており，「自動運転」システムの市場化・サービスの実現期待時期として，2020年目途で高速道路でのレベル3の「自動運転」の実現を，2020年までに限定地域でのレベル4の無人「自動運転」移動サービスの実現を目指すとしています。

3 行政的規制について

現時点における日本の自動車に関する行政的規制は，大別すれば，(1)車両の安全性確保などについて定める道路運送車両法と，(2)交通ルールなどについて定める道路交通法とがあります。

なお，自動車を用いて道路運送事業を行う場合には，別途，道路運送法や貨物自動車運送事業法などのいわゆる業規制の適用も受けることになります。

(1) 道路運送車両法との関係
●「自動車」の定義
道路運送車両法2条2項によれば，「自動車」とは，「原動機により陸上を移動させることを目的として製作した用具で軌条若しくは架線を用いないもの又はこれにより牽引して陸上を移動させることを目的として製作した用具であつて，〔……〕原動機付自転車以外のものをいう。」とされています。この定義からするならば，「自動運転」技術を搭載した車両も，「自動運転」技術のレベルを問わず，「自動車」に該当することになります。

●保安基準への適合性
そして，道路運送車両法上，「自動車」の「構造」については，「国土交通省

---

4 https://www.kantei.go.jp/jp/singi/it2/kettei/pdf/20190607/siryou9.pdf

Part 4 自動運転 | 105

令で定める保安上又は公害防止その他の環境保全上の技術基準に適合するものでなければ，運行の用に供してはならない」（道路運送車両法40条）とされており，いわゆる保安基準への適合が求められています。たとえば，一般に「自動ブレーキ」と呼ばれる「衝突被害軽減制動制御装置」は，レベル1の「自動運転」技術に該当し，「衝突被害軽減制動制御装置の技術基準」が定められています（2012年の「道路運送車両の保安基準の細目を定める告示」等の一部改正による）。

　そして，2019年5月の国会では，「自動運転」技術の普及を見据え，「道路運送車両法の一部を改正する法律」が成立しました。この改正法では，「自動運転」の設計，製造から使用に至る過程において安全性を確保する観点から，「自動運行装置」が保安基準の対象装置とされました（改正道路運送車両法41条1項20号・2項）。

●自動運転車の安全技術ガイドライン

　「自動運転」の安全性に関しては，2018年9月，国土交通省自動車局から「自動運転車の安全技術ガイドライン」（安全技術ガイドライン）[5]が公表されています。これは，上述の「自動運転に係る制度整備大綱」における重点検討対象である「自動運転車の安全確保の考え方」を整理したものです。

　この安全技術ガイドラインは，レベル3，4の「自動運転」車が満たすべき安全要件をガイドラインとして定めることによって，国際基準が策定されるまでの間も，安全な「自動運転」車の開発・実用化を促進することを目指して策定されました。安全技術ガイドラインは，世界で初めて，「自動運転」の実現にあたっての安全目標を設定し，「自動運転」車の開発・実用化の意義を明確化しています。そして，安全技術ガイドラインの安全目標は，「自動運転」が実現した暁には，「自動運転」システムが引き起こす人身事故がゼロとなる社会の実現を目指すこととされています。

　そして，安全技術ガイドラインでは，以下のように「自動運転車が満たすべき車両安全の定義」を定めています。

5　http://www.mlit.go.jp/common/001253665.pdf

> ◆**自動運転車が満たすべき車両安全の定義**
> ・ 自動運転車の運行設計領域（ODD：Operational Design Domain）において，自動運転システムが引き起こす人身事故であって合理的に予見される防止可能な事故が生じないこと

（出所）国土交通省自動車局「自動運転車の安全技術ガイドライン」3頁

　ここで，運行設計領域（ODD）とは，運転を自動化するシステムがきちんと機能するように設計されている特有の前提条件，というほどの意味であって，地理，道路，環境，交通状況や速度などを含みますが，これらに限りません。

　上記の車両安全の定義は，「自動運転」車が満たすべき車両安全要件を設定し，「自動運転」車の安全性を確保するものです[6]。

　そして，安全技術ガイドラインでは，次のより具体的な10項目を「自動運転車の安全性に関する要件」としています。

> ◆**自動運転車の安全性に関する要件**
> ① 運行設計領域（ODD）の設定
> ② 自動運転システムの安全性
> ③ 保安基準等の遵守等
> ④ ヒューマン・マシン・インターフェース（HMI：Human Machine Interface）（ドライバー状態の監視機能等の搭載）
> ⑤ データ記録装置の搭載
> ⑥ サイバーセキュリティ（cyber security）※レベル4の場合の追加要件
> ⑦ 無人自動運転移動サービス用車両の安全性
> ⑧ 安全性評価
> ⑨ 使用過程における安全確保
> ⑩ 自動運転車の使用者への情報提供

（出所）国土交通省自動車局「自動運転車の安全技術ガイドライン」4頁～9頁

　なお，⑥サイバーセキュリティの要求は，レベル4の場合の追加要件であっ

6　「自動運転車の安全技術ガイドライン【概要】」http://www.mlit.go.jp/common/001253666.pdf

Part 4　自動運転　107

て，「自動運転」車であると同時に，外部とつながるクルマ（connected car）であることを想定した要件といえます。

　上記のとおり，安全技術ガイドラインは，レベル3およびレベル4を念頭に置いた安全要件ではありますが，今後，「自動運転」車の安全基準を検討するにあたっては，「自動運転」技術のレベルを問わず，参考になるものと思われます。

　なお，日本政府は，「自動運転」車の安全確保の考え方に関する世界的議論を主導し，「自動運転」車の安全に関する国際基準を策定することを目指しており，国土交通省に「自動運転等先進技術に係る制度整備小委員会」を設置して議論を進めているほか，自動車基準調和世界フォーラム（国連WP29）[7]でも積極的な役割を果たしています。

(2)　道路交通法との関係
●運転に関する交通ルール

　道路交通法は，車両の交通方法（第3章），運転者および使用者の義務（第4章），道路の使用等（第5章），運転免許（第6章）などに関して，いわゆる交通ルールを定めています。これらの規定に違反すると，運転者等は，行政処分または刑事処分の対象となります（免許の取消・停止等：103条〜107条，罰則：第8章，反則行為に関する処理手続の特例：第9章）。

　このうち，「自動運転」との関係では，道路交通法70条の規定が問題となります。すなわち，道路交通法70条（安全運転の義務）は，「車両等の運転者は，当該車両等のハンドル，ブレーキその他の装置を確実に操作し，かつ，道路，交通及び当該車両等の状況に応じ，他人に危害を及ぼさないような速度と方法で運転しなければならない」と定めているところ，「自動運転」技術を使用している運転者は，同条に定めている義務を履行しているといえるのかが問題になるからです。レベル4やレベル5の「自動運転」に至っては，そもそも「運転者」を観念することすらができなくなるように思われます。

　そうした中で，2019年5月の国会では，「自動運転」技術の普及を見据え，

7　http://www.mlit.go.jp/common/000036077.pdf

「道路交通法の一部を改正する法律」が成立しました。改正法では，レベル3の「自動運転」技術を搭載した車両が公道を走行できるようにすることを念頭に，「運転」に「自動運行装置」を使用する場合も含むことになりました（改正道路交通法2条1項17号）。これにより，レベル3の「自動運転」技術を搭載した車両の「運転者」は，引き続き，道路交通法70条の安全運転の義務や同法72条1項の事故時の救護義務を負うことが明らかになりました。

●「道路交通に関するジュネーブ条約」

ところで日本が批准している「道路交通に関するジュネーブ条約」には，世界の約100カ国が加盟しています[8]。

この「道路交通に関するジュネーブ条約」8条は，「運転者は，常に，車両を適正に操縦〔……〕することができなければならない」と定めています。ところが，この文言を文字どおりに理解すると，システムが全部または一部の運転タスクを実行することを前提とする「自動運転」は，条約に適合しなくなってしまいます。

そこで，国際連合欧州経済委員会（UNECE）の内陸輸送委員会道路交通安全グローバルフォーラム（Global Forum for Road Traffic Safety）（WP1）は，2015年，「車両の運転方法に影響を及ぼす車両システムは〔……〕運転者により操作介入が可能であり，又は機能を停止できるときは〔……〕（条約に）適合するものとみなす」という条項を追加する提案をし，合意されました。今後は，システムがすべての運転タスクを実行する「自動運転」にどのように対応するのか，条約上の議論が必要になります。

なお，WP1の会合では，2018年9月に，道路交通に関するジュネーブ条約およびウィーン交通条約の締約国に対して，「高度・完全自動運転車両は安全を優先し，交通ルールを守り，運行設計領域内でのみ作動すべきである」とする勧告決議（非拘束文書）を採択しました[9]。

日本政府は，WP1およびWP1に設置された「自動運転」に関する非公式

8　ただし，日本は，ウィーン交通条約については，まだ批准していません。

9　https://www.unece.org/info/media/presscurrent-press-h/transport/2018/unece-adopts-resolution-on-the-deployment-of-highly-and-fully-automated-vehicles-in-road-traffic/doc.html

Part 4　自動運転

専門家グループのメンバーとして，国際的な議論に積極的に参加しています[10]。

●公道実証実験への対応

現行の道路交通法の下においても，「自動運転」の実証実験は，比較的広く認められています。

警察庁は，2016年5月，「自動走行システムに関する公道実証実験のためのガイドライン」[11]を公表しました。このガイドラインは，現行法上，「自動運転」の公道実証実験を実施する前提として，大要，次のような条件を提示しています。

◆「自動運転」の公道実証実験のための条件
- 公道実証実験に用いる車両（以下「実験車両」という）が道路運送車両の保安基準（昭和26年運輸省令第67号）の規定に適合していること。
- 運転者となる者が実験車両の運転者席に乗車して，常に周囲の道路交通状況や車両の状態を監視（モニター）し，緊急時等には，他人に危害を及ぼさないよう安全を確保するために必要な操作を行うこと（※）。
- 道路交通法を始めとする関係法令を遵守して走行すること。
- ※ …運転者となる者が緊急時等に必要な操作を行うことができる自動走行システムであることが前提となる。

（出所）警察庁「自動走行システムに関する公道実証実験のためのガイドライン」

このガイドラインによれば，遠隔モニタリングがなされている場合には，無人の「自動運転」実証実験もできることになります。なお，「自動運転に係る制度整備大綱のフォローアップ状況について」においては，無人「自動運転」移動サービスにおいては，当面は，遠隔型「自動運転」システムを使用した現在の実証実験の枠組みを事業化の際にも利用可能とする旨が述べられています。

遠隔モニタリングは，交通の安全性を確保し，「自動運転」技術への信頼性

10 　内閣官房情報通信技術（IT）総合戦略室「自動運転に係る制度整備大綱のフォローアップ状況について」https://www.kantei.go.jp/jp/singi/it2/dourokoutsu_wg/dai1/siryou3.pdf
11 　https://www.npa.go.jp/koutsuu/kikaku/gaideline.pdf

を維持するためにも，少なくとも，現時点では必要であるように思われます。今後は，技術開発の進展に合わせて，遠隔モニタリングすらない，本当に完全な無人の「自動運転」車両による配達実験などについて，どのような条件で実証実験を認めるのかを考えるべきことになりますが，ここでも，「自動運転」の安全性と信頼性のバランスが重要になります。

●その他の問題

　本書では，車道を走る「自動運転」車を中心に検討していますが，AIの進歩によって，無人の配達ロボットのようなものが歩道を移動し，いわゆるラストワンマイル（last one mile：最終拠点からエンドユーザまでの物流）を埋めるサービスが登場し始めています。たとえば，米国では，無人の配達ロボットによる宅配ピザの配達サービスの例があります。

　このような無人配達ロボットが歩道を車輪で移動することを，現行の道路交通法は想定していないように思われます。歩道とは，「歩行者の通行の用に供するため縁石線又はさくその他これに類する工作物によつて区画された道路の部分をいう」（道路交通法2条1項2号）とされており，歩道は，歩行者（または歩行を補助する電動カートなど）が通行するものとされているからです。

　しかしながら，無人配達ロボットによる配達サービスは，移動に不自由がある場合などにおいて，移動したのと同じ利便性を提供するものといえますから，「自動運転」と同じように，歩行者の安全確保とのバランスを取りつつ，認める方向で議論がなされるべきではないかと思われます。

4　民事責任について

　万一，「自動運転」車両が事故を起こした場合であっても，被害者救済の観点からは，民事上の責任を負う者による損害賠償などが認められるべきです。もっとも，「自動運転」車両においては，車両に乗っていた者の操作ミスなどがなくても，「自動運転」システムに起因して事故が起きてしまう可能性があります。そこで，万一，「自動運転」車両が事故を起こした場合には，誰が民事責任を負担すべきなのか，が問題となります。

　この論点に関しては，「自動運転における損害賠償に関する研究会」（国土交

通省[12]），「自動走行の民事上の責任及び社会受容性に関する研究」（経済産業省，国土交通省[13]），「自動運転の段階的実現に向けた調査研究」（警察庁[14]）などが既に公表され，多くの議論がなされています。

(1) 運行供用者の責任（自賠責法）

　自動車損害賠償保障法（自賠責法）は，「自動車の運行によつて人の生命又は身体が害された場合における損害賠償を保障する制度を確立することにより，被害者の保護を図り，あわせて自動車運送の健全な発達に資すること」を目的として（同法1条），自動車の「運行によって他人の生命又は身体を害したとき」には，自動車を運行の用に供する者（「運行供用者」）に損害賠償の責任を負わせています（同法3条本文）。ここで，自賠責法は，「自動車」を人間が運転することを前提としていません（同法2条1項）から，「自動運転」技術を搭載しているとしても，自賠責法上の「自動車」に該当します。また，自賠責法は，「自動車を当該装置の用い方に従い用いること」を「運行」と定義しています（同法2条2項）から，「自動運転」技術を搭載した自動車で移動することも，「運行」に該当するといえます。なお，自賠責法5条によれば，「自動車損害賠償責任保険（責任保険）又は自動車損害賠償責任共済（責任共済）の契約が締結されているものでなければ，運行の用に供してはならない」とされています。

　そこで，万一，「自動運転」車両が事故を起こした場合に，「運行供用者」に自賠責法上の責任を問うことができるのかが問題となります。この点，自賠責法第3条但書は，運行供用者を免責する3つの要件を定めています。

◆自動車損害賠償保障法の免責3要件
　イ．自己および運転者が自動車の運行に関し注意を怠らなかったこと
　ロ．被害者または運転者以外の第三者に故意または過失があつたこと
　ハ．自動車に構造上の欠陥または機能の障害がなかったこと

12　http://www.mlit.go.jp/report/press/jidosha02_hh_000336.html
13　http://www.meti.go.jp/meti_lib/report/H29FY/000365.pdf
14　https://www.npa.go.jp/bureau/traffic/council/jidounten/28houkokusyo.pdf

まず，イ．については，システムの介入要求等に対して人間の適切な応答が期待されているレベル3以下の「自動運転」技術を搭載した自動車であれば，「運行供用者」が安全に自動車を運転する注意義務違反を問われることはやむを得ないと思われます。他方，レベル4以上の「自動運転」車両の場合，自動車の点検（「自動運転」ソフトウェアのアップデートを含む）義務違反を問われるのであればともかく，「運行供用者」（運転席に乗っている人）が安全に自動車を運転する注意義務違反を問うことは難しくなると考えます。

　次に，ハ．については，レベル4以上の「自動運転」システムを搭載した車両の場合，「自動運転」システムだけで安全な「運行」ができることが前提となりますから，万一，「自動運転」車両が事故を起こした場合には，「自動車に構造上の欠陥又は機能の障害」があったということができると考えます。他方，ある程度，人間の関与が期待されるレベル3以下の「自動運転」の場合，「自動車に構造上の欠陥又は機能の障害」があったということができるか否かは，個別具体的なケースごとに判断せざるを得ないように思われます（なお，藤田友敬編『自動運転と法』p.141以下で，ケースごとの検討がなされていて参考になります）。

(2)　不法行為責任

　自動車の運行によって事故を起こしたとしても，「他人の生命又は身体を害し」ていない場合（いわゆる「対人」以外の場合）には，「自賠責法」は適用されません。他方で，「自動運転」技術を搭載しているとしても，車両の操作に運転者が何らか関与しているならば，万一一のときに，運転者が，一般的な不法行為責任（民法709条）を問われ得るのは当然です。もっとも，この場合，被害者が運転者の「故意又は過失」を立証しなければなりません。

　この点，レベル3の「自動運転」では，システムの動作継続が困難な場合には，システムの介入要求等に対して人間の適切な応答が期待されていますから，システムの要求に対する運転者の応答に「過失」があったことを立証できれば，運転者が不法行為責任を負うことになり得ると考えます。ただし，「自動運転」システムですら対応できない極限的な「いざというとき」において，人間が本当に適切な応答ができるのかという問題は別途検討すべきように思われます。

また，レベル４以上の「自動運転」では，運転者（運転席に乗っている人というべきかもしれません）は車両の操作に一切関与しないことが想定されていますから，運転者（運転席に乗っている人）の不法行為責任を観念することは難しくなります（なお，もし「自動運転」車両が遠隔監視をされているのであれば，遠隔監視担当者の不法行為責任を検討する余地はあると思われます）。特に，レベル５の「自動運転」車両において，「通常の点検整備では発見しえないような不具合によって事故が生じた場合には，」過失の「立証は困難である」という指摘があります（弥永・宍戸編『ロボット・AIと法』p.178参照）。

(3)　被害者救済費用等補償特約

　「自動運転」技術の開発が急速に進む中で，保険業界では，すでに，任意保険における「被害者救済費用等補償特約」が発売されています。「被害者救済費用等補償特約」とは，欠陥やハッキングなどに起因して本来の使用と異なる事象・動作が生じて事故が発生し，被保険者に法律上の損害賠償責任が課されない状況において，被保険者から被害者への補償を提供するための費用を補償する特約です。これは，「自動運転」技術の発展によって，運転者等が損害賠償責任を負担しない可能性を視野に入れたものです。

　「自動運転」技術が普及した時代に，いかにして被害者救済を図るのかという観点から，自動車保険のあり方が，引き続き，議論されています。

(4)　製造物責任

　上記のほか，「自動運転」システムを搭載した車両が事故を起こした場合に，当該「自動運転」車両の開発・製造等をしたメーカーが製造物責任（製造物責任法３条）を負うか，という議論もあります。「自動運転」システムは，ソフトウェアを中心とする「製造物」に該当するところ，「通常有すべき安全性を欠い」た「欠陥」（製造物責任法２条）があるといえるか，という問題です。この点，「自動運転」システムの「通常有すべき安全性」がどの程度であるのかについては，「自動運転」に関する過剰な期待を排除しつつ，冷静な議論が必要であると思われます。

5 刑事責任について

　自動車を運転中に事故を起こした場合，運転者は，危険運転致死傷罪（自動車の運転により人を死傷させる行為等の処罰に関する法律2条）や過失運転致死傷罪（同法5条）の責任を問われる可能性があります。

　そこで，万一，「自動運転」車両が事故を起こした場合，刑事責任を負うのは誰か，が問題となります。

　この点，レベル3以下の「自動運転」技術を搭載した車両であれば，「運行供用者」が安全に自動車を運転する注意義務違反を問われることはやむを得ないと思われます。4以上の「自動運転」技術を搭載した車両の場合，運転席に乗っていた人（もはや運転していません）は，車両の操作に関与していませんから，当該運転席に乗っていた人が車両の点検（「自動運転」ソフトウェアの必要なアップデートを含みます）を怠っていたことが事故の原因である場合を除いて，現行の刑事法体系においては，運転席に乗っていた人の責任を問うことができないと思われます。

　他方，「自動運転」技術を搭載した車両の事故については，当該車両の開発・製造等をしたメーカーに対して，業務上過失致死傷罪（刑法211条）の責任を問うことも考えられます。しかしながら，予期せぬ事態をソフトウェアの開発・製造等時点でどこまで想定してできるのか，つまり，「自動運転」技術の開発・製造等の時点で，本当に結果回避可能性があったのかも考慮しますと，メーカーに対して過失犯を問うことは容易ではないように思われます。

　なお，「自動運転」車両が事故を起こした場合の刑事責任について，今井猛嘉「自動走行に関与する者の刑事責任――現行法下の処理と今後の課題」（NBL 1099号（2018年）p.25）は，レベル4以上の「自動運転」を実現させているのがAIであることを根拠として，AIに対する制裁の可能性を立法論として提案しており，興味深い立論と思われます。

6 海外の動向

　「自動運転」は，いまや世界中の関心を集めており，世界中の企業が開発競争に参画するとともに，各国で「自動運転」の開発・普及を促進するための法

制度が整えられつつあります。

(1) 米国

　米国では，2018年10月に，グーグル（Google）の親会社であるアルファベット（Alphabet）傘下のウェイモ（Waymo）が，カリフォルニア州で，ドライバーなしの「自動運転」車両による公道実験の許可を取得するなど「自動運転」の開発が急速に進んでいます。

　これに合わせて，各州が独自に「自動運転」に関する法制化（州法）を進めてきましたが，州ごとに異なる要件の統一化が必要という認識が広まり，連邦法制定の動きが進められています。2017年9月には，"Self Drive Act"（自動運転法）が連邦議会下院で可決されました[15,16]。

　その後，上院では，"AV Start Act（American Vision for Safer Transportation through Advancement of Revolutionary Technologies Act)"という名称で議論されています[17,18]。

　また，運輸省国家道路交通安全局（National Highway Traffic Safety Administration：NHTSA）は，2018年10月に，「自動運転」に関する最新のガイドライン"Automated Driving Systems：A Vision for Safety"を公表しました[19]。

　◆"Automated Driving Systems：A Vision for Safety"の項目
　① System Safety　　機能（システム）安全
　② Operational Design Domain　　限定領域
　③ Object and Event Detection and Response　　対象・イベントの検知・反応
　④ Fallback（Minimal Risk Condition）　　緊急対応・フィードバック

15　https://www.congress.gov/bill/115th-congress/house-bill/3388
16　日本の官邸による解説として，https://www.kantei.go.jp/jp/singi/it2/dourokoutsu_wg/dai1/sankou5.pdf
17　https://www.congress.gov/bill/115th-congress/senate-bill/1885
18　NEDO（国立研究開発法人新エネルギー・産業技術総合開発機構）ワシントン事務所による解説として，https://nedodcweb.org/wp-content/uploads/2017/10/SELF-DRIVE-Act-AV-START-ACT.pdf
19　https://www.nhtsa.gov/sites/nhtsa.dot.gov/files/documents/13069a-ads2.0_090617_v9a_tag.pdf

⑤　Validation Methods　　試験確認方法

⑥　Human Machine Interface　　HMI

⑦　Vehicle Cybersecurity　　サイバーセキュリティ

⑧　Crashworthiness　　衝突安全

⑨　Post-Crash ADS Behavior　　事故後の車両行動

⑩　Data Recording　　データ記録・共有

⑪　Consumer Education and Training　　消費者教育等

⑫　Federal, State, and Local Laws　　連邦・州・地元政府の法令

（注）訳は，内閣官房IT総合戦略室「ITS・自動運転をめぐる最近の動向」による

　米国は，「自動運転」で世界をリードすることを目指しており，今後も，積極的な議論や法制化が進められるものと思われます。

(2)　欧州

　欧州でも，「自動運転」の普及に備えた法整備が進められています。

　英国では，2018年7月に，Automated and Electric Vehicles Act（自動運転と電気自動車に関する法律）が可決されました[20]。この法律は，強制自動車保険の対象を「自動運転」車両にまで拡大しています。

　ドイツでは，2017年6月からすでに，限定的なレベル3相当（高速道路における自動車線維持機能）の実用化を認める道路交通法（A Bill Legalizing Automated Vehicles）が施行されています。もっとも，ドイツでの公道走行には，国際的な車両安全基準の策定が必要とされていますので，今後，早ければ2019年後半までに国際基準案の策定を目指すとされています。

(3)　中国

　中国でも，百度（Baidu）を始めとして，さまざまな企業が「自動運転」車両の開発や実証実験に取り組んでいます。

　そこで，工業情報化部（いわゆる工信部）その他関連の政府機関は，2018年4月，「スマートネットワーク接続車路上テスト管理規範（試行）」を公表しま

20　https://www.legislation.gov.uk/ukpga/2018/18/contents/enacted

した[21]。この規範は，スマートネットワーク接続車に「自動運転」車両も含まれるとしたうえで，「自動運転」車両の路上テストに関する要件を定めています。

◆「スマートネットワーク接続車路上テスト管理規範（試行）」による路上テストの要件

(1) 路上テスト申請者について

① 中国国内で登記されている法人であること

② 自動車および部品の製造，技術開発の能力を有し，又は自動運転車の試験・テストを実施する能力を有すること

③ テストにより生じた人身，財産の損害について，賠償能力を有すること

④ 自動運転機能のテスト・評価マニュアルを備えていること

⑤ テスト車両に対するリモートモニタリングを実施する能力を有すること

⑥ テスト車両の事故について記録，分析および再現する能力を有すること

(2) テスト車両について

① 新車であること

② 耐久性試験を除く検査項目の基準に合格し，自動運転の搭載により検査基準を満たすことができない個別項目について車両の安全性が低下していないことを証明すること

③ 人間の運転と自動運転の2つのモードを備えること

④ 車両状態の記録，保存およびオンラインモニタリングの機能を有すること

⑤ 閉鎖された道路，場所での実車テストを実施し，業界基準，各地方のテスト基準を満たしており，路上テストの条件を備えていること

⑥ 認定された第三者テスト機関によるテスト・検証を受けること

（注）筆者らで訳出・まとめ

　報道等によれば，現在，北京市や上海市などは，上記の管理規範に基づいて各自の「自動運転」車両路上テストルールを作成して，企業などに路上テストを実施させているとのことです。

21　http://www.miit.gov.cn/n1146295/n1652858/n1652930/n3757018/c6128243/content.html

Part 5
仮想通貨（暗号資産）

〈専門家〉

日本デジタルマネー協会
代表理事

本間　善実
Yoshimitsu HONMA

株式会社グラコネ
代表取締役

藤本　真衣
Mai FUJIMOTO

〈聞き手〉

河合健　　長瀬威志　　林敬祐

（左から2番目が藤本氏，3番目が本間氏）

	仮想通貨[1]はやはり素人には難しい？
Interview	──日本デジタルマネー協会　本間　善実
	株式会社グラコネ　藤本　真衣

1　ブロックチェーン・ビットコインに関心を抱いた経緯

河合　本間さんと藤本さんがブロックチェーンやビットコインに興味を持った
　きっかけをお聞かせ頂ければと思います。

本間　私のキャリアは半導体とコンピュータ・セキュリティでした。Trusted
　Computingというセキュリティの一大分野ですが，基礎的なPKI（公開鍵暗
　号），ハッシュ関数，電子署名などはビットコイン・ブロックチェーンと共
　通しています。前職でTrusted ComputingやMachine-to-Machine通信の事
　業企画など，ネットワークのアプリケーションを主にやっていたところ，ベ
　ンチャービジネスと出会い，会社を辞めてベンチャービジネスを始めました。
　リバースイノベーション（Reverse Innovation[2]）やスマートグリッド[3]周辺で
　企画していたところ，2013年3月頃に機会としてビットコインを友人から紹
　介され興味を持つようになりました。そのときたまたま値段が大きく上昇し
　ていた時期なんです。これはすごいな，何が起きているんだろうと思って，
　調べれば調べるほど面白くなりました。ビットコインは最初とても怪しいも
　のに思えますが，よく調べると確かな技術を基盤としているとわかりました。
　こうして，ビットコイン業界に参入し，2014年1月に一般社団法人日本デジ
　タルマネー協会を設立して代表理事に就任しました。

藤本　初めて私がビットコインに出会ったのは2011年12月で，ビットコインの
　エンジェル投資家で知られているロジャー・バー氏と偶然出会いました。私
　は子供関係の仕事を長年していて，そのころは子供の笑顔で世界の平和を訴

1　金融商品取引法等の改正により，呼称が「暗号資産」に変更されました。2020年4月に
　施行される予定です。
2　新興国で生まれた技術革新や経営革新などを，先進国に導入して世界に普及させるとい
　う概念。
3　情報通信技術を活用することで，電力の需要と供給を常時最適化する，次世代の電力網。

えるといったWEBコンテンツ制作に携わり寄付事業を検討していました。ただ，海外送金の手数料が高く，たとえば数十円などの低額から気軽に寄付できる仕組みを作りたいと思ったのですが，法定通貨では難しいということで挫折していたんです。その時にロジャーに出会って，ビットコインはほとんど手数料がなく世界中にお金が送れる。そして銀行を介さずに直接お金が送れるよと言われて興味を持ちました。ただ，当時ビットコインを知っている人はほとんどおらず，まずは広く知ってもらう必要があったため，啓蒙活動を始めました。その後認知度も上がってきたので，ようやく2017年の1月頃にビットコインを活用したKIZUNAという寄付プラットフォームをローンチしました。現在このプラットフォームを使い5つのNPO団体に寄付をしています。

2　BCHABCとBCHSVの分裂騒動を踏まえて

河合　2018年11月にビットコインキャッシュ（BCH）から，ビットコインキャッシュABCとビットコインSVが分裂しました。この点についてご意見をお聞かせください。

本間　BCHの中で（SVを支持する）クレイグ・スティーブン・ライト陣営が（ABCに対して）アタックしたという見方ができます。当初は，大多数の関係者がABCが正当だと思っていたところ，SVがアタックをしたわけです。原因としては，分散性が足りなかったことだと感じています。BCHは今回の分裂で相当価値を下げました。（ビットコインとBCHが分裂した）2017年と2018年12月で市況は確かに違うのですが，去年は分裂後の2つの時価総額が分裂前よりも高くなっていました。ところが，今回は分裂後の時価総額の方が下がっているので，無駄なフォークだったと感じます。正直ABCとSVの違いをわかっている人はほとんどいないですよね。

長瀬　ICO（Initial Coin Offering：新規仮想通貨の公開　詳しくはp.133）の基礎にもなれるようにさまざまな機能を追加したのがABCで，もともとの決済性に特化するというコンセプトからずれていったため，クレイグがSVを打ち出したと理解していましたが，いかがでしょうか。

本間　以前，ヴィタリック（仮想通貨イーサリアム（ETH）の考案者）はビット

コインの中でブロックサイズを上げてそのスクリプト（機械語への翻訳を必要とせずにソースコードを記述したら即座に実行できるようなプログラムのこと）にオペコード（機械語の命令の識別符号）を充実させていけば，ビットコイン・ブロックチェーンでできることが増えると考えました。しかし，ビットコインのコア・ディベロッパー側がブロック容量の浪費に賛同しなかったので，ヴィタリックはイーサリアムをスクラッチから立ち上げました。ABCもSVもビッグブロック[4]を利用してスマートコントラクト的なことをオペコードを用いて行えば，イーサリアムといつかは競争できるかもしれないと思います。

河合 今回の分裂におけるハッシュ競争[5]で，分散して，多数の者がプルーフ・オブ・ワーク[6]をするという考えは幻想となったのでしょうか。

本間 私は，ビットコインとその基礎となるプルーフ・オブ・ワークは問題がありながらも何とか10年動いたと思っています。プルーフ・オブ・ワークの良さはアタックできないというところです。ただ最近の論調は，パブリックチェーンは重要とされているけれども，そのコンセンサス・アルゴリズム自体はプルーフ・オブ・ワークでなくてもよいというものです。イーサリアムもパブリックチェーンの一部といえます。

　ビットコインが仮に失敗した場合のバックアップがあってもいいのではないかという「ビットコイン・ポスト・マキシマリズム」な穏便派もいます。ビットコイン・マキシマリストは，ビットコインだけが重要で，その他は消えてなくなると言い続けているのですが，ただイーサリアムが成功してもそ

4　ブロックに記録できる容量（ブロックサイズ）を大きくしたブロックのこと。ビットコインはブロックサイズが1MBに制限されており，その結果，取引の活発化とともに送金詰まり等の問題が発生したため，より大きいブロックを採用すべきと主張するビットコインキャッシュの開発者が現れるようになった。2017年11月16日にビットコインキャッシュはビットコインから分裂している。

5　ハッシュとは，あるデータを変換した結果得られる一定長のデータをいう。ビットコインにおいては採掘においてハッシュを計算する競争が繰り広げられ，効率よく最速でハッシュ計算をしてブロックを見つけるとビットコインの獲得が期待できる。そのため，より効率よくハイスピードでハッシュ計算ができるマシンの開発などが，マイナーの間で行われている。

6　プルーフ・オブ・ワークとは，ビットコインなどの仮想通貨で採用されている，膨大な計算量を必要とする作業を成功させた人が取引の承認者となり，新たなブロックをブロックチェーンに繋ぐ権利を得られる仕組みをいう。

うはならなかったので，彼らのビジョンはひとまず2017年に否定されました。新たに現れたのがポスト・マキシマリストで，私はポスト・マキシマリストの１人です。

　昔はそもそもビットコインしかなかったわけです。CZ（世界大手仮想通貨取引所BinanceのCEOであるChangpeng Zhao氏の略称）もロジャーも健さん（ビットコインキャッシュのエヴァンジェリストである宍戸健氏）も全員同じコミュニティだった。初めに分裂したのはイーサリアムです。さらに分裂したのがビットコインキャッシュです。市場が機能してくれれば健全に競争できるのでそれは良いと思います。ただ今回のSVとABCの分裂にはびっくりしました。

河合　ビットコインはサトシ（ビットコインプロトコルを考案したことで知られる人物と称される「サトシ・ナカモト[7]」）が姿を消したため，中央管理者がいなくなって，非中央集権化していたような気もする訳です。さまざまな問題がありつつも，ビットコインでは，コアのディベロッパーがビットコインを支えていますが，求心力のなくなったコインは急激に崩壊していく感じがあります。この分野のエンジニアの数はさほど多くないことを考えますと，多くのコインが出てくるのは幻想だった気もします。エンジニアはお金儲けより，面白いか面白くないかで移り変わっています。そうすると，一部のコインに集約していくような気もするのですが，お２人のご意見はいかがでしょう。

藤本　先ほどおっしゃったように，サトシがいなくなったことがビットコインの一番の特徴であり，面白いところで，求心力をずっと持ち続けることの一要因だと思っています。一方，去年のICOバブルのときのように，コインが大幅に増えていくとは思いません。

本間　問題は技術と規制だと思っています。そもそも通貨発行権は国家主権にかかわる重要なものですから，レギュレーターは必要に応じて規制をかけることができます。そのため，レギュレーターがどう対応するのかという点は重要です。もう１つは技術的な革新で，ビットコインよりも技術的に優れた

7　ビットコインに関する論文を作成しビットコインを創設した人物とされるが，その正体は不明。

コインが出る可能性はあります。今まではビットコインの規模がまだ小さかったからレギュレーターはこんなのと本気で付き合う必要ないと考えていたと思うんですね。ブルとベア市場を繰り返していて，段々，規模が大きくなってきています。次のブル市場は恐らく，今回の2017年のバブルより大きくなると思っています。そのときに厳しく規制するのか，規制するとすればどのように規制するのかは国のあり方次第だと思います。

3　トークンエコノミー

河合　藤本さんはさまざまなプロジェクトに関与されていると思うのですが，いわゆるトークンエコノミーは進展しそうでしょうか。トークンエコノミーは結局どれだけの人を巻き込めるかだと思うのです。要するに，今までは国の中で閉じられていた経済圏が，国境を跨いで横で繋がると全然違う経済圏ができるというコンセプトがあります。もっとも，それは，結局，皆が面白い，使いたいと思うかどうかに依存しています。そういうステージに登っていきそうなものはありますか。

藤本　たとえば，BinanceのBNBトークンはわかりやすいと思います。理由は，世界中の銀行口座をもてない人たちも，どんどんBinanceで取引を始められるわけです。2018年11月，Binanceがウガンダでサービスを開始し，ユーザー登録数が初週で4万人を突破しました。今後，アンバンクトの人たち（銀行口座を持たない人々のこと）がそこで取引をするのであれば，BNBトークンを保有していた方が安く取引できます。また，決済のディスカウントなどでもうまく提携しているようです。そのようなお金のやり取りに直接絡むトークンは，広がっていくイメージがあります。

本間　どれだけの価値を提供できるかですよね。さまざまな企業があるなかで，提供している価値の裏付けは，詰まるところその企業の信用そのものですし，その機能そのものじゃないですか。たしかにCZは優秀でよく考えていると思いますが，そのBNBトークンの価値の裏付けというのは，CZとBinance企業そのもので，彼らがどれだけの価値を提供できるかによります。それはどんなに頑張っても中央銀行を超えることはないと私は思っています。

藤本　ただ，Binanceは，それ自体がもう分散して，なくなる方向に向かおう

としています。CZとBinanceの信頼ではなく，彼ら自身が溶けていく中で，分散型の仕組みになっていく気がしています。先程は分散型だからこその弱みの話をしましたが，逆にその強みで，サトシが誰かわからなくなったのと同じように，彼らが本当に彼ら自身の分散化を実現するならば，BNBトークンも残っていく可能性があるかもしれないと私は思います。

本間　ビットコイナーがサトシとビットコインを神格化して解釈している可能性はあります。ビットコイナーは分散性にこだわっていて，ビットコインだけが分散していてアタックできないただひとつのものと考えている節があります。ただ，ビットコイナーが考えている分散性とは異なるほかの分散もあり得て，分散性には結構幅があります。

河合　分散というときに，管理者がいないタイプの分散と，管理している人々はいるけれども相当多数いますとか，管理者は1人だけど多数の人がエコシステムを支えていますといったものがあると思います。

長瀬　ビットコインも開発段階では誰か開発者がいて，その時には中央集権だったはずです。他の仮想通貨も今は中央集権的だと見られていても，だんだん分散が進んでいくと，結果として，ある時点を超えたら分散していますと評価が変わる可能性もあり，今の評価だけではわからないということになりますでしょうか。

藤本　ビットコインは，時期の問題もあって，誰にも知られないうちにどんどん分散を成し遂げたわけです。これから同じことを気づかれずにやるのは難しいでしょう。ビットコインは最初の暗号通貨だから，認知度もなく怪しいと言われ大変な部分もあったけれども，むしろ，それがあったからこそ誰にも気づかれないうちに誰にも消せない強さを持ち合わせられたのだと思います。

河合　最近はプレーヤーが変わりつつあって，ご相談に来られる大企業が増えてきています。それは中央集権モデルであって，陣取り合戦ともいえます。この動きをどのように評価されますか。

藤本　今週もトップグローバル企業向けのブロックチェーンの勉強会を開催します。海外のリサーチ・チームで合計5,000事例の研究をしている方々に，一日かけて，グローバルな最新情報を半日がかりで200名の参加者に対して

Part 5　仮想通貨（暗号資産）　125

講演して頂きます。私の目指していたものは大企業のお手伝いではなかったような気もしますが，ひとたび大企業が参入してくれば，一般の人たちにとっても仮想通貨に対する安心が生まれて，そこからまた分散してく気がしています。ですので，この流れには納得して取り組んでいます。

本間　最近ある大手企業のカンファレンスに行って，色々話を聞いたのですが，その時感じたのが，大企業はやはりすごく「優秀」だなということです。しかし，優秀なんだけれども，時速180キロ，190キロくらいで走っているような感じです。対してアリババの創業者ジャック・マー氏とかは時速300キロくらいで走り続けているわけじゃないですか。ビットコインでも同じように時速300キロで走っている人たちがたくさんいます。だから，自分はやはり，ビットコインのエコシステムは強いと思ってます。言い方を変えると，今までの金融システムは，中央銀行のネットワークで，確固たる信用がありました。ただ，ビットコインの場合はインターネットで生まれて，非常に怪しいと見なされる経済圏で文字どおり０円の価値だったものが，現在では時価総額10兆円くらいになったわけです。この経済圏は二次曲線的に伸びていくと私は思っていいます。また，Stable Coin も同じと思っています。

河合　既存の大企業を中心としたシステムから，分散型の社会になっていくのではないかということですね。

本間　はい。大企業が参加してくれるのは大歓迎で，なぜならばビットコインと技術で競争しやすい健全な環境になるからです。レガシーなテクノロジーによって支えられた中央銀行ネットワークのグローバル版に対して，ビットコインが競争しているというのが，私の理解です。

河合　たしかに，180キロで走る人と，300キロで走る人の熱気の差を感じることはあります。後者を熱狂させるものは何なのでしょうか。世間は，現在，仮想通貨に対しては，相場の急落を見て冷めています。一方，業界の人たちは，相変わらず熱狂しています。

本間　それはなぜかというと，その投資に対するリターンが大きいからです。インターネット以前に語られていた未来図を見たことがありますか。発展分野は空間なんですね。未来は，上に向かって伸びていて，それを実現するものが，エンジンだったり，自動化・ロボットだったり，内燃機関がドライブ

する空間の開発だったんですよ。ただインターネットができてから，実際に月に行こう火星に行こうというよりも，インターネット上で何かやる方が，投資に対するリターンが圧倒的に大きかったので，人材はそこに流れたわけです。

4　仮想通貨と利用者保護

林　先ほどビットコインは二次曲線的に進んでいるという話がありましたが，金融法務の目線では，一般投資家が保護される環境にあるのかという問題意識が出てきます。適合性の原則や（情報）弱者保護の観点からすれば，流動的な状況の中で，初めて仮想通貨に投資する人にとっては，自分の財産がジェットコースターのように増えたり減ったりする状況は問題を多く孕むとも思います。一方，激しい競争の中でも，なるべく多くの人に使ってもらった方がイノベーションの側面からするといいわけです。

　　両面を踏まえ，仮想通貨の投機性と利用者保護のバランスについてどう思われますか。言い換えれば，ユーザー側にどれだけの便益を提供できるか，ユーザー側に予期せぬ損が発生するのをいかに防げるかについて，ビジネス側の人たちは考えながら動いているのでしょうか。あるいは，テクノロジーは突っ走ればいいと思っているのでしょうか。

藤本　最近よくカンファレンスで話すのですが，われわれは速く走りすぎたよねと。ユーザーを置いてきぼりで走りすぎた面は否定できないと思います。最近は，どうやってユーザーに対して，わかりやすく使いやすいものを提供できるかというところに立ち戻って考えている人が増えてきている印象です。

本間　私はある程度パブリック目線で行動してきました。ただ自分１人の力では限界で，結局ファイナンス・リテラシーが低いのではないかと思っています。過度なコンシューマー・プロテクションを目指すより，小中高大学，大学院でのファイナンス・リテラシーの教育をもう少し充実させてほしい。それが一番適切な方法ではないでしょうか。

河合　本間さんがおっしゃるのは，過保護すぎては，考えない，育たない，ということでしょうか。利用者保護というときに，どこにスポットを当てるかというのがあり，誰も損しないようにする仕組み，いわば，学校では子供は

Part 5　仮想通貨（暗号資産）　　127

転ばないように保護しなければならないという思考の枠組みもあります。本間さんの言わんとすることは，小さいときから教育してリテラシーを身につけたほうがいいよね，少し危ないけど野原走らせたほうがいいよね，それで危ないことは何かを学ぶことができるから，適切な先生付けてあげればいいんじゃないかということでしょうか。

5　Stable Coin

河合　ところで，Stable Coinについてお二方はどう思われますか。いくつかのタイプがあって，Tetherから始まり，TrueUSD，GUSDなど，法定通貨を担保にするタイプが1つです。そのほか，Daiのように，法定通貨では担

Tether	Tether Limitedが発行するStable Coin。利用者から預けられた米ドルを裏付けに，同額のTetherが発行される仕組みを採用しており，米ドルの価額と一致するよう設計されている。ティッカーシンボルは「USDT」。
True USD	Trust Tokenが発行するStable Coin。発行の裏付けとなっている米ドルと価額が一致するよう設計されている。ティッカーシンボルは「TUSD」。
GUSD	Geminiが発行するStable Coin。発行の裏付けとなっている米ドルと価額が一致するよう設計されている。ティッカーシンボルは「GUSD」。
Dai	Stable Coinの1つであり，USDTなどとは異なり，法定通貨ではなく仮想通貨であるEtherを裏付けとして，米ドルと価額が一致するよう設計されている。ティッカーシンボルは「DAI」。
Stable Coin	法定通貨とトークンの価額とが一致（ペッグ）するよう設計されたトークンの総称。
Alipay	中国のIT企業アリババ集団のQR・バーコードを用いた決済サービスをいう。
WeChatPay	中国のIT企業テンセントが提供するコミュニケーションアプリ。
PayPay	PayPay株式会社が提供するQR・コードを用いた決済サービス。
BitShares	主にビジネス分野での発展を主眼とした分散型金融プラットフォームの名称であり，当該プラットフォーム上で利用されるトークンは「BTS」である。

保せず，テクノロジーで価値を安定させようとするタイプもあります。いずれにせよ Stable Coin は，ビットコインでの決済というのが幻想で，決済通貨として機能するためには法定通貨に対して安定してないと難しいという発想だと思います。そうすると，Stable Coin は，Alipay，WeChatPay，PayPay などの決済手段に近いという話もあります。これは国家に担保されていない暗号通貨は将来性が乏しく，むしろ，現実的な選択は法定通貨のさらなるデジタル化という方向性を示唆しているのでしょうか。

本間 Stable Coin 的な考えは2013年以前からあって，その中でたとえば Tether の原型みたいなことは2014年に散々テストしました。ビットコインやイーサリアムでは価格のボラティリティがあるので，そこは法定通貨の方が使い勝手がいい。そのため，法定通貨のデジタル化はウェルカムで，ビットコインと競争すればいいと思っています。法定通貨をリザーブする場合の最終的な価値の源泉は中央銀行ですよね。リザーブとして法定通貨をバックとするやり方と，スマートコントラクト的に BitShares や ETH をバックとするやり方の2つがあって，どちらでもいいです。

長瀬 そうなりますと，PayPay など他のデジタルな決済手段が普及した場合，ビットコインはもはや決済手段ではなくデジタルゴールド，金のように価値の保存機能だけに特化する方向になるのでしょうか。

本間 基本的にはそうです。ただ，ビットコインにも，ライトニング・ネットワークやサイド・チェーンの技術が発展してきており，決済にも使いやすくなると思います。しかも，1Satoshi（1億分の1ビットコイン）から送受信できるわけですよ。1Satoshi って0.01円なんですよね。0.01円を地球の五大陸に自由に送れる技術って，歴史上，初めてではないでしょうか。まさにインターネットを通じたP2Pの技術を利用しなければ絶対にできないと私は理解しています。

河合 インターネット上でP2Pでお金が動く仕組みであれば，それは Stable Coin であろうとビットコインであろうといいんじゃないかということですね。

Part 5　仮想通貨（暗号資産）　129

6 Security Token

河合 STO（Security Token Offering　詳しくは後述（p.134））に対する期待が業界では強いと思いますが，証券規制がかかるため，STOは魅力的じゃないとの意見もあります。本間さんはどのように見られていますか。

本間 従来の証券規制は堅く規制された世界であり，そこに新しいテクノロジーがやってきたわけですね。ただ，規制自体は従来の枠組みから大きく逸脱はしないですね。そうすると，証券取引では，クリアリングやセトルメントやいくつか階層がありますが，そこがたぶん効率化されるのではないでしょうか。

河合 そこを効率化する意味はありそうですね。たとえば，配当の管理をスマートコントラクトで行うなど。

本間 そういう意味では便利ですね。あとは，スマートコントラクトで議決もできますね。そのような技術的な利便性は確かにありそうです。

（インタビュー：2018年12月14日）

Legal Commentary　法務の視点から

1　はじめに

　日本は，2017年4月1日に施行された資金決済に関する法律（以下「資金決済法」といいます）の改正により，世界に先駆けて仮想通貨[8]を法律上の概念として規定するとともに，仮想通貨の売買等を通じて法定通貨との交換のハブとなる仮想通貨交換業者に対する規制を導入しました。かかる資金決済法改正により，日本は国際的にも仮想通貨先進国として評価され，2017年は「仮想通貨元年」と称されたように仮想通貨ビジネスは活況を呈しました。また，ICO（Initial Coin Offering）を通じて国内外でさまざまなトークンが発行されるとと

---

[8] 金融庁は，国際的な動向や法定通貨との誤認防止などを理由に，「仮想通貨（virtual currency）」の呼称を「暗号資産（crypto-asset）」に変更することを検討しています（研究会報告書（後述参照）31頁）が，本書では現行の資金決済法における定義に従い，「仮想通貨」と呼称します。

もに，Security Token や Stable Coin など新たな類型のトークンが登場し，法定通貨ではなく，トークンの流通により創出される新たな経済圏（一般に「トークンエコノミー」と呼ばれています）の概念も登場してきました。

　もっとも，2018年，不正アクセスにより仮想通貨交換業者が管理する顧客の仮想通貨が外部に流出する等の不祥事を契機に，仮想通貨交換業者に対する規制が強化されることとなりました。また，仮想通貨が投機的な取引の対象となっていることや，法規制が明確でなく詐欺的な ICO が散見される等の問題が顕在化していたことから，金融庁は，仮想通貨交換業等をめぐる諸問題について制度的な対応を検討するため，「仮想通貨交換業等に関する研究会」を2018年3月に設置し，以降11回にわたる議論を重ね，2018年12月21日，仮想通貨に関する新たな法制度についての検討結果を取りまとめた「仮想通貨交換業等に関する研究会　報告書」（以下「研究会報告書」といいます）が公表されました[9]。かかる研究会報告書に示された方向性に基づき，日本は，改めて仮想通貨に対する金融規制を導入することとなります。これにより，仮想通貨関連ビジネスが全般的に金融規制の対象となり法規制がより明確となることで，将来的に大手企業や機関投資家が参入するなど，仮想通貨ビジネスの裾野が拡大していくことが期待されます。以下，仮想通貨に関連する重要な概念と法的論点を概説します。

2　仮想通貨とは

　仮想通貨とは，資金決済法2条5項において，概要，以下の要件すべてを満たすものと定義されています。

---

① 物品・役務提供の代価の弁済として不特定の者に対して使用でき，かつ不特定の者との間で購入・売却をすることができるものであって，
② 電子的に記録された財産的価値で，電子情報処理組織を用いて移転することができ，
③ 本邦通貨，外国通貨および通貨建資産に該当しないもの
※①ないし③を充足するものと相互に交換を行うことができるものを含みます。

9　https://www.fsa.go.jp/news/30/singi/20181221-1.pdf

仮想通貨は，要件③のとおり通貨ではなく，また，発行者等の特定の者に対して使用するものではないことから，Suica や nanaco 等の電子マネーに代表される前払式支払手段[10]（資金決済法3条1項）でもありません。

3　仮想通貨の私法上の法的性質

仮想通貨の私法上の法的性質については法律上の明確な定めがありません。

まず，仮想通貨は，所有権の対象となりません。なぜなら，民法上所有権の客体である「物」は有体物に限定されるところ，仮想通貨は電子的記録（無体物）であるからです[11]。

次に，前述のとおり，仮想通貨は前払式支払手段と異なり，必ずしも発行者の存在を前提としていないため，特定の者に対する債権ではない場合が多いと考えられます。

さらに，仮想通貨に対する権利について，概要，以下のような見解が主張されていますが，現時点においては通説的な見解は確立されていません。

(a)　所有権以外の「財産権」（民法555条）と捉える見解

(b)　ネットワーク参加者による合意に基づくものと捉える見解

(c)　秘密鍵の排他的な管理を通じて当該秘密鍵に係るアドレスに紐付いた仮想通貨を他のアドレスに送付することができる状態を独占しているという事実状態に財産的価値が認められているにすぎず何らかの権利または法律関係を伴うものではないとする見解

また，仮想通貨の私法上の法的性質に関する議論は，ハードフォークにより元の仮想通貨（オリジナルコイン）と新しい仮想通貨（新コイン）とに分岐した場合，新コインに対する権利を誰が取得するか，についても影響します。すなわち，仮想通貨について法的保護に値する財産的価値を認め，物に関するルー

10　①金額等の財産的価値が記載または記録されていること（価値情報の保存），②金額または数量等に応ずる対価を得て発行される証票等，番号，記号その他の符号であること（対価発行），③発行者または発行者の指定する者に対する対価の弁済等に使用されること（権利行使）を満たすものは前払式支払手段に該当します。

11　東京地判平27.8.5（平成26年（ワ）第33320号。判例集未搭載）は，仮想通貨であるビットコインには「有体性」及び「排他的支配性」が認められないことを理由に所有権の客体とならないと判示しました。

ルを類推適用する見解によれば，新コインについて民法89条の「果実」に関する規定を類推適用し，オリジナルコインの保有者に帰属すると考えることも可能です。

　もっとも，かかる見解によっても，利用者が仮想通貨交換業者を通じてオリジナルコインを購入し当該仮想通貨交換業者に預託している場合，通常，秘密鍵の保持を通じてオリジナルコインを排他的に支配しているのは当該利用者ではなく当該仮想通貨交換業者であることから，新コインに対する権利は一次的には当該仮想通貨交換業者が取得することになるものと考えられます。その場合，利用者が新コインに対する権利を取得することができるか否かは，利用者と仮想通貨交換業者との契約内容等によって判断されることになるものと考えられます。

4　ICO

　ICO（Initial Coin Offering）とは，法律上の定義はありませんが，一般に，企業等がトークンと呼ばれるものを電子的に発行して，公衆から法定通貨や仮想通貨の調達を行う行為を総称するものをいうとされています[12]。トークンの発行者は，ICOの実施に際して，自らのウェブサイトを通じて情報発信し，トークンの仕組み，プロジェクトの概要，資金調達額等が記載された「ホワイトペーパー」と呼ばれる書面を公表するのが一般的です。発行者は，トークンの購入者からビットコインなどの仮想通貨の送信を受け，代わりに，購入者に対しトークンを送付することで資金調達を行います。

　ICOについては，グローバルに資金調達ができる，中小企業が低コストで資金調達ができる，流動性を生み出せるなど，既存の資金調達手段にはない可能性があるとの肯定的な評価もなされている一方で，発行者による情報開示が不十分であり詐欺的な事案や事業計画が杜撰な事案も多く，利用者保護が不十分であるなどの否定的な評価もなされているところです。現行の資金決済法上，ICO特有の規制はなされていませんが，行政解釈においては，ICOにより発行されるトークンが将来国内外の仮想通貨取引所に上場される可能性があるなど，

12　研究会報告書19頁。

Part 5　仮想通貨（暗号資産）　｜　133

不特定の者に流通する可能性があるのであれば発行時点で仮想通貨に該当すると考えられています。したがって，当該トークンの発行者は，自ら仮想通貨交換業登録を取得するか，仮想通貨交換業者に当該トークンの販売を委託しない限り，国内居住者に対してICOを行うことはできないと考えられています。

なお，研究会報告書によれば，ICOについては，トークンの機能やリスクに応じて資金決済法または金融商品取引法で規制することとし，現行の資金決済法に足りない規制を補う内容の法改正が志向されています。

具体的には，ICOにより発行されるトークンの性質に応じて，①決済に関する金融規制を要するICOと，②投資に関する金融規制を要するICOとに分類し，①決済に関する金融規制を要するICOについては資金決済法上の仮想通貨に該当するものとして，上記資金決済法に基づく規制枠組みを生かしつつ，仮想通貨交換業者に対し，ICOについて厳正な審査を要求し，一定の情報を顧客に提供するよう求めていくことが検討されています。②投資に関する金融規制を要するICOについては後述します。

5　STO

上記のとおり，ICOにより発行されるトークンについてはさまざまなものがありますが，研究会報告書によれば，ICOにより発行されるトークンのうち，発行者が将来的な事業収益等を分配する債務を負っている権利を表章するトークンは投資性を有するものとして，金融商品取引法を適用することが提言されています。すなわち，②投資に関する金融規制を要するICOについては，①決済に関する金融規制を要するICOと異なり，金融商品取引法によって規制されることが検討されています。なお，法律上の定義はありませんが，このように投資性を有するトークンをセキュリティ・トークン（Security Token）といい，セキュリティ・トークンを用いたICOをSTO（Security Token Offering）といいます[13]。

STOについては，投資家保護の観点から，概要，以下の仕組みが必要と考えられており，金融商品取引法において所要の改正を行うことが検討されてい

13　研究会報告書19頁。

ます[14]。

① 発行者と投資家との間の情報の非対称性を解消するための継続的な情報提供（開示）の仕組み
② 詐欺的な事案等を抑止するため第三者が発行者の事業・財務状況についてスクリーニングする仕組み
③ トークンの流通の場における公正な取引を実現するための仕組み
④ 発行者と投資家との間の情報の非対称性の大きさ等に応じてトークンの流通の範囲等に差を設ける仕組み

6 Stable Coin

Stable Coinとは，法律上の定義はありませんが，一般に，固定された法定通貨建ての価値で換金を保証するトークンをいいます[15]。資金決済法上，仮想通貨の定義から通貨建資産[16]が除外されているところ，Stable Coinは，発行者が価値を維持するため発行した全量について法定通貨による買取りを保証する場合には，通貨建資産に該当し，仮想通貨には該当しないと考えられます。もっとも，その場合であっても，Stable Coinが前払式支払手段に該当しないか，為替取引の一部を構成するものとして銀行業または資金移動業のライセンスが必要とならないか，Stable Coinの発行により資金を集めるのは出資法に反しないか，などの問題があります。

---

14 研究会報告書22頁以下。
15 研究会報告書21頁。
16 本邦通貨若しくは外国通貨をもって表示され，または本邦通貨若しくは外国通貨をもって債務の履行，払戻しその他これらに準ずるものが行われることとされている資産をいいます（資金決済法2条6項）。

Part 5　仮想通貨（暗号資産） | 135

Part 6
ブロックチェーン

〈専門家〉

Japan Digital Design　CTO

楠　正憲
Masanori KUSUNOKI

〈聞き手〉

佐々木慶　河合健　山﨑悦子

（中央が楠氏）

Interview 技術発展とニーズが創り出す秩序
――Japan Digital Design　楠　正憲

1　ブロックチェーンとの出会い

河合　まず，楠さんのブロックチェーンとの出会い，ブロックチェーンとどのように関わられてきたかというのを少し教えていただければと思います。

楠　「ブロックチェーン」に限った話をすれば，ちょうど2013年にシルクロード[1]が摘発された辺りからビットコインを触り始めて，そのビットコインの構成技術としてブロックチェーンに触れたというのが最初です。いわゆる改ざん防止であったりとか，ブロックチェーンの諸々の構成要素は，実はその前から実用化されているものもあり，たとえば，日立さんのヒステリシス署名[2]のような技術であれば，マイナンバーのいわゆる情報提供記録の改ざん防止に使われたりもしましたし，実はそこまで特殊なものではないような印象は持っています。

　その後もMTGOX事件[3]，The DAO[4]等色々出てきたときに，あまり日本語で読める解説がないと思って書いてきたという経緯があります。そして2016年から，経産省で検討されていた国際標準化機構（ISO：Intenational Organization for Standardization）の標準化での日本の対応を，座長のような

1　かつて存在した，米国で違法薬物などの不正販売闇市を経営していたウェブサイト。2013年10月に運営者が連邦捜査局により逮捕された。

2　早稲田大学，横浜国立大学，東京電機大学および日立製作所が共同で開発した電子署名技術。電子署名間に連鎖構造がある点でブロックチェーン技術と共通する面がある。

3　2014年2月末に，ビットコイン取引所を運営する株式会社MTGOXが経営破綻した事件。当時の日本円のレートにして470億円相当分以上のビットコインが消失し，株式会社MTGOXは民事再生法の適用を申請した。

4　イーサリアムのブロックチェーンを使って，自律分散型の投資ファンドを行うというプロジェクト。2016年6月17日，悪意のあるハッカーによって資金プール内の5,000万ドル相当のイーサリアムが盗まれた。その後，米証券取引委員会（SEC）は，2017年7月25日，The Daoトークンは1933年証券法および1934年証券取引所法上，「証券」に該当し，登録免除要件に該当しない限り募集・売出しをするためにはSECの登録等が必要であったとの調査報告書を公表している。

形で取りまとめさせていただいて，その延長でISO/TC307（ブロックチェーンと分散台帳技術に係る専門委員会）国内委員会の委員長を務めています。

2 ISO/TC307国内委員会での議論

河合 今の委員会での議論はどのようになっていますか。

楠 テクニカルレポートのレベルでは，ちょうど日本からもクリプトアセットカストディアン[5]のセキュリティーに関する整理についてドキュメントを発表しました。今発表されているパブリックドラフトは，英訳してISOの国際の場に提出するものの原案のような位置付けです。

河合 各国でも同じような動きがあるのですか。

楠 ジョージタウン大学の松尾真一郎さんがエディターを務めていて，松尾さんを含むエディターたちが取りまとめたものを，各国のがコメントして直していくことになります。

河合 ISOでの発表はいつ頃になるのですか。

楠 2019年5月のダブリン総会には通したいと思っています。テクニカルレポートは，それ自体が国際標準となるものではなく，あくまで「標準化団体として情報整理したもの」にすぎませんので，規格としてのフォーマリティーよりも，コメントをもらうことを優先して早めに世に出すことを目的としている，と他国に対しても説明しています。

3 ブロックチェーンの革新性

河合 ブロックチェーンは既存技術の組み合わせという面はありますが，どのような点が世の中から見て画期的と評価でき，あるいは評価できないのでしょうか。

楠 画期的な点として改ざん防止を挙げる人は多いのですが，私はあまりそうは思っていません。改ざん防止は電子署名やタイムスタンプ，あるいはエストニアはブロックチェーンだとして取り扱っているGuardtimeのkeyless signature[6]でもできます。私はむしろ，トラストレス，つまり，誰がシステ

---

5 暗号資産保管機関。

Part 6　ブロックチェーン　139

ムの中に入ってきてもよく，そのようなシステム内で一定のセキュリティー
を実現するというところが最も革新的と考えています。

つまり，従来の情報セキュリティーは，内と外とを分けて，外の人たちが
内側に対して入り込まないようにするというのが基本的な考え方で，逆に言
えば中に入り込まれたら無力なわけです。これまでのセキュリティーは戦車
のようなもので，ブロックチェーンのセキュリティーはどちらかというと，
蚊柱，あるいは切られても再生するプラナリアや粘菌のようなものだと思っ
ています。

その時々でみれば，整合性の問題等色々とあるものの，内部から破壊する
のは簡単ではないというのが非常に面白い。

河合　やはり，P2P（peer to peer）でつながって，ノード（ネットワークの構成
要素）が分散していくという点が特徴的なのでしょうか。

楠　ノードが分散していること自体であれば，アマゾンのクラウドなども同じ
なのですが，やはりインセンティブデザインと暗号の使い方のところでしょ
うか。そこに妙があって，ユニークさが感じられるところです。おそらくこ
の点が非常に多くの人にインスピレーションを与えているのだと思います。

4　ブロックチェーン技術の実用化

河合　今のところ，ブロックチェーン技術は発展途上で，世の中に広く出てき
ているプロダクトがまだないような気がしていますが，実用化されて出てき
ているものはありますか。

楠　大体は構想だけで終わっていて，そうでないものは，仮想通貨やトークン
セールに集中してしまっているのが実情でしょう。

河合　そうすると，今後の展開，社会実装されるものとしてどんなものが挙げ
られますか。

楠　正直なところ，意外と社会実装は進まないのではないかと思っています。
本当にブロックチェーンであることの価値があるのは，運営者がいないこと
に対して，かなりのコストをかけられるものに限定されてきます。

6　公開鍵・秘密鍵の仕組みを使わずに，ハッシュ関数の組み合わせだけで基盤が構築され
た電子署名の仕組み。

究極的には，ブロックチェーン，特に中央管理者が存在しないパブリックチェーンを使って意味があるのは，そのシステム以外の権力がないこと，つまりその分散台帳上の値が唯一の現実として社会から受け入れられることが条件です。一般的には情報システムというのは，民法上の債権・債務関係を正しく反映していなければいけない，つまりその民法上の債権と債務というものが抽象的な概念としてあり，その概念とシステムとの間に齟齬があったときに，普通は民法が優先するわけです。

　ところが，ブロックチェーンはそれができないのです。つまり，特権的に誰かが後から値を書き換えるということができないので，運営者がいなくても，ブロックチェーン上の記録を正しいものとして受け入れるという仕組みが成り立ちます。誰もが特権的に書き換えられないことから，その上での約束が守られ，従前では取引が成り立ちづらかった取引，たとえばクロスボーダーで信頼できない相手同士の取引に使われるのです。

　なおかつ，法律上ルールが情報システムに優先する世界においては，今の仕組みのままでは使えません。つまり，裁判所の決定に従わなければいけないとか，法律が債権債務を定義しているという世界ではブロックチェーンはその特性を発揮して機能することができず，スマートコントラクトそのものが法であるという世界でしかブロックチェーンの真価は発揮できません。

河合　システムのルールと違うルールが存在してしまうというのではブロックチェーンを利用したシステムは成り立たないということですね。

楠　はい。ブロックチェーンを利用したシステムは，「Code is Law」[7]の世界で初めて成り立つものであり，このようなシステム優先のアプローチは，従来システム化ができなかった，さまざまな理由で法執行が難しく，そもそも取引が成立しなかった世界に，強力なエスクローサービスと国境を越えた決済手段をもたらしたといえます。

河合　ある一定の集団の中で，当事者の掟が法律を含めたすべてのルールに優先するというような任意の契約を結ぶようなことになるわけですが，そのよ

7　ブロックチェーンネットワーク等において，（法律ではなく）コードこそが支配権を持ち，コードに書かれた内容が（法律の影響を受けず，また法律に基づかずに）自動的に執行されることを端的に表現する際によく用いられる定型文。

うな状態は法律家的にいうと部分社会（の法理）[8]というものですね。

5　ブロックチェーンの非中央集権性

河合　ビットコインキャッシュが分裂して，Bitcoin ABC と Bitcoin SV の両陣営がチェーンの長さ競争をしていますが，これはチェーンが分岐しても経済的合理性で比較的短期に一方に収束していくという，ビットコインのコンセプトに反したことが現実に起こっていると思います。これについてどう見られていますか。

楠　ビットコインに運営者がいないというフィクションは，サトシ・ナカモトが無欲だったから信じられてしまったことであって，たとえばクレイグ・ライト（Craig Wright）[9]も合理的ではない意思決定をしていますよね。サトシ・ナカモトの原論文は，ビットコインしかない世界を想定しているように見えていて，現金との交換所もなければオルトコインもない世界を前提としているのです。

　その世界の中では確かに完結をしているものの，サトシ・ナカモトの後続の開発者らが2匹目のどじょうを狙い始めた瞬間に，本質的にはサトシ・ナカモトの一方的な贈与によって成り立ってきた，「仮想通貨に運営者はおらず，供給量はコードによってコントロールされている」という幻想を打ち砕いてしまったということが，フォークのもっとも大きな問題です。

　つまり，唯一のビットコインの価値の源泉であった希少性と，将来需要が増えるのであればそれが価格に反映されるという仕組みを，フォークによって希少性を否定してしまうという点において，フォークをさせるという行為は，きわめて効果的に仮想通貨そのものに対する信頼を崩してしまうものであるといえます。

河合　フォークが行われたという事実は，仮想通貨についてのかなり根源的な問題を引き起こしているということですね。同じようなことを他の仮想通貨

8　自律的な法規範を持つ社会・団体については，司法審査の対象を及ぼさず，一定の範囲内でその自治を尊重すべきとする概念。詳細については後記2(1)を参照。

9　コンピューターサイエンティスト兼実業家。ビットコインを開発したチームの中心人物の1人と目されており，サトシ・ナカモトの正体は自分であると主張している。ビットコインキャッシュの分裂においては，Bitcoin SV の主導者となった。

でやっても起きる問題ということでしょうか。

楠 もちろんそうですし，もともと起きていたわけです。The DAOに関わっていたヴィタリック・ブテリン（Vitalik Butelin）[10]は，The DAOの盗難事件に対して，ETHのブロックチェーン上の記録を盗まれる前の状態に戻す「ハードフォーク」という手法を用いる対応をせざるをえなかったわけですが，このことで，仮想通貨にも運営者がいてガバナンスによってコードを上書きできるということが立証されてしまったわけです。

6 ブロックチェーンの開発と非中央集権性

河合 結局ブロックチェーンはサトシ・ナカモトがいなくなったから非中央集権に見えたのではないか，はじめは誰かが開発して誰かが運営していかないといけないのではないかとも思われますが，いかがでしょうか。

楠 言ってみれば，サトシが独裁的に作って，儲けないまま身を引くという，不思議な行動をしたことによって，非中央集権的で分散型の貨幣システムという夢がもたらされたものの，後続の開発者は人間らしく儲けようとしたということですよね。

　ビットコインという自動機械が自律的にここまで価値が跳ね上がったのはなぜかというのを，ある方と議論する機会があったのですが，ビットコインで支払えるからビットコインを使うという自己循環論法が動き始めたのはサトシによる一方的な贈与から始まっていて，そうでなかったとしたらそもそもこれを多くの人に信じ込ませるまでに至らなかったというような議論になりました。

河合 ということは，完全なパブリックブロックチェーンでワークするものを，トラストレスに作っていくというのは非常に難しいということになりますか。

楠 その通りで，ビットコインの価値が本質的に安定化させられないのだとすると，長い目で見れば，ビットコインがすべてを巻き込んで価値がゼロに戻るというシナリオは起こっても不思議ではないと思います。そうではないシナリオを作るとなると，ニクソンショックの時に変動相場に移ったときのよ

10　イーサリアムの考案者。

Part 6　ブロックチェーン　143

うな，気持ち悪さを抱えながらも，「しかるべき人が話し合いで決めたのだ」という格好悪いストーリーで，ビットコインがトラストレスなものとして承認された（から価値が永続的にある），というしかないのでしょう。

7　ブロックチェーンと民法上の公序

楠　「しかるべき者，権力者」から承認されることについて「気持ち悪い，格好悪い」と感じるのは，ビットコインというのは成り立ち上，元々日陰者のお金だったからです。

河合　ビットコインは，元々がダークマーケットに支えられたものだったということですね。

楠　はい。それとの比較では，イーサリアムが全く別のベンチャー投資のようなエコシステムをトークンに置いて持ち込んだという意味においては，これは色々な意味でビットコイン2.0なのです。イーサリアムの方が，色々な意味で野心的であるがゆえに，民法上のさまざまな取り決めと相性が悪いと考えています。

　　スマートコントラクトが本当にコントラクトになる日が来るのか否かは，非常に面白いと思っています。他方で，たとえばスマートコントラクトは無効であるというような裁判が起こったときに，裁判所はいったい何をもってどのような判断をするのか，その判断をどのように執行するのか，そもそも技術的にできるのかというような，スマートコントラクトの実行結果を各国当局が認めるのかについてはまだ議論されていないのです。

河合　法律家的にみると，どこまでが私的自治の範囲なのかというように思います。民法の仕組みには，強行法規的なものはあまりなく，基本的に契約の定めが優先され，いざ問題が起きたときに，損害賠償，無効，取消，解除といった問題になってきます。

楠　そうですね。スマートコントラクトの無効取消といったところで，イーサリアムブロックチェーン上でそれを反映するような処理はできませんとなった時に，無効取消時点の差額分を現金で弁済せよとすることになるのかは，誰にもわかりません。

8　ブロックチェーンと法的責任

河合　一般的に，ソフトウェアのバグの責任は，発注者との間でどのような取り決めとするか，「重過失がない限り免責されます」とか「もらったお金の分を上限として賠償します」とか色々ありますが，ブロックチェーンにバグがあった時，責任追及される可能性について，技術者の間で注意は向けられているのでしょうか。

楠　2018年にBitGrailから200億円相当が流出した「ナノ」という仮想通貨があり[11]，利用者がBitGrailに対して，流出時に流出前の状態に戻すためのハードフォークをしなかったために損害を被ったといって，訴えを起こすかという議論がありました。結局BitGrail自体が破産してしまったので，どうなったのかよくわからないのですが，今は顔役のような運営者が存在する仮想通貨が多い中，運営者や技術者が訴訟の対象となることは，必然的に増えてくると考えられます。

　しかし，彼らはそのオープンソースコミュニティーのメンテナンスをしているだけであって，ブロックチェーン実装そのものを公開なり運営なりしている立場ではないと，おそらく主張します。つまり，Linuxのバグについて，リナックス・ファウンデーション[12]が訴訟の対象になるかという問題と同じわけです。

　また，訴えを起こすとして，どこの国で裁判を起こすかという問題もあります。国によっては，実質的にこの人（技術者）が支配しているといって，損害賠償責任を認める判決を出すことも十分にありえます。また他方で，その判決が現実には執行力を持たないことも十分起こりそうです。

河合　私たち法律家も非常に似た感覚を持っています。裁判管轄や法執行の問題はかなり難しく，そもそもバグというのは存在するのがある意味当たり前ですから。

楠　オープンソースであれば利用者にコードが公開されているわけですから，

11　イタリアの仮想通貨取引所であるBitGrailにおいて，仮想通貨ナノが取り扱われていたが，不正取引による流出事件が起きた。

12　オープンソースであるLinuxオペレーティングシステムの普及のサポートを，財源，知的資源，インフラ，サービス，イベント，トレーニングなどの側面から行っている団体。

Part 6　ブロックチェーン　　145

なおさら，技術者の立場からは，利用者はコードレビューをした後に使うこともできたのだから，それを怠った責任は利用者が負うべきというような主張も成り立ちそうです。コードを読めるわけがないという反論をしたら，開発者もそれを予見していたらこんなバグは起こしていないという再反論が成り立ち得ます。

　なおかつ，開発者にはバグを見つけて直すという義務もないはずなので，責任を問うのは相当難しいと思っていて，民事責任が発生するとしたら，バグを知悉してなお，ある意図をもってそれを放置していたというようなことが立証された場合に限られたり，あるいは詐欺罪等の刑事責任が追及されるような悪質な場合に限られると思っています。

河合　それが，「Code is law」と今までの司法の仕組みとの接点，ぶつかり合いの点ですね。

楠　利用者が金儲けのために自ら部分社会に入ってきて，何か起こったら訴えるぞというのは不合理だとは思います。しかし，司法の世界では，非中央集権的な仕組みに馴染みのない一般人の基準で「ビットコインには価値がある」「誰かがシステムを運営しているように思われる」というような素朴な感覚が勝ってしまうということになりそうであり，これを覆すのは大変なのではないかという気はしています。

9　ブロックチェーンの将来性

河合　ブロックチェーンの将来性について，どのようにお考えでしょうか。

楠　ブロックチェーンから生まれる技術が，いろいろな形で派生してくると考えています。頭のいい人たちが，これまでと違う制約条件のものを考えるときに，物凄いイノベーションが生まれるのです。分散的なトランザクションの処理基盤やデータの分散的な保守については，何十年もの間色々な研究がされてきましたが，ブロックチェーンの登場に刺激され，ここ何年かで急激にさまざまな試みが実社会に適用されるようになっています。

　「Code is law」が通用する，従来の民事司法が取りこぼしていた世界というのは沢山あるのではないかと思っていて，そのマーケットは大きいと考えています。特に日本では，裁判沙汰という言葉があるぐらい，裁判のコスト

が大きいわけで，これがクロスボーダーになるともっと大きくなります。そうした「Code is law」の世界において，紛争解決コストが劇的に下がるということは，お金そのもののガバナンスの変化よりも影響大なのかもしれません。

　また，これまでは，日本から遠く離れたアフリカの人たちにクラウドソーシングを頼むというようなことはありえませんでしたが，技術の発展によりこれまで経済的に成り立ちようのなかったさまざまなものが執行力のある形で実行できるようになるように思います。それは民法をはじめとする法律の世界とはギャップがあったりもしますが，そのギャップの大きさが民事訴訟のROI（投資利益率）を超えない限りは実際には泣き寝入りになりつつも，利用され続けるでしょう。

　世界中でみれば，法化されてない社会の方が多いわけで，実は世の中の民事取引のかなりの部分はソフトロー[13]により成り立っていて，これはボーダレスになるとさらに広がり得ます。そう考えると，マーケットはかなり大きいのかもしれません。

　たとえば，DVP（Delivery Versus Payment）[14]というのは日銀に口座がある人ぐらいにしか関係のないものでしたが，100円のDVPなどができるわけです。このように，ブロックチェーンに代表される技術・コードというソフトローによってさまざまなストラクチャーが民主化されていく可能性は十分にあるように思います。

10　パブリックチェーンとプライベートチェーン

河合　そういったブロックチェーン技術の応用場面においては，パブリックチェーンかプライベートチェーンか，どちらを用いるものなのでしょうか。

楠　両方だと思います。プライベートチェーンは中央権力を前提とするので，ブロックチェーンの仕組みの理念からすると「格好悪い」ものの，安全を守

13　国の法律ではなく，最終的に裁判所による強制的実行が保証されていないにもかかわらず，現実の経済社会において国や企業が何らかの拘束感をもちながら従っている規範をいう。
14　証券等の引渡しと代金の支払いを相互に条件を付け，一方が行われない限り他方も行われないようにすることをいう。

りやすい等の運営のしやすさがあるので，プライベートチェーンでしか試せないものは出てくるとは思います。パブリックチェーンが威力を発揮するのは，特定の誰かを運営者として法的責任を問いにくい領域でしょう。したがって，オークションサイトのユーザーのエスクローのようなものをプライベートチェーンで構築するというような，B to Bの役務提供のプラットフォームにおける発注から一連の手続をプライベートチェーンで行うことは，あっても良いのだろうと思います。

河合　それは，既存の他の技術と競合しませんか。

楠　競合しますね。ただ，従来のクライアントサーバー技術を用いると，スキームそのものも垂直統合でサービス提供者が提供しなければならなかったのですが，これをたとえばブロックチェーンとステーブルコイン[15]の組み合わせで提供したならば，従来のシステムではサービス運営組織の企画担当者以外の人が新しい機能を導入することもできなかったのが，外部の利用者が自由にスマートコントラクトを書くことができることになります。

　そうすると，たとえば銀行が預金を担保にしたステーブルコインを発行して，同時にB to Bの取引をスマートコントラクトで行うプラットフォームを作ったとします。そのような環境ですと，外部の利用者がそのプラットフォーム上でスマートコントラクトを書いて広めていくというようなことが起きるでしょう。そうして，銀行では5年経っても出てこないような新しいサービスが3カ月後に出てくるといったことも考えられます。

　さらに，銀行の認めたコードレビューを受けたスマートコントラクトは，その銀行のプラットフォーム上で販売できるようにするといった仕組みなど，オープンソースとその認証とを組み合わせていくことがありえます。運営者がいた方が取り組みやすいことも多く，法治国家の内側で完結する取引の方が多く，また馴染みやすいとは思うので。

河合　パブリックチェーンに関していえば，クロスボーダーにおいて法律はなかなかハーモナイズしないので，活用の余地があるのではないでしょうか。

楠　そう思います。従来は，私的自治の枠内で色々なコンソーシアムがスキー

15　価格が一定に保たれ，ボラティリティ（価格変動）がないデジタルトークンをいう。

ムを作って運営していたのが，その共通言語・ソフトウェア基盤ができるというのは大きなインパクトがあるのではないかと思います。オープンなプラットフォームでは，必ずしも話し合いの結果の最大公約数でなくても，それに同意する参加者がいれば，全体の秩序を脅かさない限り，そのグループの中では利用できるものを作れます。しかし，その利用者が世界中に広がり，その利用可能性も相当にあるという条件がそろっているというのは，これまでになかったことです。

11　ブロックチェーンと国際金融秩序

楠　漏洩した2012年の連邦捜査局（FBI: Federal Bureau of Investigation）のレポート[16]を見ると，ビットコインはテロの温床だからつぶしてしまえという論調の一方，2013年以降，これを中央銀行当局者が厄介だと思いつつも，面白いものだと受け止めています。今のビットコインが既存の金融システムに取って代わることになるかというと若干否定的ですが，次の秩序を考える人たちには，間違いなくビットコイン，イーサリアムに一喜一憂した世界中の当局の人たちが議論して，秩序が形成されていくのだろうと考えています。

一同　本日は，ありがとうございました。

（インタビュー：2018年12月30日）

> **Legal Commentary**　## 法務の視点から

1　法的検討課題の概観

　インタビューでは，仮想通貨以外の分野におけるブロックチェーン技術の実装は，まだ構想段階であるものの，ブロックチェーン技術は，広くいわれている改ざん防止という特質以外にも，内側からの破壊が難しい新たな発想のセキュリティシステムであるということ，Code is Law の世界であり従来の民事司法の外に秩序をもたらす可能性があることなど，革新的な可能性を帯びている

16　https://www.wired.com/images_blogs/threatlevel/2012/05/Bitcoin-FBI.pdf

Part 6　ブロックチェーン　149

というご指摘をいただきました。

　ブロックチェーンのように，私人間の取引に利用される新しい技術の発展を促進しようとする場合，一定の範囲で従来の枠組みに基づく法的責任を減免することが有益であると考えられます。この観点から考えるべきポイントは多岐にわたりますが，ここでは「1　インタビュー」の内容に関連して，①ブロックチェーンと民事訴訟，②ブロックチェーンと私法上の公序，③ブロックチェーンに起因する損害についての法的責任論を取りあげます。

2　ブロックチェーンと民事訴訟の提起

　第1節にあるとおり，パブリックブロックチェーンの非中央集権性と中央集権的組織の代表である国家による裁判（判決）とこれを踏まえた強制（執行）とは，本質的に相性がよくありません。そのため，パブリックブロックチェーン上で行われる私人間の取引については，裁判による解決による期待を最初から排除してしまうという選択肢も，現時点における実現性の可否はともかく，将来的課題として一応検討しておくべきように思われます。

(1)　部分社会の法理

　日本国憲法上，司法権は最高裁判所および下級裁判所（高等裁判所・地方裁判所・簡易裁判所）に属し（憲法76条1項），裁判所は，原則として，「一切の法律上の争訟を裁判」（裁判所法3条1項）する権限を有します。「法律上の争訟」に該当しないものは，裁判所の審判権の外に置かれるところ，法律上の争訟とは，①当事者間の具体的な権利義務ないし法律関係に関する争いで，②法律を適用することで終局的に解決することができるものをいいます。

　たとえば，宗教団体における紛争について，訴訟が具体的な権利義務ないし法律関係に関する紛争の形式を取っており，信仰の対象の価値ないし宗教上の教義に関する判断は請求の当否を決するについての前提問題にとどまるに過ぎない場合であっても，それが訴訟の帰趨を判断する必要不可欠のものであり，紛争の核心となっている場合には，その訴訟は，法律上の争訟にあたらず司法審査の対象とならないとされています[17]。上記の例では憲法が保障する（国家からの）信教の自由を国の司法権による権利の救済よりも尊重することが重視

されていると考えられていますが，このほかにも，自律的な法規範を持つ社会・団体については，それが一般市民法秩序と直接の関係を有しない内部的な問題にとどまる限り，司法審査の対象とせず，一定の範囲内でその自治を尊重すべきものと考えられており，このような概念は講学上「部分社会の法理」といいます。

　では，ブロックチェーン上の取引，特にスマートコントラクトを用いた自動執行型の取引について，部分社会の法理を適用して，裁判所の司法審査の対象外とすることはありうるでしょうか。ブロックチェーンでは，取引の成立から執行までが自動で行われ，書き換え不可能であるという特質を有しており，現在の日本の民事執行法上は取引上の誤りや当事者の認識相違等をブロックチェーン上で直接的に是正するような執行は困難と考えられています。このような状況を考えますと，ブロックチェーンを用いた一定の取引においては，国による司法権の行使による完全な権利救済が期待できないと割り切ってしまい，ブロックチェーンに係るコミュニティーにおける紛争は特殊な部分社会における非法律的な内部的事項であり，法律を適用することで終局的に解決することができるものではないという議論も，提起されうるのかもしれません。

　しかしながら，ブロックチェーン上の取引についての，契約の有効性や履行の請求等をめぐる紛争は，基本的に，実体法上の取引に基礎づけられた具体的な権利義務ないし法律関係に関する紛争です。また，これらの取引は一般市民法秩序と直接の関係を有しない内部的な問題にとどまるものともいい難いと考えられます。したがって，少なくとも現時点では，ブロックチェーン上の取引に対して司法権が及ぶことに疑いはありません。また，ブロックチェーンが社会に広く受け入れられ，今後のブロックチェーンへの社会的な位置付け，評価や役割への期待を実現していくためには，かかるドラスティックな議論は有効ではないように思われます。

(2)　不起訴の合意

　特定の権利または法律関係から生じるおそれのあるまたは生じた紛争につい

17　最高裁判所判決昭和56年 4 月 7 日　最高裁判所民事判例集35巻 3 号443頁，最高裁判所判決平成元年 9 月 8 日　同左43巻889頁。

Part 6　ブロックチェーン　| 151

て，裁判所に訴えを提起しない旨の合意を，不起訴の合意といいます。不起訴の合意は，特定の事項について司法権が及ぶことを前提にしつつも，これを関係当事者による合意を基礎として排除しようとするものであるため，当事者の合意を尊重してよいか否かを中心に判断すればよいという点で部分社会の法理に比べれば現実的なアプローチです。そこで，特にブロックチェーンのリスクをよく理解したプロフェッショナル同士の契約関係を規律するものとして，不起訴の合意を採用しうるかを検討します。

　民事訴訟を提起して自己の権利保護の図る途を選択するか否かは，当事者の意思に委ねられていますので，特定の権利または法律関係に係る紛争について起訴しない旨合意することは，原則として，訴権の放棄に当たらず，不起訴の不作為義務を生じる私法上の契約として有効であり，公序良俗にも反しないとされています。もっとも，具体的事案における不起訴の合意の有効性については，合意の対象，合意の行われた状況，合意の趣旨，合意の前提とした事情を慎重に考慮して決める必要があるとされています。

　プレイヤーが限られるようなブロックチェーン上の取引については，契約内容の履行・執行もすべてブロックチェーン上で完結し，かつ，裁判所に訴えを提起しないという合意が当該取引の参加者の間で得られていると評価できる実態があるのであれば，不起訴の合意が有効とされる余地もあると考えられます。ただし，裁判所において，不起訴の合意が有効であったと判断されるためには，かかる合意が尊重されるに十分な技術的背景やこれを前提とした社会的背景が醸成されていることが必要であり，ブロックチェーンへの社会的な評価や役割がどのように具体化していくのかを見極める必要があるように思われます。

3　ブロックチェーンと私法上の公序

　ブロックチェーンに関して生じた法的紛争が裁判所における審理の対象となるケースでは，ブロックチェーンを利用した取引についての利用者の間での取り決めが，法的に有効とされるのかが問題となります。たとえば，あるブロックチェーンを利用したシステムの利用者相互間あるいは当該システムの利用規約において，利用者間で合意された契約の内容にかかわらずブロックチェーン上の記録が優先し，当該記録について一切の異議・改変を認めず，当該記録に

従って取引を行い確定しなければならないというルールを設定した場合，ブロックチェーンの仕組み・理念には適合するように思われますが，このルールが裁判所で尊重されるかどうかという場面では，かかる合意の法的有効性が問題となります。

　民法その他の私法上，公共の福祉と調和する限りにおいては，契約自由の原則が認められています。したがって，上記のような合意も，公共の福祉に反しない限り（言い換えれば強行法規に反しない限り），有効と考えられます。

　しかし，たとえば，公序良俗違反の法律行為は，無効とされます（民法91条）。すなわち，犯罪行為に関連する契約や，相手方の無知・無経験などに乗じ勧誘などの方法が著しく不公正な取引方法であった場合，契約の内容が著しく不公正であった場合などには，その合意は公序良俗違反とされます。

　ブロックチェーン上の取引の原因となる合意が，上記のようなものであった場合，当該合意自体が法律上は無効とされることが考えられます。また，上記のような行為ではなくとも，取引当事者が事業者と消費者である場合には，事業者の損害賠償責任を著しく制限する条項が，消費者契約法等に基づき，無効とされるといったことも考えられます。これらの場合，取引の成立から執行までが自動的に行われ，書き換え不可能となるようなブロックチェーン上の事実状態と，裁判所における法的判断とに齟齬が生じる可能性があります。また，裁判所の法的判断を優先するとしても，上記に述べたとおり，ブロックチェーン上で実行され巻き戻しができない取引に対して，判決をどのように執行するのかという問題も生じます。このような点に鑑みますと，長期的な利用を目標としたブロックチェーンを利用したシステムをリリースする際には，技術的制約偏重の利用ルールを策定するのではなく，予測範囲内の悪用・弊害に対するリスク対応策・解決策も念頭に置いたルール設定が必要となるものと思われます。

4　ブロックチェーンに起因する損害についての法的責任論

　ブロックチェーンを用いて構築したプラットフォーム上において，プログラムにバグがあり，これに起因して，当該プラットフォームの利用者が損害を被った場合，当該利用者は，いかなる者に対して損害賠償請求をすることができ

Part 6　ブロックチェーン　153

るでしょうか。

　ブロックチェーンを用いた各種サービスの運営主体として，ここでは，①特定の企業等がサービスを提供する場合と，②プラットフォームのリリース後には，明確な運営者は存在しないものの，複数人のディベロッパーが実質的にプログラムの発展・メンテナンスをする場合（いずれの場合も運営者の免責条項が置かれているものと想定します）を考えます。

　①については，当該プラットフォームの利用規約上の損害賠償の責任免除規定の適用の問題があるにせよ，当該プラットフォームの提供主体の法的責任が問題となることは，疑いのないところでしょう。

　これに対し，②当該プラットフォームに，明確な運営者が存在しない場合には，ディベロッパーは実質的にシステムの発展的な開発やメンテナンスに関与しているものの，バグのない正確なコードに基づくサービスを提供する義務を利用者に対して負わない前提で提供されているものと思われます。

　また，オープンソースであれば，ソースコードが公開されている以上，利用者は自らコードレビューを行う等，コードの正確性・瑕疵のないことについては，自らの責任で判断すること（あるいはコードの非正確性や瑕疵に伴うリスクを引き受けること）がコミュニティーに参加する前提となっているとの見解もあり得ます。なお，オープンソースソフトウェアについての日本国内での大規模な訴訟事例は2018年1月現在で見当たらないとされており，この問題に対する裁判所の判断がどのようになるかは不明ですが，オープンソースのソフトウェアに関する議論は，システムの中央管理者をもたないパブリックブロックチェーンについての，リリース者・事実上の管理をする者の責任論にも影響を与えるものと思われます。

　いずれにせよ，コードの正確性を保証する開発者ないし運営者の存在が認められず，法人である利用者がかかるリスクを知ってサービスを利用したケースでは，ディベロッパーその他特定の者に対して損害賠償責任を追及することは容易ではないものと思われます。

　ある程度の損害・リスクを受け入れて新しい技術に基づくシステムを維持・発展させること，当該損害・リスクを防止し事後的に損害賠償をすることを重視することにより新しい技術に基づくシステムへの信頼度を高めることは，い

ずれも重要であって，バランスがはかられることは間違いなく，その結果を踏まえ，契約責任や不法行為その他の法定責任のありようも影響を受けていくことになるのではないでしょうか。

5　海外の動向

　各国政府および世界の企業においても，ブロックチェーンを活用したさまざまな試みが進められています。

　アメリカのアリゾナ州では，2018年4月3日，新たな法律の制定に従い，個人がブロックチェーン上で記録や契約書に署名することが認められ[18]，スマートコントラクト等の活用が進むことが期待されています。「電子政府」の取り組みで知られるエストニアでは，カルテと処方箋がブロックチェーン技術により電子化されており，データの正確性およびセキュリティーの確保に役立っています[19]。ジョージアでは，世界で初めてブロックチェーン技術が土地登記に導入され[20]，スウェーデンにおいても同様に，ブロックチェーンを使用した土地登記の実証実験が行われました[21]。書き換え不可能であるというブロックチェーンの特性は，不動産登記において有用だと考えられ，今後も活用が期待されます。

　ビジネス，特に金融分野においては，ブロックチェーン技術の業務への応用に関する取り組みがさかんに行われています。CitiおよびCME Clearingは，銀行がリアルタイムで担保の確認を行い，金銭や証券をクリアリング・ハウスへワンクリックで送信することのできる分散台帳プラットフォームを開発しています[22]。また，ヨーロッパの銀行十数行が共同して，国際金融取引にブロックチェーン・プラットフォームを用いる試みも行われています[23]。金融以外の

18　https://legiscan.com/AZ/votes/HB2603/2018

19　https://e-estonia.com/solutions/healthcare/e-health-record/

20　https://medium.com/bitcoinblase/blockchain-application-land-register-georgia-and-sweden-leading-e7fa9800170c

21　https://www.coindesk.com/swedens-blockchain-land-registry-begin-testing-march

22　https://www.businesswire.com/news/home/20171215005041/en/Citi-CME-Group-Implement-Baton-Systems%E2%80%99-Distributed

23　https://www.coindesk.com/european-banks-complete-first-live-blockchain-financial-trades

分野では，たとえば，物流業界で，船荷証券をトークン化して管理するプラットフォームの提供が開始されています[24]。人事関連での活用例としては，ブロックチェーンを用いたリクルーティング・プラットフォームを運営・提供する企業が出現しています[25]。これらも，契約の締結から執行までが同時に完了する，書き換え不可能であるといったブロックチェーンの特質に着目したものといえます。

6　まとめに代えて

　以上の分析は，現時点でまだ議論が蓄積されていない論点について，紙幅の関係と本書の性質を踏まえて実験的な検討を加えたに過ぎません。さらに，上記は日本国内法について議論するにとどめておりますが，当然ながらクロスボーダーでの取引に耐えられるような議論を考えていかなければなりませんし，国内法であっても国際的な潮流を無視した方向に向かうことはできないでしょう。法律家としては，従来の枠組みと新しい技術との調和ができるような，前向きかつ地に足を着いた解釈論を展開しながら，必要な立法がなされることを期待したいと思います。

24　https://www.maritime-executive.com/article/cargox-s-blockchain-platform-commences-operation

25　https://www.crypto-reporter.com/news/aworker-review-3751/

Part 7
匿名化・暗号化

〈専門家〉

NTTセキュアプラットフォーム研究所

高橋　克巳
Katsumi TAKAHASHI

〈聞き手〉

中崎尚　戸倉圭太　藤井駿太郎

（左から3番目が高橋氏）

Interview	今だから聞いておきたい 匿名化・暗号化のしくみ

——NTTセキュアプラットフォーム研究所　高橋　克巳

1　「匿名化」とは何か

中崎　高橋先生は，現在は，NTTセキュアプラットフォーム研究所において，チーフ・セキュリティ・サイエンティスト，主席研究員でNTTセキュリティマスターというお立場におられますが，これまでは，NTT暗号研究チームで，秘密計算，匿名化，インテリジェント暗号，クラウド鍵暗号，privango などを開発され，また，ウェブの黎明期に i タウンページ，モーバイル・インフォサーチ，kokonoサーチ等の先駆的な位置情報サーチエンジンを実現されるなど，一貫して情報処理技術の研究開発に携わられてきたと伺っております。また，高橋先生は，技術と制度の橋渡しにも尽力しておられ，政府の検討会のメンバーとして2017年個人情報保護法改正では大変なご活躍をされました。これまで，個人情報保護法の議論はもっぱら法律の専門家が主導して行っており，技術の専門家の視点からの検討があまりなされていなかったこともあり，先生から示された新たな観点からの議論は，同改正に大きな影響を与えたと記憶しております。個人情報保護法に関しては，再度の改正・見直しが予定されており，個人情報保護法とプライバシーをめぐる議論はなおも盛り上がっているところで，これらの議論を，技術畑の研究者というお立場から，引き続きリードしておられます。このようなご経験を踏まえて，まず伺いたいのですが，高橋先生は，個人情報の「匿名化」について，どのような概念として捉えていらっしゃるでしょうか。

高橋　匿名化とは，個人情報を誰のものかわからなくすることです。個人情報は保護する必要がありますが，それが特定の個人と関係ないのであれば，個人情報保護の文脈から外れ，自由に活用できるのではないか，いわゆるビッグデータとして取り扱えるのではないかということが匿名化に対する一般的な期待ではないかと思います。

匿名化は元の情報から氏名を削除することが必要ですが，それだけでは不十分だと考えられています。情報に住所や年齢，性別が含まれていれば，それが誰の情報であるかわかる場合があります。そのような場合でも，その情報から個人を特定できないようにしたものが，匿名化された状態です。

　たとえば住所の場合地域を粗く広い範囲に加工すれば，その範囲にたくさん人が住んでおり，特定はできにくくなります。また，10代の女性，といった範囲にすることも同様です。このように，情報の範囲を広い概念とすることで，個人を特定することができなくなり，匿名化が達成されます。粗い住所と粗い年齢と性別を組み合わせた時，似たような人がたくさんいるのであれば，通常，個人を判別することはできないといえます。

2　匿名化の技術

ランダムサンプリング

中崎　ランダムサンプリングとは何でしょうか。

高橋　ランダムサンプリングとは，任意抽出のことです。あるデータが特定の個人と結びつくかどうかは，そのデータがどこから来たのかが最大のヒントになります。1億人の中から100人選んだのと，人口1,000人の村から100人選ぶのを考えると後者が極めてヒントが多いですよね。

中崎　大量にあるデータの中から任意のものを抜き出すというイメージだと思うのですが，ランダムであることはどのように確保されるのでしょうか。

高橋　たとえば社会調査では，電話番号をランダムに作成してかかった人に尋

【図表7-1　ランダムサンプリング】

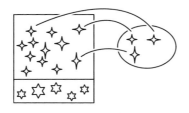

ねる，あるいは地域ごとに，一定人数の中から1人選ぶ，などの手法が用いられています。一般に大量のデータがあれば，そこからくじ引きのように偏りがなく取り出せばよいので，方法が確立されています。このような方法を使ってランダムに選ばれた状態を作ることができれば，データのオリジンから誰かわかってしまうことを避けることができます。しかしながら，実務上は，ランダムなデータを作ることが難しい場合もあります。

　たとえば，幼児100人のデータを集めたいとき，それを何の傾向もない多数の中から選び出すのと，スマートフォンユーザから選ぶ場合には違いがあります。スマートフォンを使う幼児は少ないので，誰であるか特定される危険性は高まるでしょう。このように匿名化を行う対象を選び出す元の対象は偏りがないことが役に立ちます。

k-匿名化

高橋　k-匿名化という手法があり，これは，同じ属性を持っている人が複数人いる，という状態を作り出すものです。たとえば，「東京都の30代」が3人，「神奈川県の20代」が3人，「埼玉県の未成年」が4人というようなデータがあり，それ以外に手がかりがなければ，個々のデータが誰のものか特定することができないこととなり，匿名化が達成されます。どの属性の組み合わせでも同じになる人が最低でも3人いる場合を「3－匿名化」と呼んでいて，一般に「k人」でk-匿名化という言葉が使われています。

中崎　k-匿名化の登場には何か背景があるのでしょうか。

高橋　世の中に出回るデータが増えたからです。以前は個人情報から氏名を削除すれば誰のデータであるかわからないと信じられていました。しかし，現在は氏名と住所，氏名と生年月日などが対応づけられているデータがいくつも存在しています。このような他のデータと匿名化されたデータを照らし合わせることで，名前を隠しても隠した名前がわかるようになってしまうことが起きています。これを回避するため提唱されたのがk-匿名化です。k-匿名化は，似た人物が複数ある状況を作ることで，他のデータと照らし合わせても「k人以下には絞り込めない」状態を確保しようとしたものです。

中崎　k-匿名化は学者が提唱としたとのことですが，マサチューセッツの医療データで個人が特定された件がきっかけでしょうか。

【図表 7 - 2　k-匿名化】

会員番号	生年月日	住所	年齢	購買品
1001	1979.04.01	東京都中央区A町	34	パン，ガム，新聞，…
1002	1986.12.10	神奈川県横浜市A町	26	鉛筆，弁当，漫画，…
1003	1974.10.10	東京都渋谷区B町	38	ガム，アイス，チョコ，…
1004	1991.05.05	神奈川県鎌倉市B町	22	書籍，新聞，電池，宝石，…
1005	2006.11.10	埼玉県川越市A町	17	化粧品，あめ，アイス，…
1006	1990.02.06	神奈川県厚木市C町	23	時刻表，鉄道模型，カメラ，…
1007	2003.08.15	埼玉県浦和市B町	19	ネジ，ビス，ハンマー，…
1008	2000.09.30	埼玉県大宮市C町	9	肉まん，ガム，新聞，…
1009	1983.01.01	東京都練馬区C町	30	コーラ，弁当，雑誌，…
1010	1994.07.07	埼玉県与野市D町	18	ガム，水，ドリンク剤，…

削除　　　加工（保護）　　　そのまま（非保護）　　　k-匿名性(k=3)を満たした状態

会員番号	生年月日	住所	年齢	購買品
1001	1979.04.01	東京都	30代	パン，ガム，新聞，…
1003	1974.10.10	東京都	30代	ガム，アイス，チョコ，…
1009	1983.01.01	東京都	30代	コーラ，弁当，雑誌，…
1002	1986.12.10	神奈川県	20代	鉛筆，弁当，漫画，…
1004	1991.05.05	神奈川県	20代	書籍，新聞，電池，宝石，…
1006	1990.02.06	神奈川県	20代	時刻表，鉄道模型，カメラ，…
1005	2006.11.10	埼玉県	未成年	化粧品，あめ，アイス，…
1007	2003.08.15	埼玉県	未成年	ネジ，ビス，ハンマー，…
1008	2000.09.30	埼玉県	未成年	肉まん，ガム，新聞，…
1010	1994.07.07	埼玉県	未成年	ガム，水，ドリンク剤，…

（出所）高橋克巳「匿名化技術の現状について」（2013年9月27日付）より抜粋

[筆者註] 2002年，米国マサチューセッツ州は，新たな医療研究を目的として，州が独自に「匿名化」を施した医療データを公開した（図表7-3）。もっとも州が施した「匿名化」は文字通り，患者の氏名を削除しただけであり，性別，生年月日，郵便番号，診療結果や投薬の情報などはそのまま公開してしまっていた。ここで公開されたデータと，これとは無関係に，公開・販売されている同州の投票者の名簿データでマッチングを行ったところ，以下のような流れで，患者データの中に含まれていた州知事のデータがどれなのかを特定することに成功してしまった。具体的には，知事と同じ地域に住む54,000人の住民が載る投票人名簿の中から，知事と同じ生年月日のレコード6人分を抽出。州知事は男性であったこ

とから6人のうち3人を抽出，さらに，郵便番号から1人の患者データを，州知事のデータであると特定した。この件では，医療データの公開先を研究機関等に限定していたことから，大きな問題には至らなかったものの，匿名化の在り方に大きな一石が投じられることとなった。

【図表7-3　マサチューセッツ州　州知事医療データ】

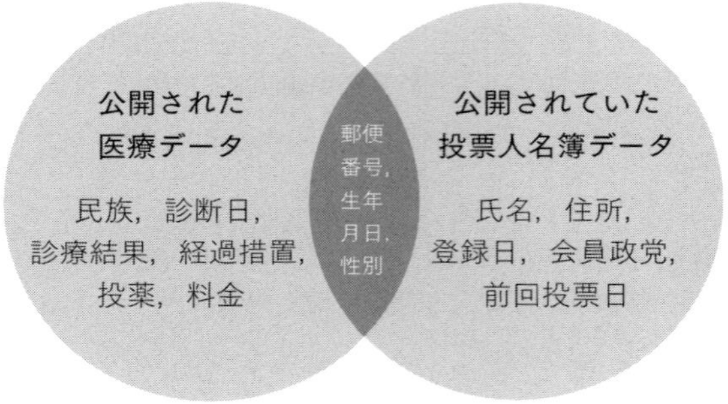

公開された
医療データ

民族，診断日，
診療結果，経過措置，
投薬，料金

郵便
番号，
生年
月日，
性別

公開されていた
投票人名簿データ

氏名，住所，
登録日，会員政党，
前回投票日

（出所）高橋克巳「匿名化技術の現状について」（2013年9月27日付）より抜粋

高橋　そのとおりで，マサチューセッツ州の匿名化された医療情報から，照合により個人が特定できてしまった件がきっかけです。Latanya Sweeneyの論文でその問題が指摘され，同時に対策としてk-匿名化が提唱されました。

中崎　同じような件で，映画のレビューのデータから個人が特定されたという事件もありました。

高橋　映画のレビューの事件も原理は同一です。この事件は，ネットフリックスが，映画の視聴履歴について，データマイニングコンテストでの技術振興のために氏名を削除した視聴履歴のデータを公開したことがきっかけです。ネットフリックスは，ある人が視聴した映画の履歴データが公開されても，実際にある人が何を見たか知っているのは家族くらいであり，照合する情報がないため個人を特定することはできないと考えていました。しかしながら，ネットフリックスとは直接的には無縁の映画のレビューサイトで，同一の人のレビュー履歴と照合することができてしまった。映画は無数に存在することもあり，数本の視聴履歴のパターンが一致すると，特定が可能になってし

まったのです。

中崎 ネットフリックスが公開したデータに視聴した日付ではなく，レビューの登録日が含まれていましたが，これらの日付が公開されていなければ，個人が特定されることはなかったのでしょうか。

高橋 ネットフリックスの情報は，レビューの登録日が含まれていましたが，実際にレビューした日時と視聴した日にちが一致するとは限りません。しかし，照合のためには視聴の順序でも十分であったと思われます。単に見た映画の一覧だけでは，一致する人も多く，個人が特定される可能性は低いが，順番という情報も加えられることで照合が可能になったと考えられます。このように，単にひとつの映画を見たというだけでなく，他の映画の視聴履歴や，視聴した順番などが含まれる「横に長い」データが出てくることで昔ながらの方法では匿名化が難しくなってきました。

【図表7-4　ネットフリックスの匿名化】

ネットフリックスが 公開したデータ		映画レビューサイトで 公開されていたデータ
・仮ID ・映画のタイトル ・ユーザーのレビュー 　による評価点 ・レビューの登録日	両者を突合	・レビュー者のペンネーム ・映画のタイトル ・ユーザーのレビュー ・映画の視聴日

中崎 今は，どこもかしこもk-匿名化が使われているのでしょうか。

高橋 必ずしもそうではありません。「横に短い」データ，たとえば住所と年齢と好きなサッカーチームからなるようなデータにはk-匿名化が有効に働くでしょう。一方「横に長い」ビックデータを，すべてk-匿名化の対象にすることは事実上困難です。k-匿名化は，同じような属性の人を何人かのグループにすることが基本ですが，たとえば電車での移動履歴を考えると，赤坂見附で乗車し，新宿で乗り換え，池袋で下車し，というようなグループ化をしようとしても徐々に難しくなり，突き詰めれば最終的に1人しかいなく

なってしまいます。そのようなとき現在は，住所や年齢といった基本的な誰でもわかるような属性に対してがっちりk-匿名化を施し，それ以外のたとえば履歴的な要素に対しては別の手法で保護するという使い方が軸になっていくと考えられます。

3 匿名化に関する事業者の検討事項

中崎 事業者が匿名化について，どのような手法をとるか悩んでいるという声もあるように思いますが，実際の感触としてはいかがでしょうか。

高橋 現場の事業者が悩んでいるのは，手法以前の部分です。匿名化は，バリエーションが多く，名前は削除するしかないとしても，住所についても市町村まで，都道府県までなどどこまで削るか，年齢も1歳刻みか，10代かなどで迷うことが多いです。このように，データ加工はアウトプットの形態がさまざまあるという特徴があり，受け取る側の需要と，個人情報保護の2つの観点から，どのように加工するかを検討していくことになります。たとえば，通常，住所は市町村まで，などといった相場がないため，最終的な出荷物としての選択肢が多すぎることが問題を難しくしているといえるでしょう。これを決めたうえで，ようやくどの手法を用いるかという話になります。

高橋 少し脱線した話になりますが，ニーズの確認，提供先での使用目的の確認が本質的には重要であると考えています。場合によっては住所が不要な場合もあり，そのような場合は情報から住所を削除することで個人の特定の可能性を減らすことができます。このように目的を決めることが大事です。選択肢が多すぎる，という問題を解決するためには，利用目的を確認しておくことが大切です。

4 秘密計算

中崎 NTTが開発した秘密計算という技術があると聞きました。

高橋 秘密計算は，データを暗号化したまま分析ができるという技術です。たとえば，A社のデータ，B社のデータに共通の人物の情報が含まれる場合，名寄せしてさらに充実したデータを作ることができますが，秘密計算では，暗号化したA社のデータ，B社のデータを，暗号化したまま名寄せして，年

収と生活習慣の関係だけを数え上げて取り出す，といったことができます。今まで，このような横断的分析をするためには，個人情報を持ち寄って，大きなデータを作って分析をする必要があったのですが，秘密計算は，持ち寄られた個人情報の中身に立ち入ることなく，結果だけを取り出すことができ，また，データを見ないということを技術的に保証できるというものです。

中崎 秘密計算は実際に使用が始まっているのでしょうか。

高橋 まだ実証の段階であり，社会的に使われている，というものではありません。暗号化されていても，どこかにデータを集めなければならず，それは個人情報の第三者提供に当たってしまうという課題があります。基本的には分析業務を請け負う際に，暗号化したまま分析できるため，安全上も有益な技術であると考えています。セキュアルームを作る代わりに，ソフトウェア・デファインドなセキュアルームのように使うことができるとも考えています。

　暗号化の技術に基づくものであるが，将来的には暗号を使った第三者提供が制度とも親和して社会問題の解決につながればよいと思っています。

【図表7-5　秘密計算の仕組み】

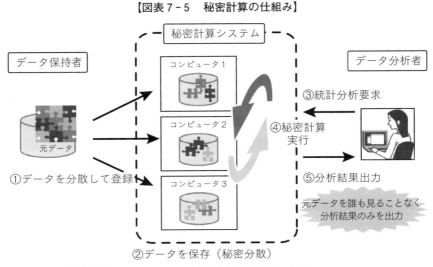

（出所）NTT持株会社ニュースリリース（2012年12月）より抜粋

5 「暗号」とは何か

中崎 次に暗号のトピックに移ります。暗号というとつい，スパイ映画のようなもの思い浮かべてしまいますが，現在，仮想通貨，電子署名など，さまざまな場面で用いられているようです。暗号は社会的基盤を支えるようなものになっているという理解で正しいでしょうか。

高橋 そうですね。その最たるものとして，インターネットがあります。情報通信は，誰でもアクセス可能なインフラの上に構築されるのが常であり，暗号化技術は，基盤となる技術です。

中崎 特に暗号化技術が発展している分野はありますか。

高橋 皆さんが暗号化技術を利用する頻度は上がっています。ブラウザで使われるHTTPS[1]は必須のものになっています。HTTPSはSSL/TLSプロトコルを用いて，通信される情報を秘匿し，サーバーが成りすましされていないことの確認にも使われます。このことで盗聴，情報漏洩の可能性に対応に役立ちます。また，通信を送る側，受ける側（エンドエンド）の端末同士が，きちんとセッティングできていることが重要です。この仕組みは，長い年月で築きあげられたものであり，安全性は確立されています。適切に端末を設計運用することが大切です。

暗号化技術が用いられる場面

高橋 Fintechも，暗号化技術の成果の1つです。情報セキュリティの定義は，情報の機密性，完全性，可用性（CIA=Confidentiality／Integrity／Availability）の維持です。暗号通信はデータの機密性と完全性を確保するもの，ブロックチェーンはデータの完全性を可用性を伴って追求したものです。情報の完全性を確認するための台帳を特定の1人ではなく，みんなで管理しても問題が起きないように設計されています。情報セキュリティのどの問題も上記3点の話に帰着し，どれを担保しようとするか，という組み合わせを考える問題になります。この組み合わせは簡単ではないのですが，HTTPSやブロック

1　ブラウザでWebサイト（ホームページ）にアクセスするとき，アドレスバーに表示されるURLはhttpsから始まる。

チェーンはパッケージツールとしてうまく切り出すことに成功しています。技術者は要素技術だけでなくパッケージツールをよくデザインすること、利用者はツールが解決する問題をよく理解することで、世の中はまだまだ安全で便利になるはずです。

高橋 秘密分散は、機密性、可用性を追求したものです。2017年10月に、初めてISOの国際標準に入った。日本とエストニアが提案したものです。

中崎 エストニアは暗号化技術に強い国なのでしょうか。

高橋 そのとおりです。秘密分散は主にエストニアの企業とNTTで標準化を提案して、独自のアルゴリズムを含めて標準化されました。

6　暗号技術

中崎 暗号の技術はどのようなものでしょうか。

高橋 暗号は、基本的には数学的なもので構成されています。昔は、たとえば古代には棒にひもを巻きつけるというような物理的な方法によって作られることもあったのですが、今は数学の理論に基づいて構成されています。数学的に解くことが難しい問題が何種類かあり、この難しい数学の問題で数値の空間を作り、その中に数値化した情報を隠すというのが基本的な発想です。情報を見るためには、数学的に解くことが難しい問題を解かなければならないため、中の情報が守られるのです。

7　暗号化に関するリスク

量子コンピュータ脅威論

高橋 この流れで量子コンピュータについてもお話したいと思います。量子コンピュータが開発されつつあります。量子コンピュータは色々な問題を解くことができますが、どのような問題でも解くことができるわけではなく、ある種類の問題が得意という説明が正確です。

　　この量子コンピュータが得意とする問題に、暗号化に用いられている数学的な問題が含まれると学術的に予測されており、量子コンピュータが開発されると、今の暗号が解かれてしまうというのが量子コンピュータ脅威論です。

高橋 現在、耐量子コンピュータ暗号が研究されています。これは、量子力学

によって暗号を作るのではなく，量子コンピュータの性質として得意としない，別の数学的に難しい問題をベースにして暗号を作ることで，量子コンピュータでは解読できないようにするものです。現在の暗号化技術で暗号化されたデータをそのままにしておくと，量子コンピュータの実用により簡単に解かれてしまうことになるため，暗号をアップデートしていく必要があります。これまでの暗号も「危殆化」と呼ばれる安全性が保障できない状態になったものがあり，一般に暗号は危殆化する前にアップデートする必要があります。

中崎　暗号の切り替えの時期はどのくらい先のことと予想されているのでしょうか。

高橋　今後20年程度で，暗号の切り替えをしなければならない時期がくると予想されています。20世紀の情報通信の発展は大規模なものでしたが，21世紀の半ば以降に，量子コンピュータと共にドラスティックな発展がもう一度起こるのではないかと予想されています。是非この発展を見届けたいと思っています。

高橋　耐量子暗号の話が出ましたが，似た言葉として量子暗号というものもあります。しかし，量子暗号と耐量子暗号は全く違うものです。耐量子暗号は，すでに述べたとおり数学を原理とするものです。量子暗号は量子の物理的な性質を原理とする暗号です。暗号と呼ぶかが適切か，という議論がそもそもありますが，量子の原理を用いた安全な通信のことをいいます。量子状態は，観測すると状態が変わってしまうのですが，この状態を通信に使うことで，のぞき見されても解読ができないのではなく，そもそもデータが壊れてしまう仕組みです。量子でデータを暗号化するといったものではなく，物理現象に由来した技術であり，数学的なものである耐量子暗号とは発想が異なるものです。

戸倉　現在の暗号で使われている数学的に難しい問題とは，大きな桁の数字を掛け合わせることは容易であるが，素因数分解することは難しいという問題だと聞いていますが，これは量子コンピュータで簡単に解かれてしまうということでしょうか。

高橋　そのとおりです。

戸倉　では，量子コンピュータにとって解くことが難しい問題とはどのような
　　　ものでしょうか。

高橋　量子コンピュータが解くことが難しい問題に，格子暗号と呼ばれるもの
　　　があります。なお，現在の暗号の基礎となっている素因数分解と格子暗号の
　　　間に，楕円曲線暗号というものがあり，世界的に楕円曲線暗号に移行してい
　　　るところです。

中崎　暗号の技術というのは常に発展をしているのでしょうか。

高橋　解くことが難しい数学の問題はいくつもあり，数学者はこのような問題
　　　を多く知っています。難しい問題であればあるほど解読が難しい暗号が作れ
　　　るのですが，暗号文を作ることに時間がかかるものもあります。暗号化技術
　　　としては，暗号を作るのは一瞬で，解くことに時間がかかる性質のものが必
　　　要で，それを時代時代の最高の技術で追いかけているのです。

暗号の使用上のリスク

中崎　暗号について量子コンピュータ以外のリスクはあるのでしょうか。

高橋　量子コンピュータの脅威を除けば，暗号は，基本的に安全な道具であり，
　　　正しい使い方をしていれば大丈夫です。

中崎　TORなどは素晴らしい技術だけれど悪用する人も多いとも聞きます。

高橋　暗号が反社会的な活動のツールになる可能性の否定はできないと思いま
　　　す。「自分の通信は秘匿されてほしいが，反社会的な活動は正しくモニタリ
　　　ングされてほしい」が一般的な感覚でしょう。通信の秘密は重要かつ深遠な
　　　問題であると言えます。なお，暗号関係でのリスクで一番気をつけたいのは
　　　コンピュータの設定ミスなのです。設定ミスをしていて，秘匿しているつも
　　　りができていない事態は避けたい。さらに，通信は正しく暗号化して秘匿さ
　　　れていても，通信路に入る前の端末に大きなセキュリティホールがある場合
　　　もあります。暗号自体の使い方だけでなく，コンピュータ全体としてセキュ
　　　リティホールのないように使うことが重要です。

（インタビュー：2019年1月8日）

Part 7　匿名化・暗号化

Legal Commentary 　法務の視点から

1　法律の世界における匿名化

　匿名化という概念は，これまでも，「がん登録等の推進に関する法律」や，医療情報関係のいわゆる「３省３ガイドライン（旧３省４ガイドライン）」（厚生労働省が定めた「医療情報システムの安全管理に関するガイドライン」，総務省が定めた「クラウドサービス事業者が医療情報を取り扱う際の安全管理に関するガイドライン」（「ASP・SaaS における情報セキュリティ対策ガイドライン」および「ASP・SaaS 事業者が医療情報を取り扱う際の安全管理に関するガイドライン」を統合したもの），経済産業省が定めた「医療情報を受託管理する情報処理事業者における安全管理ガイドライン」，さらに総務省ガイドラインと経済産業省ガイドラインとの統合が2019年中に予定されている）のような，医療情報関連の文脈において登場していましたが，改正前の個人情報の保護に関する法律（個人情報保護法）には登場していませんでした。このため，少なくとも，改正前の個人情報保護法との関連では，何をもって「匿名化」というのか，「匿名化」したと言えるにはどの程度の加工が必要なのか，「匿名化」したらどのような効果が得られるのか，については，法律上は統一されたルールがない状況でした。結果として，「ここまで加工したから匿名化したといってよいだろう」「匿名化したので，個人情報として取り扱う必要はない」等の判断を個々の事業者が行わざるを得ない状況が随所で見られました。

　改正個人情報保護法では，匿名加工情報という新たな仕組みが導入され，「匿名加工」したと言えるにはどの程度の加工が必要なのか，「匿名加工」したと認められたらどのような効果が得られるのか，がルールとして明確化されました。以下では，この「匿名加工」について解説します。

2　匿名加工情報とは

　「匿名加工情報」とは，特定の個人を識別することができないように，個人情報を加工して得られる個人に関する情報をいいます。どのような加工が必要

【図表 7 - 6　匿名加工情報と個人情報の類型】

個人識別符号を含まない個人情報	特定の個人を識別することができる記述の全部または一部を削除あるいは他の記述等に置き換えることによって，特定の個人を識別することができないよう加工することが必要。
個人識別符号が含まれる場合	個人識別符号の全部を削除することが必要。
個人情報と当該個人情報に措置を講じて得られる情報とを連結する符号（連結符号）が含まれる場合	当該連結符号を削除することが必要。
珍しい事実に関する記述等または他の個人と著しい差異が認められる記述等の，特異な記述等が含まれる場合	特異な記述等を削除することが必要。
個人情報データベース等の性質を踏まえたその他の措置	必要な措置の内容は，個々の個人情報データベース等の性質を踏まえて，決定される。

なのかは，個人情報の類型ごとに異なりますが（図表 7 - 6），共通して必要なのは，匿名加工情報から，元の個人情報を復元できてはならないよう，加工しなければならないということです。

3　匿名加工の方法

　匿名加工の具体的な方法については，法令レベルでは，実は詳細までは定められていません。技術的な詳細を法令で定めること自体無理があるためです。このため，改正法の施行後も，匿名加工のあり方については，依然として事業者の悩みがすべて解消されたわけではありません。現在，匿名加工の具体的な方法について，政府が出している資料で参考になるといわれているのが，「個人情報保護委員会事務局レポート：匿名加工情報　パーソナルデータの利活用促進と消費者の信頼性確保の両立に向けて」（以下「委員会レポート」といいます）」です。委員会レポートは，匿名加工のあり方を検討するに際して事業者に求められる基本的な考え方を解説した上で，複数のユースケースを踏まえた具体的な検討事例を紹介しています。実務においては，これらの情報をベースに，業界固有の事情を踏まえた検討をすることが必要になります。

Part 7　匿名化・暗号化　171

4　医療データの匿名化

　上記1で医療データの世界では,「匿名化」という概念が先行して用いられてきたというお話をしましたが,医療データに関しては,改正個人情報保護法の全面施行の直前であった2017年5月に,匿名化をコアとする新たな立法がなされ,2018年5月より施行されました。これが「医療分野の研究開発に資するための匿名加工医療情報に関する法律」(通称：次世代医療基盤法)です。同法では,匿名加工医療情報を作成する事業者について認定制度が導入されることになっており,匿名化についてより踏み込んだ議論が示されることが期待されています。これらの議論が,個人情報保護法における議論にフィードバックされる事態も考えられるため,医療データとは無縁の業界のビジネスマンも,要注目の動向です。

5　暗号と法律

　暗号と法律は,一見,縁遠い存在に見えますが,さまざまな分野で暗号技術の存在を前提として,法制度が設けられるようになっています。仮想通貨は別名「暗号通貨」と呼ばれることがありますが,暗号技術を用いて取引の安全性が確保されているという面に着目したものです。この暗号技術が破られて取引の安全に問題が生じた場合,当該暗号通貨の開発者・開発コミュニティの法的責任を問うことができるか,将来問題となる可能性があります。

　また,最近,電子署名のみで契約を完結する場面が,日本国内のビジネスでも見られるようになってきました。この電子署名の仕組みを技術的に支えているのが,暗号化です。この暗号化に問題があって,なりすましが発生した場合も,誰がリスクを背負うのかという問題が生じます。

　方向性が異なる場面としては,セキュリティとの関係も挙げられます。とりわけサイバーセキュリティの分野では,法令上の義務を果たすために,暗号化を含むセキュリティの技術的措置の実施が,求められるようになってきています。

　このように暗号技術の進展に伴い,事業者が暗号化について注意を払わなければならず,その不履行が法的責任に影響する場面が増加することが予想され

ます。法律分野・ビジネス分野の人間にとって，暗号技術はチェックが必要な分野になるでしょう。

Part 8
サイバーセキュリティ

〈専門家〉

株式会社 Blue Planet-works
上席執行役員

坂尻　浩孝
Hirotaka SAKAJIRI

〈聞き手〉

山口大介　清水亘　小島諒万

（右が坂尻氏）

Interview

IoTの世界の新たな
サイバーセキュリティ
――株式会社Blue Planet-works　坂尻　浩孝

1　「サイバーセキュリティ」とは何か

山口　坂尻様は，IT業界で20年以上の経験をお持ちで，著名なセキュリティ企業から現在のBlue Planet-works社に参画され，同社のセキュリティ製品の開発等にも関与されており，「サイバーセキュリティ」の専門家でいらっしゃると思いますが，まず「サイバーセキュリティ」とは何でしょうか。たとえばアンチウイルスソフトを入れるとか，何か情報を持ち出されないように監視するとかそういったことが考えられますが，人によってイメージするものが違うと思います。専門家の方からみた「サイバーセキュリティ」について教えてください。

坂尻　今お話しいただいた例は，基本的には「ITセキュリティ」の話だと思います。従来の「ITセキュリティ」の観点から考えると，サイバー攻撃はなんらかの目的があって行われるもので，たとえば1980年代は高校生があるシステムに侵入できるか試みる，といった個人的興味から行われるものが多かったと思いますが，次第に変わってきています。現在のサイバー攻撃の大きな特徴は3つあり，1つ目は攻撃者が組織化されて大規模になり，金銭的利益を主目的として攻撃を仕掛けてくるもの，2つ目は特定の会社等の名声や信用を傷つけたり業務を妨害したりする目的で行われるもの，3つ目は国家戦略や外交政略の中で行われるもの，といったものが中心になっています。

山口　最近は色々な人達が色々な目的で攻撃をしてくるようになった，ということですが，サイバー攻撃を防御する側の観点から，攻撃の目的を知るということは大事なことなのでしょうか。

坂尻　攻撃の目的がわかればそれを防ぐ手立てを考えることができます。たとえば金銭が主目的であればそれを取られにくくする，といった対策が可能ですが，「何を守るのか」というのが次に問題になります。今までの「ITセキ

ュリティ」では，パソコンやサーバー，最近ではスマートフォンなどのモバイルデバイスが守るべき対象の中心でした。その場合，ネットワークにファイヤーウォールを置いたり，エンドポイント（ネットワークの末端に接続されたデバイス）のセキュリティを強化したり，監視サービスによって不正アクセスがないかを検知したりといった対策をとってきました。

　しかし，これからは，「ITセキュリティ」ではなく「IoTセキュリティ」の時代になります。ITからIoTの時代になると，守る対象が変わります。ITであれば守る対象はシステム的な要件でいえば限られた要素です。たとえばパソコンやサーバーではOS（基本ソフト）はWindowsとLinux，あとはmac OS程度ですし，モバイルデバイスでいえばAndroidとiOSの2つで，主なものは合計5種類しかありません。これに対してIoTでは，たとえば工場の制御系のシステムやコンピュータに加えてPLC（Programmable Logic Controller）といった制御装置や，自動車，各種センサー，HEMS（Home Energy Management System）などさまざまなものがつながりますが，それらのものに搭載されているOSも非常に多種多様なものになります。さらに，IoTではハードウェア自体もさまざまであり，パソコンやサーバーであれば基本的にはX86系のプロセッサですが，IoTの場合はX86系だけでなくARMベースのものもありますし，MCU（組み込みシステム）もあります。プロセッサのビット数もITの世界であれば32ビットと64ビットだけですが，IoTの世界では8ビットも，16ビットも，32ビットも，64ビットもあります。デバイスの数も，ITの世界であれば大企業でも1社当たり数万台のレベルですが，IoTの世界では何億台という世界になり，自動車だけでみても何億台も存在していますし，センサー等も色々と含めると何十億台といったレベルの話になってくるため，守るべき対象の規模感が全く異なってきます。

2　新たな「サイバーセキュリティ」概念と技術

坂尻　これまではITの世界が中心でしたが，今後はIoTの世界，われわれはこれをコネクテッド・ワールドと呼んでいますが，「つながる社会」になっていきますと，多種多様な膨大な物の中でどういったものを守っていくのか，守るものが一体何なのか，という点で，世界観が大きく変わってきます。こ

れは通信技術の進歩と関係しており，インターネットによってパソコンやワークステーションがまずつながり，携帯通信網の発展に伴い，飛躍的に広がりました。現在の4G（第4世代）のLTEアドバンスから2020年にはネットワークは5G（第5世代）になります。5Gになると通信速度が現在の数十メガbps程度から数百メガbpsや何ギガbpsになり圧倒的な高速通信ができるようになります。これにプラスしてさまざまなWi-Fi（無線LAN）技術が進化しており，5Gでは今よりもはるかに多くのさまざまな物がつながるようになり，コミュニケーションツールだけでなくさまざまなデータのやり取りや共有が可能になります。

　IoTの世界になると，サイバー攻撃の主な目的は，金銭目的，名声を傷つける目的，あるいはサイバー戦争といった従来のITの世界とそれほど変わらないとしても，攻撃される可能性がある領域，つまり守るべき範囲が非常に大きくなります。5Gによってつながるの世界はすぐそこまで来ていますので，IoTを守るためのテクノロジーをどうするのかが，難しい課題と考えています。

山口　IoT機器は単一用途のものも多く，古くても壊れなければ使い続けることが多いと思います。パソコンやサーバーであればシステム管理者が最新のアンチウイルスソフトを導入してくれたりしますが，各所に置いてある古いIoT機器ではシステムのアップデートなども容易ではないと思います。そうすると，パソコンやサーバーで従来行っているようなやり方をベースにIoTの世界を守れるのでしょうか。近年はIoT機器（監視カメラ等）のパスワードが初期設定のままになっていてそこから侵入された，といったニュースもよく聞きますがどのようなテクノロジーでIoTを守っていけばいいのでしょうか。

坂尻　ご指摘のとおり，IoTではシステムのアップデートが困難な場合が多いです。IoTのハードウェアは必要最小限の性能でリアルタイムに動くことを目的としており，搭載しているメモリやプロセッサに余力がないからです。基本的にはギリギリのところで何十年も持つように製造され，製造されたらそのままの状態で使われており，また色々な所に存在しますので，管理するのも大変です。そのような観点からは，IoTを守るテクノロジーの要件の1

つは，IoTが限られたリソースで動いていることから軽量なシステムでなければならないということです。もう1つの要件は，アップデートが頻繁にできないのでなるべくアップデートしなくてよいか，または全くアップデートしなくてよいものであるということです。

　また，IoTセキュリティの世界では，ITセキュリティの世界で守っていたパソコンやサーバーなどに加え，多種多様なものがつながるということ自体でも，新しい問題が生じます。たとえば私と山口さんがつながったとして，この「つながり」自体が安全か，ということです。「つながりの安全」というのは，1つは通信チャンネルが信頼できるということですが，もう1つは相手が信頼できる人なのか，ということを意味します。サイバー空間では相手が見えないため，つながっている相手は本当に私の知っている山口さんなのか，途中で山口さんではない別人にすり替わっていないか，といったことをどう確認するのかという問題があります。

　それらに加えて，「つながる」ことでプライバシーや個人情報を開示して共有することができるようになり，たとえばIDタグを利用して特定の個人がどこにいるのか，という情報をリアルタイムで把握することができますが，これは，たとえば子供の連れ去りや老人の徘徊などを防ぐことができるなど，利便性が高まって個人の安全を守る方向に役立つ一方で，プライバシーの侵害という側面もあることから，両者のバランスをどう保つのか，という課題があります。

【図表 8 - 1　ITとIoTのセキュリティの違い】

	IT	IoT
守るべき対象	狭い（PC・サーバー）	広い（PC・サーバー・IoT機器・「つながり」自体）
守るべき数	相対的に少ない	非常に多い
システム要件	ある程度大きく重くても許容される	サイズは小さく動作も軽い必要あり
特徴	中央集権型（認証局・システム管理者）	自律分散型（数が多くて集中管理は困難）

山口　つながった相手が信頼できることをどうやって確認するのでしょうか。

坂尻　従来のITの世界では「証明書」という考え方があって，DigiCert（旧ベリサイン）のような認証局を持っている大きなセキュリティ会社から発行された証明書を持っている人は信頼できる，という扱いをしていました。しかし，この証明書を自分のパソコンに入れるというのは簡単な作業ではないですし，これがIoTの世界になると，何十億台というデバイスすべてに入れていくのは，デバイスの生産ラインであれば可能かもしれませんが，すでに出荷されて世の中に出回っているものはどうするのかという点も含めて非常に難しいということになります。

　なんらかのデバイス，たとえばスマートフォンを，IoTのサイバー空間に入っていく窓口として捉え，そのスマートフォン自体が私の物であることを認証することが必要になりますが，われわれの会社では，そこで当社のTRUSTICAという非常に軽量なセキュリティプラットホームを使うことを想定しています。その中には本人を立証しながら認証するシステムも含まれています。TRUSTICAをベースに本人認証システムを作る場合，ユーザー情報とハードウェアの中にある特有のハードウェア情報を使用して，スマートフォンの中にユニークな暗号鍵を作り，その暗号鍵を使うことによって，そのスマートフォンを使っているのが本人であることを担保します。これにより，従来のITの世界でいう認証局から証明書を発行してもらうのではなく，非常に軽く扱いやすい認証の方法を提供できます。TRUSTICAの利点は，まず軽量でありライブラリ自体のサイズは100kB以下であること，また，高速で動いて遅延が少なく，処理能力が低いプロセッサを用いても問題ないことが挙げられます。それに加えて，さまざまなOS上で使うことができるという特徴もあります。また，TRUSTICAは，信頼できるIDをユーザーが複雑な操作をすることなく生成すると同時に，そのデバイスを使用しているのが本人なのか常に確認し，デバイスの正当性を担保し続けます。これを立証と呼んでいますが，たとえば，なんらかの形でハッキングされてバックグラウンドでカメラが動いていないか，マイクが作動して盗聴されていないかといったことの確認や，デバイスを落として誰かが拾っても使えなくする，といった技術を備えています。

清水　こんな工夫をしたからシステムを軽くできた，といった点があれば教えてください。

坂尻　認証も情報の保護も信頼関係の維持も，重要なのは信頼の基点（Root of Trust）となる暗号鍵です。暗号鍵をどう生成して管理して更新するのか重要ですが，TRUSTICAはそこに優れた特長があると思っています。暗号鍵の生成の場面では，ユーザー情報と個々のハードの認証を融合して新しいユニークな鍵を生成する技術があります。暗号鍵の管理の場面では，従来は認証局等のいわば中央銀行でまとめて管理していましたが，TRUSTICAはブロックチェーンのようにそれを自律分散させることで中央での管理を不要にしていますし，暗号鍵の生成をデバイスの中で行うので更新頻度も自分で管理できます。この認証技術自体は今ある技術の応用なのですが，ユニークな暗号鍵の生成方法によりシステムを軽くすることができています。

清水　自動車についていえば，たとえば車内でコンシェルジュサービスを受けるような場合は，今お話しいただいたTRUSTICAによる高度な本人認証が必要になると思いますが，単に自動車が走っているときに位置情報や交通情報を共有するというレベルであれば，そこまで高度なものは必要ないのではないでしょうか。

坂尻　今後コネクテッド・カーや自動運転の時代になると，たとえば，自動車同士がすれ違う時に，ある自動車が持っている交通情報を他の自動車にシェアして，他の自動車はそのシェアしてもらった情報に基づいて行動するようになります。その時に，本当に信頼できる自動車から情報をシェアされたのか，その交通情報は信頼できるか，ということはやはり重要になってきます。また，自動車間の通信に悪意ある第三者が介入してきて情報を改ざんして渡すということも可能ですから，通信自体の安全性も必要となってきます。もし誤った情報がシェアされたり悪意のある情報が提供されたりすれば，ある地域の特定の場所に何万台という自動車が誘導されて大パニックが起きてしまうようなこともあり得ますし，自動運転車の事故が生じることもあり得ます。したがって，自動車間の位置情報や交通情報の通信という局面においても認証や通信自体の安全性は非常に重要です。

3 「サイバーセキュリティ」とプライバシー

坂尻 また，少し話は変わりますが，ITS（Intelligent Transport Systems：高度道路交通システム）において目指していることの1つに，たとえばドライビングパターンを解析することにより，その自動車のタイヤがあと2週間でパンクするかもしれないといった情報を提供することがあります。ここで問題となるのは，自動車と所有者の情報が収集されることにより，私たちが今どこで車を運転しているのかが第三者に把握されてしまうことです。このパンクを予告するサービスにおいて重要なのは，そろそろ修理が必要であるということであって，今どこを運転しているかではありません。また，先ほど出た例ですが，老人の徘徊を検知する際も，80歳の男性が徘徊しているという情報は必要ですが，その名前までは必要ないはずです。つまり，秘匿認証技術が重要となってきています。今の認証技術は，私が坂尻浩孝であることを伝えないと基本的には認証してくれませんが，今後は匿名のままで正確に認証できることが重要になってきます。近い将来には，駅構内の売店の前を通ったときに，その人にカスタマイズされた広告や購入を勧める商品が表示されることになると思います。しかし，その際に「40代・男性」に対する広告であればよいですが，私たち本人が特定されて，知られたくない過去の購入履歴などが表示されるようなことがないような仕組みにしていかなければならないと考えています。

山口 しかし，たとえば買い物をする場合などは，リアルタイムで詳細な個人情報を開示する必要が生じることもあると思います。

坂尻 そのとおりです。しかし，開示する情報を決定するのは，サービスを提供している側ではなくて，ユーザー個人であるべきです。たとえば，病院に担ぎ込まれたときに，血液型や過去の病歴を開示したいと本人が思ったときには，本人の意思でそのような情報を医者に開示する選択権が与えられるべきで，それを支えるテクノロジーが必要だと思います。

　現在のITの世界では，基本的にはサービス提供者側がすべて管理していて，たとえば，ある人が会社から支給されたモバイルデバイスを紛失してしまったときに，会社の判断でその人が使っていたモバイルデバイスのデータ

を消去しています。IoTの世界ではあらゆるものがつながるため，それだとサービス提供者による管理社会になってしまう危険性があります。自律的にユーザーが自分の元にある個人情報を管理し，開示範囲を決められるべきで，そうなっていく必要があると思います。

4　IoTの世界における「サイバーセキュリティ」のポイント

清水　高速大容量通信を前提として，色々なものがつながり，今まで収集できなかった情報も収集できるようになっていくことで，IoTの世界への移行が進んでいると思います。このIoTの世界では今までと違う種類の安全性が求められるのでしょうが，御社が考えるサイバーセキュリティのポイントはどこにあるのでしょうか。

坂尻　当社が考えるIoTの世界観の中では，大きく分けて3つのポイントがあります。1つは，従来のITの世界と異なり，外からのサイバー攻撃から防御するのではなく自分自身の信頼性を確保すること。2つ目は，つながる社会の中でつながりの安全性，つまり通信の安全性や通信している相手への信頼を確保することです。そして3つ目は安心感，一言でいえばプライバシーの保護であり，自律的にユーザーがプライバシーをどう扱うかを決められるのかが安心感につながると考えています。テクノロジーの観点からは，要素技術となるのはやはり暗号化技術ですし，本人を認証するということや，デバイスが正当でハッキングされていないのかを立証していくことも大切です。そして個人情報の開示の範囲について自ら選択でき，それを場面に応じて簡単に切り替えることが可能なテクノロジーが求められています。

山口　従来は，暗号化も認証も立証もサーバー等の重厚な機器で行ってセキュリティを担保してきましたが，IoTの世界では，それを小さい機器で行わなければならないことが難しいのでしょうか。

坂尻　おっしゃるとおりです。従来のITのインフラで提供してきたものをそのままIoTの世界では提供できません。現在のパソコンは極めて高性能で，たとえば500メガバイト程度のプログラムサイズのセキュリティ製品を導入することを求めても全く問題ありませんが，IoT機器ではそのサイズのものをインストールする容量がなく，使用が困難です。IoTの世界では，ITの世

界と違う，軽さやリアルタイム性を備えたセキュリティ手法が求められています。

清水　たとえば家庭の冷蔵庫のようなものにも，そのようなシステムを実装できるのでしょうか。

坂尻　将来的には冷蔵庫のようなものも対象にしたいですが，当社として現在対象として考えているのは，もう少し処理速度が速いものです。自動車，HEMSやモバイルデバイスがわかりやすいターゲットかと思います。技術的には実現可能だと思いますが，問題は必要性を感じてくれるかということです。たとえば，自動車に関していえば，現在の実証実験では，情報のやり取りができるかとそれを維持できるかに主にフォーカスされていてセキュリティは二の次という現状ではないかと思います。また，実証実験を行うにあたり，セキュリティ対策に充てる予算が足りない，ということもあると思います。

坂尻　従来のサイバーセキュリティの会社の目的は何かというと，マルウェアを探すこと，つまり検知です。われわれがやろうとしていることは，IoTのシステムの安全性を確保することであり，攻撃の種類がマルウェアであるか否かは関係なく，重要なのは安全性を維持することです。その意味で，従来の考え方は検知型，われわれは安全型といえると思います。

山口　IoTの場合，どこで何がつながっているかわからないため，どこか1カ所でもセキュリティに穴があるとそこから進入されてしまうリスクもあると思います。

坂尻　IoTの場合は，すべての穴をふさぐことは難しいですし，それによって処理が重くなってしまう懸念もあります。そこでわれわれは，たとえば情報をIoTデバイスから取られてしまったとしても，それが使えない状態であれば問題ないのではないかと考えています。侵入者が解けない暗号鍵をかけておくということです。また，最も重要なことは何かというと，守られていることを意識しないことです。TRUSTICAの技術も，自動的に暗号鍵を生成し，管理し，更新してくれます。IoTの世界で大切なのは，セキュリティについて意識せずに誰についても安全性が保たれている状態であることです。

5 「サイバーセキュリティ」に関する法的課題

清水 最後に，法律的に，このような規制が開発を阻害しているといったお話や，このようなルールの整備が必要であるといったお話があれば教えてください。

坂尻 技術開発に関係するものではなく，また，法律に直接助けられることではないかもしれませんが，日本でのセキュリティの意識が低いことを改善していく必要があります。日本では，重要な情報は持っていないから問題ないとか，セキュリティはコストや保険と捉える考え方が根強くありますが，もっと経営者が経営判断としてセキュリティについて考えなければいけないと考えています。やはり，セキュリティ事故が生じたときに経営者がリーダーシップを取っている会社とそうでない会社を比較した場合には，結果が全く違ってきますので，法的義務やペナルティの強化など方策も含め，経営者がそのような行動をとるべきという考え方が広まって意識改革につながるとよいと思っています。

清水 セキュリティの考え方が進んでいるのはどの国でしょうか。

坂尻 意識としてサイバーセキュリティに対する意識が高いのは米国だと思います。個人情報保護の観点など制度面で進んでいるのは欧州でしょう。他方で日本の現状はやや中途半端な状態ではないかと感じています。日本人の根本には安全・安心を求める意識があり，外を 1 人で出歩いても安心な社会を作り上げていますが，それをあまり自覚していないのかもしれません。見えないサイバー空間の認知度をもっと上げていくとともに，情報の安全性が確保されていることの大切さをもっと理解してもらう必要があると考えています。

坂尻 日本も以前は品質に対してのこだわりが強く，それがやり過ぎだったという人もいますが，私はそれが日本の良さだと思っています。その意味でセキュリティを突き詰めていくことも日本の本来のカルチャーに合っていると思っていますし，その特長を活かしてつながる世界，コネクテッド・ワールドの安全性を確保することができれば，日本の黄金期はまた来るのではないかとも思っています。　　　　　　　　　　　　（インタビュー：2019年 3 月28日）

Legal
Commentary

法務の視点から

1 法的検討課題の概観および政策の枠組み

現代社会では，どんな企業や個人でもなんらかの形で必ずネットワークにつながっており，いつどのような形でサイバー攻撃を受けるか分からない，という状況にあります。サイバーセキュリティに関する法的検討課題としては，①サイバー攻撃等を行った側の責任，②サイバー攻撃等を受ける側の責任，③サイバーセキュリティとプライバシー保護といったものがあります。

日本では，サイバーセキュリティに関する基本理念，国・地方公共団体の責務，サイバーセキュリティ戦略の策定などを目的として2016年10月からサイバーセキュリティ基本法が施行されています（2018年12月改正法成立）。同法に基づきサイバーセキュリティ戦略も閣議決定されており，内閣サイバーセキュリティセンター（NISC）がサイバーセキュリティ政策に関する総合調整等を行っていますが，具体的な施策レベルの対応についてはまだ十分とはいえず，今後も積極的に推進していく必要があります。

諸外国の動きとしては，EUでは，2004年に欧州ネットワーク・情報セキュリティ庁（ENISA）を設立し，EU全体のセキュリティ体制強化を図っており，2016年7月に新たなネットワーク・情報セキュリティ指令を採択しています。同司令では加盟国にCSIRT（コンピューター・セキュリティ・インシデント対応チーム）およびセキュリティ監督機関の設置を求め，各国CSIRT間での情報共有等の協力体制を構築することなどが定められています。

2 サイバー攻撃を行った側の責任

サイバー攻撃等を直接行った者は，民事上の責任だけでなく刑事上の責任も負うのは当然であり，日本では不正アクセス禁止法（不正アクセス行為の禁止等に関する法律），不正アクセスにより営業秘密を取得した場合には不正競争防止法，あるいは刑法（電磁的記録不正作出及び供用，不正指令電磁的記録作成・取得，電子計算機使用詐欺など）などにより処罰されることになります。

もっとも，サイバー攻撃は海外からの攻撃（あるいは海外のサイトを踏み台とした攻撃）が中心であり，攻撃の痕跡から犯人を特定することは技術的に困難であることが多く，また当該犯罪行為を裁判所において立証することは，専門的知識が必要であるだけでなく，立証のための方法論が確立していないこともあり，現状では非常に難しいのが現実です。

　サイバー攻撃の目的が情報を盗み出すことにある場合，その情報自体に非常に価値があることが多いと考えられますが，日本の刑法においては基本的には「情報」を盗み出すことは「窃盗」には該当しないとされており，情報の不正な持ち出しが判明したとしても，それ自体を刑事訴追することが困難な場合もあります。現代は「物」より「情報」の方に価値がある時代であり，今後のIoT社会を見据えれば，法体系としても「情報」そのものを価値のある財物と捉えて対応していく必要があるものと思われます。

　また，最近のサイバー攻撃は国家レベルあるいはそれに近い集団による組織的なものが増えているといわれておりますが，そのような国家レベルの脅威に国としてどのように対処していくのかも重要な課題です。サイバー攻撃を武力攻撃とみなして自衛権行使の対象とできるかも含め，従来の国際法規範がサイバー攻撃に適用されるかについては，各国の利害が対立する問題でもあり，国際法上の議論はあまり進んでいない状況です。IoT社会におけるサイバー攻撃のもたらし得る被害の重大さを考えれば，サイバー攻撃に対する国際法上の規制枠組みも今後必須になってくると考えられます。

3　サイバー攻撃を受けた側の責任

　IoTの世界でサイバー攻撃を受けた場合，直接攻撃を受けてシステムに侵入された者だけが被害者になるのではなく，その被害者とネットワークでつながっている第三者も容易に被害者になり得ますが，そのような被害について，攻撃者以外の誰かに一定の責任が認められるのではないか，という点が問題になります。

　サイバー攻撃を受けて被害が出た事案の背景には，セキュリティが不十分なIoT機器を製造したメーカー，そのようなIoT機器を特に対策も取らずに使用を継続したユーザー，安全でない通信サービスを提供したネットワーク事業者，

新型ウイルスを検知できないアンチウイルスソフトのベンダー，サイバー攻撃の兆候を見逃した企業のシステム管理者，サイバー攻撃を受けた際に適切な対応を取れなかった経営者，といった各種の要素が存在する可能性があります。これらの関連当事者のうち誰がどの程度の責任を負うべきなのかは，個別事案の状況や当事者間の契約関係によっても異なるため一概には言えませんが，明示的な契約上の義務となっていなくても，ベンダーにはその当時の技術水準に応じた対策を講じる法的義務があるとされた裁判例[1]なども存在していますので注意が必要です。

　また，サイバー攻撃を受けると企業には重大な金銭的被害やイメージの低下などの関連被害が発生する可能性があり，そのような損害が発生した企業の取締役は，サイバーセキュリティ対策が不十分であったことが善管注意義務違反を構成するとして，株主代表訴訟等により株主などから法的責任を追及されるリスクがあります。サイバー攻撃の技術もそれに対するサイバーセキュリティの技術も日進月歩で進歩していきますし，この点に関する裁判例も乏しいため，どの程度の費用をかけてどの程度の対策を講じれば注意義務を果たしたといえるかを明確に判断することは困難ですが，この点は企業経営者にとって今後ますます大きな課題になると考えられます。いずれにしても，各企業において，サイバーセキュリティを「コスト」ではなく必要不可欠な「投資」と考え，経営者のリーダーシップの下で積極的に取り組んでいくことが望まれます。

　なお，経済産業省は，企業経営者による判断に資することを目的として，「サイバーセキュリティ経営ガイドライン」を公表しており（2018年11月にVer2.0公表），サイバー攻撃から企業を守る視点で経営者が認識する必要のある「3原則」および経営者が情報セキュリティ対策を実施する上での責任者となる担当幹部に指示すべき「重要10項目」を定めています。

　IoT機器のセキュリティについては，総務省が，電気通信事業法に基づく端末機器の技術基準を定める省令が改正され，2020年4月からIoT機器向けの一定のセキュリティ対策が義務化されることになります。

1　東京地方裁判所判決平成26年1月23日（判例時報2221号71頁）。

4　サイバーセキュリティとプライバシー保護

　IoTの世界ではおよそあらゆる個人情報がさまざまな局面で広く共有可能になると考えられますし，企業が多種多様かつ膨大なビッグデータを収集・分析してサービス提供につなげる動きも今後ますます進展していきます。その際には，専門家も指摘するように，個人情報の開示の有無および範囲について，サービス提供者側ではなく開示する個人の側が主体的に選択でき，かつ開示の範囲を受けるサービスに応じて自動的に簡単に切り替えていけることが非常に重要になります。

　この点はサイバーセキュリティ確保の重要な要素であると考えられますが，それを実現するためのサイバーセキュリティ技術とともに，法律面の規制も重要になると考えられます。

　日本でも，個人情報の保護をさらに図りつつ，ビッグデータの利活用等を促進することも1つの目的として，2017年から個人情報の保護に関する法律（個人情報保護法）が改正されていますし，2018年5月から適用されているEU一般データ保護規則（GDPR）は，データ主体である個人の権利に着目した非常に厳しい規制となっています。個人情報データは容易に国境を越えるため，日本の法令だけでなく海外の法令が適用される可能性もあることから，国レベルにとどまらず国際的な規制の枠組みも重要と考えられますし，日進月歩で進化するテクノロジーに対応した法規制の柔軟な見直しを継続的に進めていく必要があります。

Part 8　サイバーセキュリティ　　189

Part 9
仮想現実（VR）

〈専門家〉

キヤノン株式会社　イメージコミュニケーション事業本部

主席　　　　　　　　　　　　　　主席

嶋田　潤　　　　　　　　村木　淳也
Jun SHIMADA　　　　　　Junya MURAKI

〈聞き手〉

清水亘　森山正浩

（左から3番目が嶋田氏，左から4番目が村木氏）

> **Interview**
>
> ## エンターテイメントだけではない
> ## ものづくりに活かす VR
> ──キヤノン株式会社　嶋田　潤・村木　淳也

1　「仮想現実（VR）」とは何か

清水　この章でお話を伺う専門家のみなさまは，キヤノン株式会社イメージコ
ミュニケーション事業本部で，現実世界と「仮想現実（Virtual Reality：
VR）」とを融合させる映像技術に取り組んでいらっしゃいます。早速ですが，
まず，「仮想現実（VR）」とは何でしょうか？

嶋田　「仮想現実（VR）」とは，頭部に装着したヘッドマウントディスプレイ
（Head Mounted Display：HMD）が人の3次元の位置と姿勢をセンサで計測
し，計測した位置姿勢情報に基づいて，HMD内のディスプレイに3次元
（3D）のコンピュータ・グラフィックス（Computer Graphics：CG）の映像
を投影する技術です。「仮想現実（VR）」は，いわば，CG映像ですべて仮想
の世界を投影する技術といえます。これに対して，当社では，MR（Mixed
Reality：複合現実）と呼ばれる，現実世界と仮想世界とを融合させる映像技
術に取り組んでいます。MRでは，現実の空間にあたかも本物が実際に存在
するかのように3DのCG映像を原寸大で重ねて投影します。MRを使えば，
本物が実際にそこに存在するかのように，仮想のモックアップ（mockup：
実物の外観に似せて作られた模型）を体験することができます。

清水　大ヒットした「ポケモンGO」も，スマートフォンをかざすと，現実の
空間にポケモンが存在しているかのように映し出されます。「ポケモンGO」
は，AR（Augmented Reality：拡張現実）であるといわれますが，ARとMR
との違いは何でしょうか？

嶋田　ARは現実世界に指標や小さなキャラクターなど「補助的な情報」を与
えるもので，現実世界が主役です。一方，MRは現実世界と仮想世界を同じ
レベルで融合させている概念です。MRは，ARに比べて，現実世界の映像
と仮想世界のCG映像とを緻密かつ密接に融合させる必要があります。当社

【図表 9 - 1　VR と MR の関係の図】

	MR Mixed Reality		AR Augmented Reality	VR Virtual Reality
方式	ビデオ シースルー３Ｄ	光学 シースルー３Ｄ	２Ｄカメラ映像 ＋CG	CG表示のみ
製品 イメージ		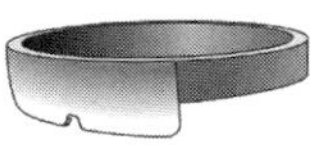		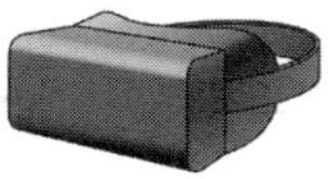
見え方 ※手と仮 想物体と の見え方	 現実と仮想の 前後が正確	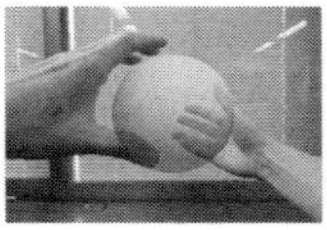 仮想物体が 半透明	 現実の手前に 仮想を重畳	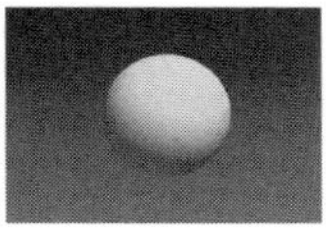 すべて仮想

（出所）キヤノンIT ソリューション株式会社

のMR製品の場合，たとえば，自動車のデザイン・レビュー（design review）などにもすでに用いられています。別の場所にいる参加者が，遠隔地から，同時に，MR空間映像を見て，議論することも可能です。

森山　遠隔地から同時にMR空間映像を見て議論できる仕組みは，高速のインターネットに接続できていればこそ，ということでしょうか？

村木　ご理解のとおりです。今後，無線などを含め世の中の情報通信速度がさらに向上すれば，「仮想現実（VR)」やMRで実現できることはさらに増えると考えられます。

清水　ある展示会で，貴社のMRを体験したことがあり，現実世界の映像と仮想世界のCG映像の融合に，不思議な感覚を覚えました。現実世界の映像と仮想世界のCG映像をどのように融合しているのでしょうか？

嶋田　ありがとうございます。言葉で説明するよりも，実際に体験していただくのが一番です。当社のMRでは，まず，①ビデオカメラで現実空間を撮影し，映像をコンピュータに取り込みます。②これと同時に，人の３次元の位置と姿勢をセンサで計測します。そして，③計測した位置姿勢情報に基づいてCG映像を描写し，現実空間の映像にCG映像を合成してMR空間映像を

作ります。④このMR空間映像をHMD内のディスプレイに投影するのです。

清水　つまり，高速で人の位置や姿勢を把握し，正確にCG映像を合成しているということですね。ユーザーの視線の方向も検知しているのでしょうか？

嶋田　現時点では，ユーザーの視線の方向まで検知しないのがMRの主流だと思います。当社のMRは，いわば，HMD内にTVのパネルが搭載されているのと同じイメージです。当社の場合，パネルの焦点は約1.5m先に設定しており，ユーザーは，約1.5m先にあるTVを見るのと同じように自ら焦点を合わせて，パネルの中央はもちろん，パネルの端を見ることもできます。HMDは，ユーザーの視線の方向や焦点までは検知していません。ユーザーの視線の方向を感知するアイ・トラッキングシステム（eye tracking system）を売りにしているウェアラブル（wearable）なデバイスも世の中にはありますが，当社のMRではそこまで対応していません

清水　なるほど，TVと同じ仕組みなのですね。

2　「仮想現実（VR）」の技術的課題は何か

清水　個人的には，「仮想現実（VR）」用のHMDを装着すると，後で，目が回ったような状態になります。あの状態は，TVを見すぎたようなものなのでしょうか？

嶋田　それはVRやMRにおける技術的な課題の1つです。HMDを装着して「仮想現実（VR）」やMRを体験していると，乗り物酔いと同じような状態になることがあり，これをわれわれは映像酔いといっています。また，眼精疲労などの不快感が残ることもあります。

清水　私は現実世界では乗り物酔いを一切しないのですが，HMDは苦手です。展示会で貴社のMRを体験させていただいた際にも，それほど長い時間ではなかったにもかかわらず，違和感が残りました。なぜ，「仮想現実（VR）」やMRのHMDを使用すると乗り物酔いと同じ状態（映像酔い）になるのでしょうか？

嶋田　映像酔いについては，さまざまな研究が行われ色々な要因が挙げられますが，本質的な理由は解明されていないのです。ただし，輻輳と調節の不一致という現象は昔からHMDの課題として認識されており，近年はこの問題

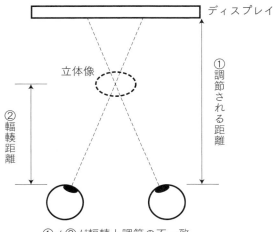

【図表9-2　輻輳と調節の不一致】

①≠②が輻輳と調節の不一致

の解消を目的とした研究が盛んに行われています。輻輳というのは，左右の眼の視線を交差させる眼球の動きのことです。調節というのは，眼がカメラのようにピントを合わせる動きのことです。日常生活では輻輳と調節は正しく連動するのですが，HMDなどの立体映像では輻輳距離と調節の距離とが一致しない状況があります。このような不自然な状況に置かれると，人は酔いや疲労を感じると考えられています。

清水　輻輳と調節の不一致に対して，一般的に，どのような対応がなされているのでしょうか？

嶋田　焦点距離を高速で輻輳距離に合わせるというような方法などが試みられていますが，他にもさまざまな方法が提案されています。私自身も，最初にこの研究を始めたころには，現実世界では乗り物酔いをしないのに，HMDを使うと乗り物酔いと同じような状態になりました。映像の解像度も酔いに関係しているといわれています。HMDの映像を中心だけはっきりしたものにし，周辺をぼやかすと酔いが軽減されるという結果もあります。現在の当社の製品では，考えられる理由に1つ1つ対応しながら，以前に比べて不快感をかなり改善することができておりますが，これを完全になくすにはまだ

至っていません。ちなみに，継続的な使用によって，次第にMRの映像に慣れてきて，酔いを感じにくくなる傾向もあります。私も，現在では，あまりMR酔いをしなくなりました。

清水　慣れるものなのですね。

村木　HMDを装着すると頭部が圧迫されて，血流が悪くなることとも，乗り物酔いと同じような状態になる理由といわれています。

清水　もしそうだとすると，HMDで頭部を締め付けないようにすればよいのではないでしょうか？　頭に載せるだけにするとか。

村木　締め付けないように工夫しても，こめかみあたりにHMDが当たるだけで不快感を引き起こすことがあるようなのです。

清水　それは難題ですね。HMDの重さも原因でしょうか？

村木　正確なところはわかっていませんが，当社では製品の重さ軽減も含め酔い対策に取り組んでいます。

清水　映像酔いが少しでも早く解消されることを期待したいです。ところで，「仮想現実（VR）」やMRは，視覚に依存しすぎていることもある種の問題ではないのでしょうか？　貴社のMRを体験させていただいたときには，実際には存在しないものを映像としては認識しているにもかかわらず，触った感覚（触覚）がないことに違和感というか不安を覚えました。

嶋田　触覚を擬似的に再現するグローブ（手袋）のようなデバイス（device：道具）は，「仮想現実（VR）」やMRとは別にすでに世の中に存在します。HMDだけでなく，グローブ（手袋）を装着して，実際には存在しないものに触れるとブルッと震える仕組みを備えている「仮想現実（VR）」やMRもあります。当社のMR製品では，MR空間において手にした工具で修理の対象物に触れると光るあるいは音や振動で知らせるという機能を搭載しているものもあります。しかしながら，実際の触覚を再現するためには，何か物理的な抵抗になるものを現実空間に用意しなければなりません。当社のMR製品は，現実には何もないことを前提に，MR空間映像を合成するところにポイントがありますので，いまのところ，触覚は考慮していません。

清水　なるほど。パワード・スーツ（英語ではpowered exoskeleton（強化外骨格）ということが多い）のようなものを使えば触覚も再現できるのではない

かと思いましたが，大仰過ぎて，本末転倒ということですね。

嶋田　使用目的，用途によっては，大変有効だと思います。実際には何もない現実空間に，CG映像で物体を再現しますので，触覚を再現するためにものを準備するのは多くのユースケースでデメリットになると考えています。

森山　ところで，技術的課題という観点では，現実空間の映像にCG映像を正確に合成するのはかなり難しいと思います。

嶋田　はい，どのくらい精度良く現実空間の映像とCG映像とを合成することができるか，その位置関係を合わせる工夫が必要です。この位置合わせには，遅延が許されません。

清水　そういった位置合わせはソフトウェアの問題でしょうか？

嶋田　確かに，ソフトウェアの問題が大きいですね。もちろん，ハードウェアにも更に改善の余地があります。

3　「仮想現実（VR）」に期待されること

清水　「仮想現実（VR）」やMRは，現在，どのような場面で使われているのでしょうか？

嶋田　最も有名なのは，「仮想現実（VR）」を活用したゲームなど，いわゆるエンターテイメントの分野です。今後は，いわゆるeスポーツ（electronic sports）でも「仮想現実（VR）」やMRの活用が盛んになると期待されています。

　　また，最近は，ものづくりの検証や事前シミュレーションなどに使われる「仮想現実（VR）」やMRが増えています。近時の「仮想現実（VR）」やMRは，エンターテイメント分野よりも，設計・製造などのビジネス用途のほうが多いという統計もあるようです。当社のMR製品も，主にものづくりの設計・製造の場面での使用を意図したものです。

清水　私が展示会で体験させていただいた貴社のMR製品は，目の前には存在しない工具を使って作業をシミュレーションするというものでした。「仮想現実（VR）」やMRを活用して防災訓練をする事例もあるようです。では，今後，「仮想現実（VR）」やMRの活用が期待される分野は何かございますでしょうか？

村木　まず，小売業での活用が期待されています。営業支援ツールとして，「仮想現実（VR）」やMRを活用することが可能です。たとえば，リフォーム業界では，「仮想現実（VR）」やMRを使って，お客様にリフォーム後の様子を見せることができます。また，家具業界であれば，お客様のお部屋に実際に家具を配置することができるのかどうかをあらかじめ確認するために使うこともできます。もっと広く，「仮想現実（VR）」やMRを営業用のプレゼンテーションに用いることもできます。

　　次に，ヘルスケアや介護の分野での活用も進んでいくはずです。米国では，インフォームド・コンセント（informed consent：医師からの十分な説明と患者による同意）の際に，「仮想現実（VR）」やMRを使うことがすでに始まっています。たとえば，患者さんに「仮想現実（VR）」やMRで病気の部位を見てもらえば，患者さんはどのような病気で，どのような内容の手術をするのかなどをよりわかりやすく，短時間で説明することができるのです。

清水　米国の医療現場では，「仮想現実（VR）」の映像を学生の臓器学習用に使っているそうです。また，実際の手術の録画や生中継を「仮想現実（VR）」やMRの映像で見ることによって，遠隔地の学生が，執刀医と同じ視線で手術を見学するという試みも行われているとのことです。確かに，「仮想現実（VR）」やMRによる疑似体験は，人材育成の効率化につながるように思います。

村木　その活用方法はあると思います。

森山　「仮想現実（VR）」やMRで仮想的な映像を見ながら，外科手術をするような事例も将来は出てくるでしょうか？

村木　それができるようになるのはある種の理想ですが，たとえば，心臓の外科手術では，神の手といわれるようなミリ単位の細かな作業が必要ですので，「仮想現実（VR）」やMRによる仮想的な映像で実施するにはクリアすべき課題が多々あると思っています。

清水　ところで，先日，奈良県の明日香村へ行ったときには，「仮想現実（VR）」を使って，完成した当時の古墳や人々の様子を再現するというイベントをやっていました。

村木　はい，教育などに用いるデジタル・アーカイブ（digital archive）として，

「仮想現実（VR）」やMRを活用することも可能ですし，実際に事例もあります。古墳時代を再現するというのは，まさにその例です。

清水 将来は，「仮想現実（VR）」やMRを使って，関ヶ原の合戦を体験することができるようになるかもしれませんね。そのほうが子どもたち，学生たちの記憶に残りやすいと思いますし，疑似体験を通じて，色々な物事を考えることにつながるように思います。もっとも，あまりに残虐な映像などをリアルに見せるのはいかがなものかと思いますので，どのような映像を見せるかは，学校の先生や教材を提供する側が慎重に考えるべきことなのだろうと思います。

森山 ネットワークで繋いだ多数のカメラをソフトウェアで制御し，同じタイミングで複数の方向から撮影することによって，ユーザーの好みの視点の映像を提供する自由視点映像の技術を，「仮想現実（VR）」やMRと組み合わせれば，さらに色々なビジネス・チャンスがあるように思います。

嶋田 はい，自由視点映像の技術は，すでにかなり普及が進んでいますが，そのような技術も含めて，「仮想現実（VR）」やMRでどのようなビジネスモデルを形成するかが今後の課題であると思っています。

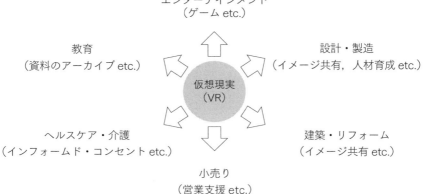

【図表9-3　VR/MRの今後の展望】

4 「仮想現実（VR）」に対する規制

清水 現時点で，「仮想現実（VR）」やMRの技術そのものに対しては，明示的な法的規制がないと理解しております。実際には，いかがでしょうか？

嶋田 はい，特段の法規制はないと思います。もっとも，「仮想現実（VR）」の使用によって，成長過程にある脳や目に影響があるという研究がありますので，企業の自主規制として，年齢制限や使用時間制限をしています。たとえば，他社の製品ですが，使用可能年齢を12歳以上としている事例もあります。当社のMR製品でも，15歳以下の使用は連続3分以内とすることに加えて，注意深く様子を観察して異常が見受けられた場合には即使用を中止し医師へ相談することを注意喚起しています。15歳より上の年齢の方についても，連続して30分以上使用しないようにというご注意をお伝えしています。

清水 業界団体のようなものはあるのでしょうか？

嶋田 日本では，ISO/TC159国内対策委員会（JENC：Japan Ergonomics National Committee）や一般社団法人電子情報技術産業協会（JEITA：Japan Electronics and Information Technology Industries Association）などが「仮想現実（VR）」やMRについて議論しています。

清水 今後は，「仮想現実（VR）」やMR技術の適切な使用についてのルールが標準化されていくかもしれませんね。他方で，先ほど申し上げた「仮想現実（VR）」やMRで投影する映像については，「仮想現実（VR）」やMRにコンテンツを提供する業界団体等による自主規制などがあるのだろうと思います。

嶋田 はい，コンテンツについては，議論があります。これは，映画やTVの映像と同じです。当社のMR製品は，いまのところ，ものづくり用途が中心ですので，コンテンツはあまり問題になりませんが，今後はそのような議論も視野に入れる必要が出てくるかもしれません。

清水 「仮想現実（VR）」やMRがさらに活用されて，われわれの生活がもっと便利で豊かになれば良いなと思います。本日は，ありがとうございました。

（インタビュー：2018年12月28日）

Legal Commentary　法務の視点から

1　概観

　「仮想現実（VR）」は，現実世界と仮想世界とを架橋する技術であって，最近では，ゲームのほか，ものづくりの現場や完成デザインをシミュレーションして検証することなどに使われるようになってきています。今後はさらに色々な用途での活用が見込まれる「仮想現実（VR）」技術ですが，日本のみならず海外でもその使用方法や安全性確保に関する統一的なルールは未だないようです。

　一大ブームになった「ポケモンGO」は，拡張現実（AR）であるといわれますが，「ポケモンGO」をしながら自動車を運転して死傷事故を起こしたり，ポケモンを捕まえるために第三者の住宅の敷地に入り込んだりと，社会的な常識やルールを守らないことによって，拡張現実（AR）のマイナス面ばかりが取り上げられることになりました。

　そこで，「仮想現実（VR）」についても，今後は，安全性を確保しつつ，利便性を活かせるような統一的なルールを明確化するための議論を進めることが望ましいように思われます。

2　「仮想現実（VR）」使用の年齢制限

　「仮想現実（VR）」技術を直接規制する法令は，いまのところ，存在しません。しかしながら，幼い子どもがHMDを使って「仮想現実（VR）」を体験すると，立体視細胞の発達に影響が残り，立体視ができなくなる等の医学的に重大な問題を引き起こすとされています。そこで，「仮想現実（VR）」の製造・販売者は，一般に，立体視細胞の成長が完了した後である13歳くらいをめどとして，「仮想現実（VR）」使用に年齢制限を設け，その年齢未満の子どもたちには「仮想現実（VR）」を使わせないという自主規制を行っています。使用年齢制限は，通常，「仮想現実（VR）」製品の説明書等にその旨の記載があります。

Part 9　仮想現実（VR）　201

もっとも、「仮想現実（VR）」使用年齢制限は、各社ごとにばらばらで、その説明も必ずしもすべて統一されてはいないようです。

そこで、今後は、会社ごとの自主規制ではなく、業界団体などによって、「仮想現実（VR）」製品に関する標準化された使用ルールが制定され、使用者にとって、よりわかりやすいルールとして明確化されることが期待されます。

3　「仮想現実（VR）」使用時の安全性確保

拡張現実（AR）である「ポケモンGO」をしながら自動車を運転して死傷事故を起こした事案に対しては、危険運転致死傷罪（自動車の運転により人を死傷させる行為等の処罰に関する法律2条）や過失運転致死傷罪（同法5条）の責任が問われています。

今後、「仮想現実（VR）」のハードウェアやソフトウェアが改善されて、いまよりも多くの人が「仮想現実（VR）」のHMDを装着したまま戸外を移動することもあるかもしれません。そうなりますと、「仮想現実（VR）」についても、屋外での使用まで想定した、安全性確保のルールが必要になるように思われます。この点、たとえば、車両の運転については、道路交通法70条が「車両等の運転者は、当該車両等のハンドル、ブレーキその他の装置を確実に操作し、かつ、道路、交通及び当該車両等の状況に応じ、他人に危害を及ぼさないような速度と方法で運転しなければならない。」といわゆる安全運転義務を定めています。スマートフォンを見ながらの運転は、前方の安全を十分に確認することができませんから、安全運転義務違反になり得ます。将来、「仮想現実（VR）」のHMDを装着しながら自動車の運転をすることがありうるのかもしれませんが、その場合についても、安全運転義務に抵触するのか、個別具体的な使用状況を想定した議論が必要であると思われます。なお、屋外での使用を考えますと、HMDそのものの安全性等（ぶつかっても壊れない、落としても壊れない、装着してもズレにくい等）についても考慮する必要があるように思われます。

4　「仮想現実（VR）」が投影するコンテンツの内容

たとえば、「仮想現実（VR）」で過激な暴力行為やリアルな殺人行為、ポル

ノ映像などをずっと見続けることによって，現実世界での感覚が麻痺してしまう可能性もあります。

　そこで，「仮想現実（VR）」で投影できるコンテンツについても，一定のルールが必要であるように思われます。とはいえ，コンテンツについては，表現の自由（日本国憲法21条）との兼ね合いがありますから，法令で規定するというよりも，自主的な規制にとどまることにすべきでしょう（なお，放送法は，放送事業者に対して，放送番組の編集にあたって，①公安及び善良な風俗を害しないこと，②政治的に公平であること，③報道は事実をまげないですること，④意見が対立している問題については，できるだけ多くの角度から論点を明らかにすることを求めています（放送法４条）。これは，有限の電波を効率よく活用する必要があるという，放送法固有の前提に基づくものです）。

　「仮想現実（VR）」のコンテンツについては，映画倫理機構（映倫）による自主規制が参考になると思われます[1]。なお，映倫は，以下のとおり，いわゆる児童ポルノ禁止法（児童買春，児童ポルノに係る行為等の規制及び処罰並びに児童の保護等に関する法律）その他の配慮すべき法令を列挙しています[2]。

◆映倫が配慮すべきとする主な法令等

（1）　映画の表現に関わる主な法律

　①　刑法175条（わいせつ物頒布等）

　②　児童買春，児童ポルノに係る行為等の規制および処罰並びに児童の保護等に関する法律

　③　関税法，輸入してはならない貨物の項及び関連通達

　④　風俗営業等の規制および業務の適正化等に関する法律

　⑤　青少年が安全に安心してインターネットを利用できる環境の整備等に関する法律

　⑥　個人情報の保護に関する法律

　⑦　その他，名誉権，プライバシー権，人権の保護，著作権，商標権等に関する法令など

1　http://www.eirin.jp/rule/index.html

2　http://www.eirin.jp/img/law130717.pdf

(2) 自治体の条例や国際条約など

① 各自治体の青少年の健全な育成に関する条例，同施行規則

② 世界人権宣言，あらゆる形態の人種差別の撤廃に関する国際条約，児童の権利に関する条約など

(3) 法の精神に配慮するもの

① 未成年者喫煙禁止法

② 未成年者飲酒禁止法

③ 売春防止法

④ 少年法ほか麻薬や毒物に関する法律

⑤ 動物の愛護および保護に関する法律

（出所）映画倫理機構「参考：配慮すべき法令など」をもとに作成

Part 10
再生医療

〈専門家〉

株式会社富士フイルム　フェロー

浅見　正弘
Masahiro ASAMI

〈聞き手〉

清水亘　中崎尚　川嵜洋祐　深田大介

(左から2番目が浅見氏)

Interview 再生医療のビジネス化に向けて
——株式会社富士フイルム　浅見　正弘

1 「再生医療」とは何か

清水　浅見様は，長年，技術開発の実務にかかわられた後，取締役執行役員として，R&D統括本部長，知的財産本部長をご歴任なさり，現在も，フェロー（インタビュー当時。現・参与）というお立場から，富士フイルムの研究開発をリードなさっていらっしゃいます。また，経済産業省産業構造審議会産業技術環境分科会委員，文部科学省国立研究開発法人審議会委員，一般社団法人日本知的財産協会理事長等，公的なお仕事も多数なさっていらっしゃいます。早速ですが，「再生医療」（Regenerative medicine）とは，どのような技術から成り立っているのでしょうか？

浅見　はじめに，「再生医療」がどのように定義されるのか，少々複雑かもしれませんが，説明させてください。

　　まず，欧州科学財団（European Science Foundation：ESF）の定義によりますと，「再生医療」とは，「加齢，疾病，損傷又は先天的障害によって組織・器官が失った機能を修復ないし置換することを目的に，機能的にかつ生きている組織を作り出すプロセス」とされています。そして，ESFのこの定義には，①いわゆる「細胞治療」と，②それ以外のもの（たとえば，「足場材料（Scaffold）」を移植して組織再生を助ける治療等）との両方が含まれています。ここで，①「細胞治療」とは，「体外で加工又は改変された自己由来，同種由来又は異種由来の細胞を投与することによって，ヒトの疾病又は損傷を予防，処置，治療ないし緩和すること」です（アメリカ食品医薬品局（Food and Drug Administration：FDA）の定義による）。これには，免疫細胞療法等の組織再生を目標としない治療も含まれます。たとえば，ノバルティス（Novartis）による最新の急性リンパ芽球性白血病の治療薬は，「細胞治療」の一種といえます[1]。

そのような中で，ヒトiPS細胞の樹立方法が確立されてから，iPS細胞を分化させてさまざまな組織を形成することが可能になるという期待が高まってきました。この状況を受けて，現在では，「再生医療」を狭義の「自己由来又は同種由来の細胞・組織に培養等の加工を施し，機能に障害のある組織・器官に用いることで，身体の構造・機能の再建・修復・形成や疾病の治療・予防を行う医療」と考えるのが一般的になっています（図表10-1参照）。

清水　受精卵を用いなくとも幹細胞を作ることのできるiPS細胞の技術は，「再生医療」の今後の発展に不可欠ということですね。

浅見　おっしゃるとおりです。所望の生きた細胞組織を作成するためには，さまざまな体性細胞に分化する能力を持つ幹細胞が必要になるのですが，成体から幹細胞を採取することは難しいのです。これに対して，胚性幹細胞（ES細胞）を用いる研究が進められたのですが，ES細胞を作成するためにヒトの受精卵を用いなければならないので，倫理的な問題がありました。そうした状況を変えたのが，iPS細胞技術です。iPS細胞技術は，皮膚から得た線維芽細胞や，血液中のT細胞等の体細胞から多能性幹細胞を樹立する技術です。iPS細胞の作成にはヒト受精卵を用いませんので，倫理的問題がありません。京都大学山中伸弥教授やウィスコンシン大学James Thomson教授による「ヒトiPS細胞の樹立」は，さまざまな組織・臓器を再生する「再

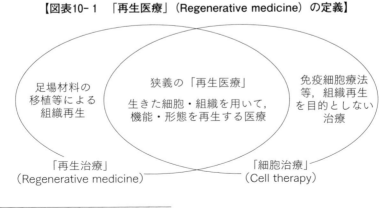

【図表10-1　「再生医療」（Regenerative medicine）の定義】

1　https://www.novartis.co.jp/sites/www.novartis.co.jp/files/pr20170731-1.pdf

生医療」の可能性を大きく開き，世界的に「再生医療」フィーバーを巻き起こしているのです。

清水 なるほど。他方で，「再生医療」の実現は道半ば，というお話も耳にいたします。

浅見 はい，iPS細胞を「再生医療」に用いるとしても，iPS細胞の樹立からはじまり，その増殖や凍結保存，分化誘導，組織形成に至るまで「再生医療」のプロセスは多岐に渡りますので，それぞれの段階で，さまざまな技術開発が必要です。また，「再生医療」のすべての工程において，感染や病気の原因が混入していないか，機能的に十分な細胞となっているか等，品質管理や機能性の評価も重要になってきます。

清水 安全性の確保という点では，「再生医療」プロセスの標準化のようなものが必要になるのではないでしょうか？　「再生医療」に用いられる細胞の品質担保にもつながるように思います。

浅見 はい，「再生医療」が広く普及するためには，「再生医療」に用いられる細胞がある程度標準化されたプロセスを経て培養されることが必要です。「再生医療」に用いる細胞の培養プロセスを，その都度，確認するのでは，

【図表10-2　再生医療製品を構成する技術】

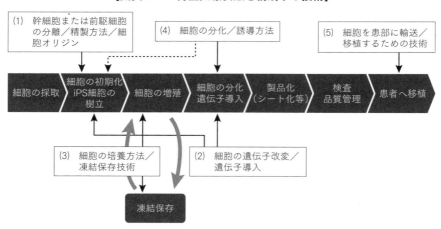

（出所）　日本医療研究開発機構（AMED）「平成28年度再生医療分野における知的財産戦略に関する調査　調査報告書」から抜粋

効率が良くありませんし，危険が伴います。ただし，現時点では，どのように標準化を実現するのか等の点で，課題が山積しています。

2　「再生医療」の将来展望

清水　「再生医療」の実用化に向けた世間の期待は大きいと思います。「再生医療」によって，将来，具体的にどのようなことができるようになるのでしょうか？

浅見　iPS細胞を用いた「再生医療」の実用化研究においては，所望の細胞・組織をiPS細胞から作成し，さまざまな疾患の治療に用いることを目指しています。従来は，自己治癒が見込めず，治療を断念せざるを得なかったような疾患であっても，再生細胞から正常な組織・器官を作って移植し，機能回復させることができるようになると期待されています。

　　また，iPS細胞を用いた創薬支援応用も重要なテーマとなっています。これは，iPS細胞から作成した分化細胞を用いて，医薬品候補スクリーニング，毒性検査，疾病機構の解明等を進める応用分野といえます。

清水　医薬品開発の成功確率を上げるためでしょうか？

浅見　はい，医薬品の開発においては，候補物質が医薬品になる成功確率は数万分の1とされています。これは，動物実験で薬効が認められ，動物では副作用等がなくても，ヒトへの投与では効果がなかったり，ヒトでは重篤な副作用が明らかになったりする等の問題がおこって，途中で開発が断念されるケースも多いからです。そこで，ヒトiPS細胞から分化させた体細胞を用いて試験を行うことで，ヒトでの薬効を正確にあらかじめ見積もったり，副作用を予測したりすることが期待されています。

川嵜　iPS細胞を用いて，疾病の原因を究明する研究も行われていると聞きます。

浅見　はい，難病の治療開発にもiPS細胞の応用が進められています。難病の患者さんから皮膚や血液等の体細胞の提供を受けてiPS細胞を作成し，疾患を細胞レベルで再現することで，疾病の機構解明や治療法の開発を進めるものです。文部科学省と厚生労働省は，2012年から，iPS細胞を活用した難病研究のための産学連携プロジェクト（再生医療実現拠点ネットワークプログラ

Part 10　再生医療　209

【図表10-3 iPS細胞を用いた「再生医療」の実用化研究動向】

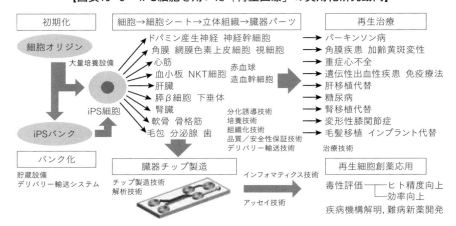

(出所) AMEDシンポジウム 2017 ワークショップ 「再生医療技術の目指す方向と知財戦略 ―産業競争力の視点から―」

ム[2])を立ち上げています。

清水 以前のナショナル・ジオグラフィック誌でも特集されていましたが，図表10-3中にある，臓器チップ（Organs-on-a-chip/Human on chips）の開発はすでにかなり進んでいるのでしょうか？

浅見 はい，創薬支援や疾病機構解明の分野では，iPS細胞からの分化細胞を用いた臓器チップの研究開発が活発に進められています。臓器チップは，マイクロ流路を備えたチップ上に生きた細胞組織を配置した生体機能モデルです。医薬品候補スクリーニング，毒性検査，疾病機構の解明，臓器間相互作用の解明等への応用が期待されています。iPS細胞技術によって作成したヒト分化細胞を用いて，人体機能をチップ上に再現することによって，より精密な生体機能の研究を進めることができます。さらに，再生分化細胞の自己組織化によって，より生体の臓器に近い機能を発現するミニ臓器（オルガノイド）の研究も盛んになってきています。iPS細胞技術によってヒト細胞を用いることが可能になり，欧米の企業や研究機関は，特にこの臓器チップの

---

2 http://www.jst.go.jp/saisei-nw/kadai_04.html

開発に注力しています。

3 「再生医療」の現状

清水 iPS細胞由来の網膜の再生細胞を用いた移植の例[3]等がマスコミでも取り上げられることがありますが，現時点において，「再生医療」でどのようなことまでできるのでしょうか？

浅見 iPS細胞を用いた「再生医療」の適用例として最初に話題になったのは，2014年に理化学研究所等が実施した，加齢黄斑変性の患者さんへの自己由来再生細胞（網膜色素上皮細胞：iPS-RPEシート）の移植です。もっとも，患者さん自身の細胞（皮膚）からiPS細胞を樹立し，さらに網膜色素上皮細胞へと分化させて移植に必要な組織を得るには，多額の費用がかかりますので，実用化に向けては課題が多いといえます。その後，2015年に第2例目（ただし，再生細胞に遺伝子の異常が見つかって，中止），2017年には第三者由来のiPS細胞を用いた移植手術も実施されています。

川嵜 「再生医療」の技術を応用した製品はいかがでしょうか？

浅見 現在，日本で上市されている「再生医療」等製品は，当社のグループ会社であるJ-TECの①自家培養皮膚「ジェイス」と②自家培養軟骨「ジャック」，③テルモのヒト（自家）骨格筋由来細胞シート「ハートシート」，および④JCRファーマのヒト（同種）骨髄由来間葉系幹細胞（MSC）「テムセルHS注」の4種類です。「テムセルHS注」は，骨髄移植の際の免疫合併症（移植片対宿主病）を緩和する効果があります。

　ただし，これらは，いずれもiPS細胞技術ではありません。iPS細胞による「再生医療」は毎日のようにメディアに取り上げられていますが，実用化には今後さらなる開発が必要です。

4 「再生医療」の技術的課題

清水 では，「再生医療」の実用化に向けて，どのような技術的課題があるのでしょうか？

3　http://www.riken.jp/pr/press/2017/20170111_1/

浅見　「再生医療」の発展・実用化のための技術的課題は山積しています。課題ばかりといえるかもしれません。

　　重要な品質項目ごとに，再生細胞製造プロセスに従って，ざっとご説明申し上げますと，まず，①**細胞の採取・オリジン**については，自家細胞を用いた「再生医療」では，治療1件ごとの再生細胞製造が必要になりますので，極めて高コストになる問題があります。そのため，他家（同種）細胞を用いて再生細胞バンクを準備することが現実的ですが，第三者の細胞に由来する再生細胞を移植した場合の免疫の問題を解決する必要があります。

　　次に，②**iPS細胞の初期化**については，初期化遺伝子導入に伴う癌化リスクの解消が課題です。iPS細胞が癌化する可能性がどの程度あるのか，現時点では不明といわざるを得ません。また，採取当時，正常な細胞であっても，本当に癌化しないのかどうかは分からない。再生組織を移植した臨床例が少ないので，癌化リスクの克服の検証が必要になっています。

　　③**培養**については，治療に使用できるレベルの細胞量（組織によって異なる）まで安定的に短期間で大量に培養する生産技術の確立が必要です。その際には，実用的なコストを実現する必要もあります。

川嵜　大量というのはどのくらいの量でしょうか？

浅見　それは，組織によって異なります。たとえば，心臓の筋肉の場合，網膜に比べて，はるかにたくさんの細胞が必要になります。

　　お話を戻しますと，④**分化**においては，所望の細胞に高収率で分化させる製造プロセスの確立が課題です。また，⑤**保存・輸送**については，自己由来であるか，第三者由来であるかにかかわらず，樹立されたiPS細胞，分化細胞の保存や輸送の技術を開発する必要があります。

　　さらに，⑥**高次構造化の問題**として，機能発現の確立と再現性の付与，分化再生細胞に高次構造を付加して臓器の機能を持たせる技術の開発，および，それらの再生組織を再現良く多数製造するプロセス技術の開発が課題になっています。

清水　構造化というのは，ヒトの臓器の構造を三次元（3D）で再現するという意味でしょうか？

浅見　そのとおりです。臓器レベルの構造を再現する技術は未確立なのです。

高次構造化については，足場材料の場合を含めて，３Ｄバイオプリンティングという方法が注目されています。製造業でいう，３Ｄプリンタです。

清水　「再生医療」の安全性の確保については，いかがでしょうか？

浅見　安全性確保は重要な問題です。**⑦細胞評価方法の確立の問題**として，樹立したiPS細胞，分化細胞，再生組織等の安全性・機能を必要な精度で評価判定する技術の開発が課題になっています。この点は，国内と海外とで評価基準をハーモナイズ（harmonize：調和させること）が必要なのですが，日本と欧米とでは「再生医療」における注目点が違っていて，なかなか議論が進みません。

清水　どのように違うのですか？

浅見　日本の研究者や企業は，癌化に注目していることが多いのですが，欧米の研究者や企業は，移植した細胞がどこへ行くのか，といういわゆる体内動態の問題に注目していることが多いです。

清水　なるほど。なぜ欧米では体内動態が注目されるのでしょうか？

浅見　「再生医療」のような未知の医療技術については，人間の予測を超えた問題が起きる可能性を排除しきれないことに重きを置いているということがあります。たとえば，移植後長期間を経て異常が見つかった場合，「再生医療」とは独立に病気を発症したのか，あるいは，再生組織に原因があったのか，といったことを判別するには，移植後の体内動態を詳しく知る必要があるからです。

清水　iPS細胞の原材料の安全性については，いかがでしょうか？

浅見　原材料の安全性については，**⑧使用原材料のトレーサビリティの問題**として，「再生医療」にかかわる一連のプロセスにおける，安全性・機能を保証するための情報収集，保管管理，活用システムの確立（手法開発，運用方法開発）が課題になっています。国単位でもそうですし，多国間でも，安全性の確保や品質保証をどのように担保するのか，「再生医療」に使用可能な細胞がどこにあって，何に由来しているのか等の情報をデータベースとして整備する必要があります。

Part 10　再生医療

5 「再生医療」の法的規制

清水 「再生医療」の実用化に向けて，徐々に法令も整備されつつあると理解しておりますが，「再生医療」に関する法的規制にはどのような問題がありますでしょうか？

浅見 「再生医療」の実用化促進をめぐっては，法令の制定・改正が相次ぎました。まず，①2013年5月には，いわゆる「再生医療推進法」（「再生医療を国民が迅速かつ安全に受けられるようにするための施策の総合的な推進に関する法律」）が制定されました。この法律は，再生医療の実用化に向けた研究開発や普及を促進する国の責務を明記しています。

　ついで，②2013年11月には，旧薬事法が改正されて，「医薬品医療機器等法（医薬品，医療機器等の品質，有効性及び安全性の確保等に関する法律）」となりました。「医薬品医療機器等法」では，新たに「再生医療等製品」というカテゴリーが設けられ，「再生医療等製品」の研究開発の促進が謳われています。

　同じく，③2013年11月には，「再生医療等安全性確保法（再生医療等の安全性の確保に関する法律）」が制定されました。この法律は，安全な「再生医療」を迅速に提供・普及させることを目的としており，そのために，一定の条件の下で，医療機関が「特定細胞加工物製造業者」に細胞加工を委託することを認めました。

清水 貴社でも「再生医療」に向けた事業を進めていると伺いましたが，こうした法令の動向の踏まえてのことでしょうか？

浅見 はい，当社の子会社である米国のセルラー・ダイナミクス・インターナショナル社（CDI社）は，創薬支援用に，現在，iPS細胞から分化させた15種類の細胞を販売しています。CDI社は，iPS細胞作製に関する日本特許も保有しています[4]。

川嵜 すでにiPS細胞を販売しているのですね。創薬へのiPS細胞の応用はどのくらい進んでいるのでしょうか？

4　http://www.fujifilm.co.jp/corporate/news/articleffnr_1124.html

浅見　残念ながら，CDI社にはiPS細胞の創薬応用がどの程度進んでいるかについてはわかりません。法令に話を戻しますと，④2014年には，「健康・医療戦略推進法」が制定されました。政府が「健康・医療戦略」を講ずべきことを定めた法律です。また，これと同時に制定された法律に基づいて，国立研究開発法人日本医療研究開発機構（AMED：Japan Agency for Medical Research and Development）が設立され，基礎研究から実用化まで一貫した研究開発を行うことによって，「再生医療」等に関する研究開発の成果を迅速に提供することを目指しています。

清水　日本政府は，「再生医療」の実用化に本腰を入れていますね。厚生労働省のWebサイトには，「再生医療」について関連情報を集約したページもあります[5]。

浅見　はい。もっとも，「再生医療」の場合，最終製品を規定するだけでは安全性や信頼性を保証できませんから，これらの法律のように「再生医療等製品」だけに目を向けるのではなく，「再生医療等製品」の製造プロセス（製法）についてもルールが必要です。国際的には，TC194，TC198，TC276というような一定の標準が定められています。ちなみに，「再生医療等製品」に関する特許を出願するときにも，製造プロセスから特定せざるを得ないのです。

清水　とすると，物（もの）の発明についての特許請求の範囲（クレーム）に当該物の製造方法が記載されている，プロダクト・バイ・プロセス・クレーム（product by process claim）に関する最高裁判所の判決[6]との関係が問題になりますね？

浅見　おっしゃるとおりです。法的規制の問題ではないのですが，特許法上の議論として，「再生医療等製品」では，発明の本質が基本的に製造プロセス（製法）に存在し，かつ，特許請求の範囲（クレーム）として，細胞自体を規定・記述することが困難である，という技術的な特徴があります。つまり，「再生医療等製品」では，当該製品を物質クレームとして規定することが難

5　http://www.mhlw.go.jp/stf/seisakunitsuite/bunya/kenkou_iryou/iryou/saisei_iryou/
6　最高裁判所第二小法廷平成27年6月5日判決平成24年（受）第1204号　http://www.courts.go.jp/app/files/hanrei_jp/145/085145_hanrei.pdf

しく，再生細胞であることを特徴として特許請求の範囲（クレーム）を記述しようとすると，典型的なプロダクト・バイ・プロセス・クレームになってしまうのです。

清水　最高裁判所は，プロダクト・バイ・プロセス・クレームの場合であっても，「発明の要旨は，当該製造方法により製造された物と構造，特性等が同一である物として認定されるものと解するのが相当である」と述べました。この判決によって，プロダクト・バイ・プロセス・クレームは不明確であると言われる可能性が高くなり，プロダクト・バイ・プロセス・クレームを使いにくくなったという評価が多いと思います。

浅見　そうです。この判決を踏まえて，「再生医療等製品」の権利保護をどのように進めるか考えなければならないのです。企業としては，正当な保護を受けられればよいのですが，先生方，ぜひ頑張って裁判所に働きかけてください。

清水　はい，頑張ります。ところで，「再生医療等製品」の開発においても，細胞に関する個人情報の問題等，最近はやりのデータ保護の問題があるのではないでしょうか？

浅見　おっしゃるとおりです。バイオサイエンス（bio science）の分野でも，実験の過程で収集される膨大なデータが高い価値を持つようになりつつあります。「再生医療」の研究においては，遺伝情報の発現をタンパク質レベルから細胞レベルに至るまでの範囲で認識・分析することになりますから，膨大なデータを取り扱う必要があります。こうしたデータを知的財産としてどのように保護するのか，権利化するのか，同時に，どのように活用するのかに関する議論を深める必要があると考えています。

清水　そういった観点ですと，2017年5月に，⑤「次世代医療基盤法（医療分野の研究開発に資するための匿名加工医療情報に関する法律）」が制定され，高い情報セキュリティを認定された事業者に対して，匿名化された医療情報を提供することができるようになりました。

浅見　最近は，バイオサイエンスにおいても，ICT（Information and Communication Technology：情報通信技術）がどんどん使われるようになってきています。ICT や AI（Artificial Intelligence：人工知能）がさらに進化すれば，これ

まで知られていなかった情報のつながり，たとえば，細胞の修復機構に関する複雑な仕組み等に関するデータも分析できるようになるかもしれず，データの利活用についての検討は，今後ますます重要になると思います。

清水　データの利活用は「再生医療」のビジネス化にとっても重要ですね。

6　実用化への課題

清水　「再生医療」の実用化といっても，実際には，まだまだ，課題が多いのですね。

浅見　はい，iPS 細胞技術の実用化は，何を目的とするかによって実現可能性や実現可能時期が変わってきます。特に，人間の臓器の成り立ちはとても複雑ですので，iPS 細胞から臓器を作成することは簡単ではありません。iPS 細胞を使って作ることができる臓器は増えましたが，自由自在に臓器を作ることができるとは言い難い状況です。まとめとして申し上げるならば，「再生医療」をビジネス化する際の課題は，大きく 3 つがあります。1 つ目は，時間的問題。iPS 細胞由来の心筋シートのようなものであっても，シートの作成には数カ月かかりますから，本当にシートを必要とするような急性の患者さんにはシートを使えません。2 つ目は，コストの問題。iPS 細胞由来の網膜の再生細胞を用いた移植の例ですと，その準備と実施に 1 億円以上のコストがかかります。保険診療の下でこのような「再生医療」を実施するのは，非現実的です。3 つ目は，安全性の問題です。「再生医療」のプロセスを標準化する必要がありますが，そのためには臨床例を増やし，臨床例に基づくデータの蓄積が必要です。このように見ていきますと，いずれにせよ，「再生医療」の本格的なビジネス化には，もうしばらく時間がかかると思っています。

清水　非常によくわかりました。「再生医療」の実用化に向けて，ますますご尽力ください。本日は，ありがとうございました。

（インタビュー：2018年12月 5 日）

| Legal Commentary | 法務の視点から |

1 「再生医療」に関する基本的な考え方等

　「再生医療」の実現は，難病や障がいを抱える方々から強く待ち望まれています。また，iPS細胞技術が京都大学で確立されたこともあって，日本発の「再生医療」ビジネスへの強い期待もあります。他方で，新しい医療である「再生医療」については，安全性を確保する必要がありますから，迅速な研究開発や実用化と安全性確保とのバランスが必要となってきます。

　そこで，「再生医療」については，「再生医療推進法（再生医療を国民が迅速かつ安全に受けられるようにするための施策の総合的な推進に関する法律）」1条（目的）において，「再生医療を国民が迅速かつ安全に受けられるようにするために」，「研究開発及び提供並びに普及の促進に関し」，「国，医師等，研究者及び事業者の責務を明らかにする」ことと「研究開発から実用化までの施策の総合的な推進を図」ることが謳われています。また，国は，「再生医療の迅速かつ安全な研究開発及び提供並びに普及の促進に関する基本的な方針」を定めなければならないとされており（同法6条1項），2014年11月25日に基本方針が閣議決定されました[7]。

◆「再生医療の推進のための基本的施策」（基本方針）

(1) 再生医療の研究開発等の促進

　① 研究開発の促進

　② 事業参入の促進

(2) 再生医療に係る環境の整備

　① 安全性等の基準の整備

　② 細胞の培養等の加工に関する基準の整備

(3) 臨床研究・治験環境の整備等

(4) 再生医療等製品の製造販売の承認審査に関する体制の整備等

7　https://www.mhlw.go.jp/file/06-Seisakujouhou-10800000-Iseikyoku/0000150841.pdf

① 再生医療等製品の特性を踏まえた規制の構築

② 審査体制の充実・強化等

(5) 再生医療に関する事業の促進

① 創薬の推進

② 周辺産業の活性化の推進

(6) 人材の確保等

(7) 安全面および倫理面への配慮等

① 安全性の確保および生命倫理に対する配慮

② 再生医療に関する情報の収集等

（出所）厚生労働省ウェブサイト

2 「再生医療」推進に関する法律

　その後，「再生医療推進法」における考え方を踏まえて，具体的な法制度の整備が進められてきました。中心となる2つの柱は，「医薬品医療機器等法（医薬品，医療機器等の品質，有効性及び安全性の確保等に関する法律）」（旧薬事法）と「再生医療等安全性確保法（再生医療等の安全性の確保に関する法律）」です。いずれも厚生労働省が所管しています。大まかにいえば，「医薬品医療機器等法」は，「再生医療等製品」の製造販売を促進し，「再生医療等安全性確保法」は，「再生医療」の臨床研究や実用化を促進することを意図しており，どちらの法律も，安全性確保とのバランスに配慮しています。

(1) 医薬品医療機器等法

(a) 旧薬事法の改正と「再生医療等製品」の定義

　旧薬事法は，医薬品や医療機器等に関する安全対策の強化を目的として「医薬品医療機器等法」に改正され，「再生医療」については，安全性を確保しつつ迅速な実用化が図られるよう，「再生医療等製品」の特性を踏まえた定義（同法2条9項）や「再生医療等製品」の製造販売に関する規定（同法23条の20以下参照）が新設されました。

Part 10　再生医療　219

◆「再生医療等製品」の意味（同法 2 条 9 項参照）

1　人の細胞に培養等の加工を施したものであって，(i)身体の構造・機能の再
　　建・修復・形成や(ii)疾病の治療・予防を目的として使用するもの

2　遺伝子治療を目的として，人の細胞に導入して使用するもの

　たとえば，次のようなものは，「再生医療等製品」に該当するとされていま
す（「薬事法等の一部を改正する法律の概要」参照[8]）。

❶(i)　自家軟骨細胞を生体外のコラーゲンゲルで培養した軟骨再生製品（細胞を
　　使って身体の構造等の再建等を行う例）

❶(ii)　免疫細胞を活性化する物質および癌抗原ペプチドを含む細胞によって癌治
　　療効果が期待される癌免疫製品（細胞を使って疾病の治療を行う例）

❷　　先天的に欠損した遺伝子をウイルスに保持させ，患者に投与した後に当該遺
　　伝子が発現することで，遺伝性疾患の治療効果が期待される製品（遺伝子治療
　　の例）

（出所）厚生労働省ウェブサイト

　なお，立法の前提として，「再生医療等製品」は，人の細胞等を用いるので，
「品質が不均一であり，有効性の予測が困難な場合があるという特性を有して
いる」ことが前提となっています。上記インタビューで述べられているように，
「再生医療」に用いられる細胞の品質担保と安全性確保の観点から，「再生医
療」のためのプロセスの標準化が不可欠であるという証左といえるでしょう。
　また，「再生医療等製品」の製造販売については，医薬品や医療機器等に準
じた規制が置かれています。すなわち，「再生医療等製品」は，厚生労働大臣
の許可を受けた者でなければ，業として，製造販売することができません（同
法23条の20第 1 項）。また，「再生医療等製品」の製造販売をしようとする者は，
品目ごとに，製造販売について厚生労働大臣の承認を受けなければなりません
（同法23条の25第 1 項）。そして，「再生医療等製品」を製造する製造所は，2014
年厚生労働省令第93号「再生医療等製品の製造管理及び品質管理基準に関する

8　https://www.mhlw.go.jp/file/06-Seisakujouhou-11120000-Iyakushokuhinkyoku/00000668
　16.pdf

省令」（GCTP：Good Cell/Tissue Practice）に適合していない場合，承認が認められません（同法23条の25第2項4号）[9]。

(b) 条件付・期限付承認制度（早期承認制度）の導入

　「医薬品医療機器等法」によって，条件付・期限付承認制度（早期承認制度）が導入されました（同法23条の26参照）。この制度は，一定の「再生医療等製品」について，有効性が推定され，安全性が確認されれば，条件および期限付きで特別に早期に承認し，「再生医療等製品」を早期に市販したうえで，その後，市場において改めて有効性・安全性を検証できることにする制度です。この条件付・期限付承認制度（早期承認制度）は，多くの「再生医療等製品」を，より早く患者に届け，「再生医療」を迅速に提供することを目的としています。
　しかしながら，この条件付・期限付承認（早期承認）は，完全な承認ではありませんので，所定の期限内に，再度，薬事承認申請が必要になるところ，米国のRMAT（Regenerative Medicine Advanced Act）と同様の迅速承認の仕組み（改めての販売承認は不要）のほうが「再生医療等製品」の普及を促進するという意見もあります。また，この制度では，十分な検証のできていない状態で「再生医療等製品」が市場に出ることになり，実態としては開発段階であるにもかかわらず患者および保険制度からの費用負担が必要となることに対する批判もあるといわれています。いかに安全性を確保しつつ，迅速な「再生医療」の提供を実現するのか，引き続き，議論が必要と思われます。

(c) 安全性の確保

　「医薬品医療機器等法」では，「再生医療等製品」の取扱医療関係者は，患者に対して適切な説明を行い，患者の同意を得て「再生医療等製品」を使用するように努めることとされています（同法68条の4参照）。また，「再生医療等製品」の製造販売業者に対しては，「再生医療等製品」を使用する対象者に関する事項の記録・保存など市販後の安全対策が求められています（同法68条の7参照）。

9　http://elaws.e-gov.go.jp/search/elawsSearch/elaws_search/lsg0500/detail?lawId=426M60000100093

(2) 再生医療等安全性確保法

(a) 再生医療等安全性確保法の制定

「再生医療等安全性確保法」は，「再生医療」等の安全性を確保し，安全な「再生医療」を迅速かつ円滑に提供するために，「再生医療」等の提供機関および細胞培養加工施設についての基準を新たに設ける目的で，制定されました（同法1条参照）。

(b) 「再生医療」等の提供に係る手続

「再生医療等安全性確保法」は，「再生医療」のリスク度合いに応じて，「再生医療」等の提供に係る手続を定めています。

◆「再生医療」等の提供に係る手続（同法2章）

- 第1種再生医療等：提供計画について，特定認定再生医療等委員会の意見を聴いた上で，厚生労働大臣に提出して実施。
  一定期間の実施制限期間を設け，その期間内に，厚生労働大臣が厚生科学審議会の意見を聴いて安全性等について確認。安全性等の基準に適合していないときは，計画の変更を命令。
- 第2種再生医療等：提供計画について，特定認定再生医療等委員会の意見を聴いた上で，厚生労働大臣に提出して実施。
- 第3種再生医療等：提供計画について，認定再生医療等委員会の意見を聴いた上で，厚生労働大臣に提出して実施。

「再生医療」等の提供は，たとえば，次のようになります。

- 第1種再生医療等：ヒトに未実施であるなどリスクが高い場合（ES細胞やiPS細胞等）
- 第2種再生医療等：現在実施中であるなどリスクが中程度である場合（体性幹細胞等）
- 第3種再生医療等：リスクが低い場合（体細胞の加工等）

（出所）厚生労働省「再生医療等の安全性の確保に関する法律について」

⒞ 「特定細胞加工物」と培養加工の委託

　「再生医療等安全性確保法」によれば，「細胞加工物」とは，人または動物の細胞に培養その他の加工を施したものをいい，「特定細胞加工物」とは，「再生医療」等に用いられる細胞加工物のうち「再生医療等製品」であるもの以外のものをいいます（同法2条4項）。つまり，「特定細胞加工物」は，「医薬品医療機器等法」（旧薬事法）上の「再生医療等製品」には該当しません。

　そして，「再生医療等安全性確保法」は，「特定細胞加工物」の培養加工について，医療機関から企業（「特定細胞加工物製造事業者」。同法2条8項）への外部委託を可能としました（同法12条）。ここで，上記のとおり「特定細胞加工物」は「再生医療等製品」に該当せず，「特定細胞加工物」の製造は「再生医療等製品」の製造および販売とは異なりますから，「特定細胞加工物製造事業者」は，「医薬品医療機器等法」が定める製造販売業許可や承認が不要となります（ただし，「特定細胞加工物製造事業者」として，細胞培養加工施設ごとに，厚生労働大臣の許可を受ける必要があります（「再生医療等安全性確保法」35条））。この「再生医療等安全性確保法」の枠組みは，「特定細胞加工物」の効率の良い製造と提供が可能になり，「再生医療」事業の確立に資するものと好意的に受け止められています。

⒟　安全性の確保

　「再生医療等安全性確保法」では，「再生医療」等を提供しようとする病院または診療所の管理者は，「再生医療」等のリスクに応じた「再生医療」等提供計画を厚生労働大臣に提出するものとされています（同法4条）。

3　健康・医療戦略推進法

　健康・医療戦略推進法によれば，「健康・医療戦略」とは，先端的研究開発や新産業創出の施策を推進するための計画であって，政府が「健康・医療戦略」を講ずべき，とされています（同法1条参照）。また，健康・医療戦略推進法では，「健康・医療戦略推進本部」を設置することも定められており，「健康・医療戦略推進本部」を，医療分野の研究開発等における司令塔とする狙いがあります[10]。

4　臨床研究法

　2017年に制定された臨床研究法は，臨床研究の実施手続や資金提供等に関する情報公表制度等を定めることによって，臨床研究の実施を推進すること等を目的としています。研究不正やメーカーの不適切な関与が相次ぐ中で，臨床研究が生命・身体の安全にかかわることから，一定の臨床研究（「特定臨床研究」）について，実施に関する手続を定めています。

　ここで，「特定臨床研究」とは，
① 「医薬品医療機器等法」における未承認・適応外の医薬品等の臨床研究
② 　製薬企業等から資金提供を受けて実施される当該製薬企業等の医薬品等の臨床研究
をいいます（同法2条2項）。

◆臨床研究法の概要
1．臨床研究の実施に関する手続
⑴　特定臨床研究の実施に係る措置
①　モニタリング・監査の実施，利益相反の管理等の実施基準の遵守およびインフォームド・コンセントの取得，個人情報の保護，記録の保存等を義務付け。
②　特定臨床研究を実施する者に対して，実施計画による実施の適否等について，厚生労働大臣の認定を受けた認定臨床研究審査委員会の意見を聴いた上で，厚生労働大臣に提出することを義務付け。
③　特定臨床研究以外の臨床研究を実施する者に対して，①の実施基準等の遵守および②の認定臨床研究審査委員会への意見聴取に努めることを義務付け。
⑵　重篤な疾病等が発生した場合の報告
⑶　実施基準違反に対する指導・監督
①　厚生労働大臣は改善命令を行い，これに従わない場合には特定臨床研究の停止を命じることができる。
②　厚生労働大臣は，保健衛生上の危害の発生・拡大防止のために必要な場合には，改善命令を経ることなく特定臨床研究の停止等を命じることができる。

10　https://www8.cao.go.jp/iryou/council/20150804/1-2_part2.pdf

２．製薬企業等の講ずべき措置

① 製薬企業等に対して，当該製薬企業等の医薬品等の臨床研究に対して資金を提供する際の契約の締結を義務付け。

② 製薬企業等に対して，当該製薬企業等の医薬品等の臨床研究に関する資金提供の情報等（詳細は厚生労働省令で規定）の公表を義務付け。

（出所）厚生労働省「臨床研究法の概要」[11]

　この臨床研究法に対しては，研究者から戸惑いの声が上がっているとのことですが，全国で統一された研究体制が期待できると肯定的に捉える向きもあるようです。日本の臨床研究がさらに発展するよう，適切な運用がなされることが期待されます。

5　次世代医療基盤法

　2017年，「次世代医療基盤法（医療分野の研究開発に資するための匿名加工医療情報に関する法律）」が制定されました。2018年５月には，内閣府・文部科学省・厚生労働省・経済産業省から「医療分野の研究開発に資するための匿名加工医療情報に関する法律についてのガイドライン」（次世代医療基盤法ガイドライン）も出されています[12]。

◆「次世代医療基盤法」の全体像（同法１条等参照）

【目的】　個人の権利利益の保護に配慮しつつ，匿名加工された医療情報を安心して円滑に利活用することが可能な仕組みを整備すること

① 高い情報セキュリティを確保し，十分な匿名加工技術を有するなどの一定の基準を満たし，医療情報の管理や利活用のための匿名化を適正かつ確実に行うことができる者を認定する仕組み（＝認定匿名加工医療情報作成事業者）を設ける。

② 医療機関等は，本人が提供を拒否しない場合，認定事業者に対し，医療情報を提供できることとする。

11　https://www.mhlw.go.jp/content/10800000/000460132.pdf

12　https://www.kantei.go.jp/jp/singi/kenkouiryou/jisedai_kiban/pdf/h3005_guideline.pdf

③ 認定事業者は，収集情報を匿名加工し，医療分野の研究開発の用に供する。

（出所）官邸「次世代医療基盤法について」[13]

　この「次世代医療基盤法」によって，「ICTの技術革新を利用した治療の効果や効率性等に関する大規模な研究」が可能となり，「患者に最適な医療の提供や新産業の創出を実現する」ことが実現できるとされています（「医療分野の研究開発に資するための匿名加工医療情報に関する法律の施行について」参照）[14]。このため，「次世代医療基盤法」は，医療ビッグデータ法などとも呼ばれます。

　もっとも，上記の目標を達成する一方で，患者の医療情報が本人の望まない不適切な形で第三者に提供される等によって，不当な差別・偏見その他の不利益が生じないようにすることも重要です。そこで，「次世代医療基盤法」では，①本人に対するあらかじめの通知については，最初の受診時に書面で行うことを基本としつつ，②医療機関内での掲示，ホームページへの掲載等により，いつでも医療情報の提供停止の求めが出来ること等を周知し，③すでに提供された情報の削除の求めについては，本人を識別可能な情報は可能な限り削除することが定められています（いずれも，次世代医療基盤法ガイドラインの「次世代医療基盤法」30条1項に関する記載参照）。

6　海外の動向

(1)　米国

　2016年12月にオバマ政権下で署名・発効された "21st Century Cures Act"（21世紀医療法）[15]は，「再生医療」先端治療（Regenerative Medicine Advanced Therapy：RMAT）についても，米国食品医薬品局（U.S. Food and Drug Administration：FDA）における承認プロセスを加速化するなど，「再生医療」の普及に向けた対応が取られています[16]。

13　https://www.kantei.go.jp/jp/singi/kenkouiryou/genome/dai12/siryo3-4.pdf

14　https://www.mhlw.go.jp/file/05-Shingikai-12601000-Seisakutoukatsukan-Sanjikanshitsu_Shakaihoshoutantou/0000210423.pdf

15　https://www.fda.gov/regulatory-information/selected-amendments-fdc-act/21st-century-cures-act

16　米国バイオテクノロジー産業の動向に関するJETROの解説として，https://www.jetro.go.jp/ext_images/_Reports/02/2017/bb599cc444af604e/2016us-rpbiotech201703.pdf

⑵ 中国

「再生医療」そのものについて定める基本法や特別法は存在しません。

もっとも，幹細胞を用いた臨床研究については，2015年8月に，「幹細胞臨床研究管理弁法（試行）」が公表されています[17]。この管理弁法は，幹細胞の臨床研究に関して，臨床研究機関の要件・当局への届出，倫理審査，臨床研究のプロセス，事故が起きた場合の救済措置等を定めています。

17　http://www.ssctcell.com/Upload/149257166875.pdf

Part 11
ゲノム編集

〈専門家〉
一般社団法人バイオ産業情報化コンソーシアム
戦略企画本部　前・部長　農学博士
（現・江崎グリコ株式会社　経営企画本部　経営企画部　理事）

白江　英之
Hideyuki SHIRAE

〈聞き手〉
廣岡健司　清水亘　川嵜洋祐　村上遼

（左から3番目が白江氏）

| Interview | 日本はまだまだ遅れている
ゲノム編集の世界 |

―― 前・一般社団法人バイオ産業情報化コンソーシアム　**白江　英之**

1　「ゲノム編集」とは何か

清水　白江様は，一般社団法人バイオ産業情報化コンソーシアム（Japan Biological Information Consortium：JBIC）戦略企画本部で，ライフサイエンス分野の研究開発の戦略企画に取り組まれていました。以前は，味の素株式会社の医薬事業部門で医薬品やバイオ技術に関する知的財産のライセンス業務にもたずさわっていらっしゃいました。バイオテクノロジー（biotechnology）や本章のテーマである「ゲノム編集（genome editing）」と知的財産とのかかわりなどについてのご講演も多数なさっています。まず，「ゲノム編集」とは，どのような技術でしょうか？

白江　簡単にいえば，遺伝子を切断する技術です。

清水　切るだけですか？

白江　はい，切るだけです。その後は，生物がもともと持っている遺伝子の修復機能で切断面をつなごうとするのですが，その際に，切断された付近の遺伝子の一部が欠損したり挿入されたりして遺伝子配列が変化することがあり，ゲノム（genome：塩基配列の情報の総体）の編集が起こるわけです。

　　歴史的に見ると，遺伝子に異常が生じた場合にそれを正常に戻すことはできないのか，という発想は古くからありました。実際に人工的に遺伝子を切断することに成功したという最初の報告があったのは，1972年のことでした。大腸菌から単離されたEcoRIと呼ばれる制限酵素による遺伝子の切断です。しかし，EcoRIの認識する配列は遺伝子上にたくさんありますので，このやり方では，遺伝子の特定の部位のみを切断して，その部分の配列を変えることはできませんでした。

　　その後，「ゲノム編集」の研究が本格化したのは1990年代です。1990年代前半は，安価に核酸（塩基と糖からなる化合物）を合成できるようになったこ

とがきっかけとなって，核酸の酵素活性を使って遺伝子を切断することができないかという研究が行われていました。当時は，リボザイム（ribozyme）と呼ばれる酵素活性を持つ核酸のポリマー（polymer：重合体）を用いた遺伝子上の核酸塩基の置換が試みられていて，原核生物（細菌）において遺伝子上の塩基配列の置換，つまり「ゲノム編集」に成功したという報告がありました。しかし，真核生物ではうまく核酸塩基の置換ができませんでした。

　ところが，1996年に，キム（Kim）らがZFN（zinc finger nucleases：ジンクフィンガーヌクレアーゼ）を使って部位特異的に遺伝子を切断することに成功したことを報告し，「ゲノム編集」が一挙に現実味を帯びた技術になったのです。

清水　ZFNは，人工的なDNA（deoxyribonucleic acid：デオキシリボ核酸）切断酵素のことですね？

白江　はい，そのとおりです。

　そもそも遺伝子とは，細胞の核に存在するDNAのことであり，DNAを構成する核酸塩基の配列の違いによって，さまざまな遺伝情報が規定されています。DNAは2本鎖の核酸塩基のポリマー構造を有していて，核酸塩基の部分はアデニン（A），グアニン（G），シトシン（C）およびチミン（T）の4種類があります。そして，一方の鎖のAは他方の鎖のTと，一方の鎖のCは他方の鎖のGと，それぞれ相補的に結合することによって，DNAは，2本鎖構造を形成しているのです。このDNAの配列から1本鎖のRNA（リボ核酸）と呼ばれる核酸ポリマーが合成されることで，DNA上の遺伝子情報がRNAに転写され，さらにRNAの配列情報に基づいてタンパク質へと翻訳されていくことは，よく知られているかと思います。

　ZFNは，DNAと結合する性質を持つ2つの異なるジンクフィンガーと呼ばれる構造を持つタンパク質と，DNAを切断する働きを持つエンドヌクレアーゼ（FokI）と呼ばれる酵素のDNA切断領域とを組み合わせて1つにした，人工的なDNA切断酵素です。ZFNにおいては，ジンクフィンガー部分がDNA上の塩基配列のうち特定の3つの塩基の並びを認識してそこに結合し，ヌクレアーゼ部分が2本鎖のDNAを切断するのです。

　ZFNを使って遺伝子の切断に成功したというニュースが流れた後，

Part 11　ゲノム編集　231

Sangamo Biosciences Inc.という米国のベンチャー企業は，ZFNに関係する権利を独占して，その技術を植物の種の遺伝子の改編やヒトの遺伝子治療に応用しようとしています。しかしながら，ZFNの場合，ターゲットとなる遺伝子配列に結合するタンパク質ドメイン（domain：領域）を構築することが難しく，熟練の技術とノウハウが必要である等の技術的な課題がありました。現在，ヒトの医療分野で，ZFNを用いた臨床試験が行われている例もありますが，技術的に誰でもできるというものではなく，そこに実用化へのハードルがありました。

清水　なるほど。その後，他の酵素による切断が次々と登場してくるわけですね。

白江　そのとおりです。ZFNの報告以降少し時間がかかりましたが，2010年には，別の部位特異的に遺伝子を切断できるTALEN（transcription activator-like effector nuclease：転写活性化様エフェクターヌクレアーゼ）と呼ばれる技術が発表されました。TALENも，DNAに結合するタンパク質のドメインとDNAを切断するヌクレアーゼとを組み合わせた複合体構造を有しています。TALENは，ZFNに比べればターゲットとなる遺伝子に結合するドメインの構築が容易だったこと，および，ZFNよりも切断部位の配列の選択の幅が広く，使いやすい技術であることから，研究者の間で広まりました。Cellectisというフランスのベンチャー企業は，TALENのヒトの医療への応用の独占的な権利を有していて，ヒトの遺伝子治療の臨床研究を行っています。

　　そして，TALENが発表されてから2年後の2012年には，CRISPR-Cas 9という別の部位特異的に遺伝子を切断できる技術が発表されました。これは，自然界にいる細菌が持っていた免疫機構を利用した技術です。もともと，CRISPR（clustered regularly interspaced short palindromic repeat：クリスパー）と呼ばれる遺伝子配列は，1987年に，日本の石野良純教授（現・九州大学）らによって大腸菌で発見されました。2005年には，このCRISPRが細菌の免疫機構に関わっていることがわかりました。それを「ゲノム編集」に応用したのがCRISPR-Cas 9と呼ばれる技術です。

清水　細菌の免疫機構を利用するということですか？

白江　はい。細菌にはファージ（phage）と呼ばれるウィルスが寄生するので

すが、このファージ由来の遺伝子配列の繰り返し構造がCRISPR配列です。ファージは、細菌の表面に結合すると自らの遺伝子を細菌内に注入して、細菌の中でウィルスが増殖し、最後は細菌を破壊して外に出てきます。ファージに感染した細菌のうち、生き残ったものは、ファージの遺伝子の一部の配列を自らのDNA上に幾重にも繰り返して保存しています。このファージ由来の配列の繰り返し構造がCRISPR配列です。次に同じファージの遺伝子がCRISPR配列を持つ細菌内に侵入してくると、細菌のDNA上に保存されたCRISPR配列からファージの遺伝子に結合できるRNAであるcrRNA（CRISPR RNAの文字を取ったもの）が転写され、このcrRNAと結合できる別のtracrRNA（trans-activating crRNAの文字を取ったもの）と共に、細菌の中で複合体を形成します。そして、この複合体の中のcrRNA部分が侵入してきたファージの遺伝子上の相補的な配列と結合するとCas 9タンパク質がやってきて、ファージDNA/crRNA/tracrRNAの複合体を認識し、さらにPAM（protospacer adjacent motif）配列と呼ばれる特定の塩基配列を認識して、そのPAM配列近傍でファージ由来のDNAの2本鎖を切断するのです。DNAを切断されたウィルスは、修復能力がありませんので、そこで死滅してしまいます。

【図表11-1　CRISPR-Cas 9による切断のイメージ】

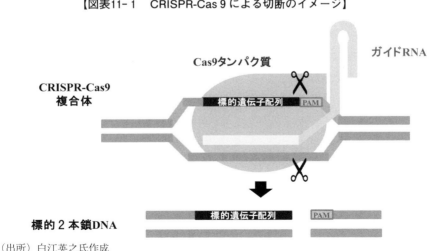

（出所）白江英之氏作成

Part 11　ゲノム編集

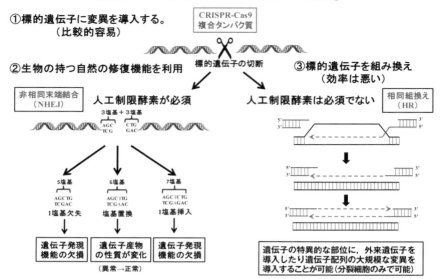

（出所）タカラバイオ株式会社の資料から抜粋して作成

　このメカニズムを人工的に利用しているのが，CRISPR-Cas 9 を用いた「ゲノム編集」技術です。この方法は，DNA切断の効率がよく，従来のZFNやTALENと比べると準備が容易で，crRNA/tracrRNAに代わるガイドRNA（gRNA）を合成するだけで安価に「ゲノム編集」が可能です。その切断効率は，良い時にはおよそ40％くらいでしょうか。また，ガイドRNAを工夫して80％以上の切断効率で「ゲノム編集」に成功したと報告するベンチャー企業もあります。

　さらに，ターゲットに合わせたガイドRNAを複数個設計すれば，遺伝子上の異なる箇所で同時にDNAを切断させて，「ゲノム編集」を行うことも可能です。

　以上のとおり，「ゲノム編集」の技術としては，大きくいえばZFN，TALEN，CRISPR-Cas 9 の 3 つが代表的と言ってよいでしょう。

2　「ゲノム編集」の仕組み

清水　3種類の「ゲノム編集」の技術を紹介していただきましたが，「ゲノム

編集」は，DNAを切るだけで終わりなのでしょうか？

白江 「ゲノム編集」のもともとの発想は，DNAを切るだけで，あとは生物が持っているDNAの修復機能が発揮される過程で時々発生する修復のエラーを利用して，遺伝子が変化した個体を取り出して増やす，というものです。

清水 人工的に手を加えるのは切るところまで，ということですね？

白江 そうです。それを端的に実現しているのが，切れたDNAをつなげる「非相同末端結合（NHEJ）」と呼ばれる生物の持つ修復機能を利用した方法です。修復エラーの種類としては，塩基が欠失するケース，塩基が置換されるケース，塩基が挿入されるケースの３つがあります。

　これに対して，自然の修復機能を利用しながらも，意図した遺伝子を細胞外から部位特異的に挿入することも可能です。この場合，「相同組換え（HR）」と呼ばれる修復機能を利用します。もともと，DNAは，UV（ultraviolet：紫外線）などによって損傷を受けた後，細胞分裂が起こる際に，損傷があった遺伝子の配列と同じ塩基配列を鋳型にして損傷部分を修復する機能を有しています。そこで，切断する箇所のDNAの塩基配列と相補的な塩基配列をあらかじめ用意しておいて，その間に挿入したい人工の塩基配列を挟んだ鋳型の短い核酸ポリマーを作成して，細胞に挿入しておきます。そうすると最大20％以下の確率ではありますが，人工的な鋳型を使った修復が発生し，その結果，切断されたところに意図した外来の塩基配列を挿入できるわけです。通常は，数十から数百ベース（base：塩基）程度の挿入しかできませんが，この方法を応用して2,000ベースくらいまでの人工遺伝子を挿入できる技術が，2016年に，当時京都大学にいらっしゃった真下知士先生（現・東京大学）らのグループによって開発されました。しかし，この「相同組換え（HR）」の方法は，分裂する細胞に用いることはできますが，神経細胞などのように細胞分裂がほとんど起こらない細胞には用いることができませんでした。現在では，分裂が起こらない細胞に外来遺伝子を「ゲノム編集」で導入しようとする研究もなされており，理化学研究所の恒川雄二研究員らによって2016年に報告されています。ただし，この技術は，導入を目的とする外来遺伝子以外に，わずかながら人工的な配列が遺伝子上に残り続けるという点で，まだ改良の余地が残されていると考えられています。

Part 11　ゲノム編集　235

清水　実際には，どのようにして，生きた生物の遺伝子を切断するのですか？

白江　DNAやそこに記録された遺伝子は細胞核の中にありますので，「ゲノム編集」のツールを細胞核の中に入れる必要があります。しかし，わざわざ細胞核の中に直接ツールを入れなくても，動物（たとえば，マウス）であれば卵管にツールを入れておけば，自然の機能で細胞核まで取り込まれて，生まれてきたマウスは遺伝子が改変されたものになるという技術が東海大学の大塚正人先生らによって報告されています。

清水　ゲノムの「編集」というと何となく抵抗感がありますが，自然の作用を利用するものなのですね。

3　「ゲノム編集」のメリットと問題点

清水　「ゲノム編集」ができると，どのようなメリットがあるのでしょうか？また，「ゲノム編集」の利用分野としては，どのようなものがあるのでしょうか？

白江　一番の恩恵は，食糧事情の改善でしょう。「ゲノム編集」によって，収穫量を大きく増やした植物を作り出せる可能性があります。たとえば，とうもろこしが1つの個体に10個以上できる改良品種を作ったり，これまでには食用にできなかった植物を食べられるようにしたりする，ということが考えられます。

　　また，じゃがいもの芽にはソラニンやチャコニンという天然の毒素が含まれており，みなさんじゃがいもを食べるときには芽を取り除いて煮物などに使用されると思いますが，「ゲノム編集」の技術を用いて，そのような天然の毒素を含まないジャガイモの品種改良も大阪大学（村中俊哉教授）と理化学研究所（梅木直行上級研究員）のグループで成功しています。さらに，ストレス緩和や血圧上昇抑制作用のあるGABAと呼ばれるアミノ酸を「ゲノム編集」の技術を用いてトマトで高蓄積する品種の取得に筑波大学の江面浩教授らの研究グループが成功しています。

　　動物でも，たとえば，マグロは，光が当たると驚いて障害物に衝突して死ぬことがありますが，「ゲノム編集」で光への感受性を鈍くすることによって，衝突による死亡率を下げ，養殖の効率を良くするという発想で，マグロ

【図表11-3　従来の遺伝子組換えとゲノム編集との違い】

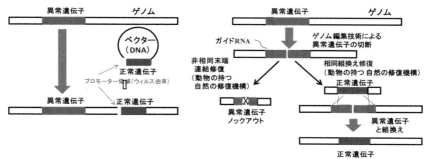

(出所) 白江英之氏作成

の「ゲノム編集」に取り組んでいる日本の研究者もいます。もちろん，遺伝性の病気の治療に応用したいというニーズも，古くからあります。

清水　食糧問題といいますと，遺伝子組み換え大豆のようなものが思い浮かびます。従来の遺伝子組換え技術と「ゲノム編集」との違いは何でしょうか？

白江　たとえば，異常な遺伝子があって，遺伝子組換え技術と「ゲノム編集」とでその修復を試みるとしましょう。

　遺伝子組換え技術では，正常な遺伝子を挿入することはできますが，異常遺伝子を排除することはできません。正常遺伝子が挿入されると機能は正常に戻りますが，異常遺伝子は細胞の中に残り続けます。また，遺伝子組換え技術の場合，ウイルス由来のプロモーター配列（promoter配列：正常遺伝子部分のDNAの転写を誘導する塩基配列）を正常遺伝子とともに連結して組み込み，細胞の中でその蛋白質を作らせるのですが，これによって，正常遺伝子と共にウイルス由来の外来遺伝子も細胞の中に挿入してしまうことになります。さらに，遺伝子組換え技術では，正常遺伝子を挿入する遺伝子上の場所を制御することもできません。

　これに対し，「ゲノム編集」では，異常遺伝子を完全に置き換えることができます。また，外来遺伝子であるガイドRNAは細胞内で分解されてなくなってしまい，外来遺伝子が細胞分裂後の次の世代の細胞に伝わることはありません。

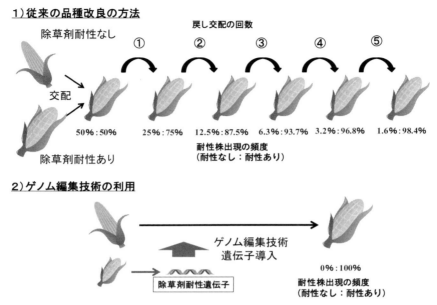

【図表11-4　ゲノム編集の実施例：飛躍的に早くできる植物の品種改良】

（出所）白江英之氏作成

清水　なるほど。とはいえ、「ゲノム編集」を施す生物については、品質管理の問題があるのではないでしょうか？

白江　それはもちろんあります。生物は似たような塩基配列をたくさん持っています。そうすると、CRISPR-Cas 9を使っても、狙ったところとは別の箇所にガイドRNAが結合し、意図せざる遺伝子を切断してしまうことがあり得ます。また、先ほどCRISPR-Cas 9ではCas 9タンパク質がDNAのPAM配列を認識してその近傍を切断すると述べましたが、PAM配列は一般的には3塩基の配列であり、3塩基の配列は世の中に4×4×4＝64通りありますので、意図したのと違う場所でPAM配列を認識し、そこを切断してしまう可能性もあります。こういった、意図せざる場所での遺伝子の切断をオフターゲット効果（off-target）といい、このオフターゲットにどう対処するかが、「ゲノム編集」の最大の課題です。

村上　オフターゲットにはどのように対処するのでしょうか？

白江　まず，ターゲットとなる遺伝子のどこの配列部分でDNA鎖を切断する
かを慎重に選び，ガイドRNAを設計しなければなりません。遺伝子上の他
の位置に存在しないような配列を持つガイドRNAが設計できればオフター
ゲット効果の出現を抑えることが可能となります。それができない場合，
Cas 9タンパク質は同じ位置で2本鎖のDNAを切断します。これは，Cas 9
タンパク質には2つのDNA切断部位があり，それぞれの切断部位が2つの
DNA鎖を同じ位置で切れるように配置されているからです。そのCas 9タ
ンパク質の2つのDNA切断能のうち片方を無効化したCas 9を2つ用意し，
切断する遺伝子配列の近傍の異なる位置で1本鎖ずつ切断できるように2つ
のガイドRNAを設計し，2本鎖DNAを切断させます。このときDNAの切
断断面は，どちらかの鎖の鎖長が飛び出た形（sticky endと呼ばれています）
になっています。その状態で，「相同組換え（HR）」の修復機構を用いるこ
とで「ゲノム編集」を実施すると，近接の遺伝子上の2つの異なる配列が存
在しないとDNAが切断されませんので，オフターゲット効果の影響をずい
ぶん軽減することが可能です。

清水　CRISPR-Cas 9を使っても，色々な切断方法があるのですね？

白江　はい，そうです。準備が容易で，かつ安価であるというCRISPR-Cas 9
の特徴を活かしつつ，さまざまな切断方法が登場してきています。しかも，
CRISPR-Cas 9による切断方法は，次第に精度が上がってきています。「ゲノ
ム編集」をどのように実現するのか，使い手が選択する時代になったといえ
ると思います。

清水　CRISPR-Cas 9はもう古い，という記事をWebで読んだことがあるので
すが，そうなのでしょうか？

白江　そうは思いません。現在でも，CRISPR-Cas 9は，「ゲノム編集」の最も
主流の方法です。これに対して，最近では，CRISPR-Cas12a（Cpf 1）と呼ば
れる新規のタンパク質を使うことによっても「ゲノム編集」を実現できるこ
とが米国のブロード研究所（Broad Institute）のFeng Zhang博士らによって
明らかにされました。ご覧になったのは，そういった記事ではないかと思い
ます。

清水　なるほど，CRISPR-Cas 9はまだまだ効果的な手法なのですね。ところ

Part 11　ゲノム編集 ｜ 239

で，技術的な課題の他に，倫理的な課題もあるでしょうか？

白江　はい，特にヒトへの応用については，倫理的・宗教的な問題が壁になっています。日本において，技術を開発して特許出願したものの，ヒトの遺伝子の改変に応用できる部分については特許庁から発明の公序良俗違反に基づく拒絶査定が来たという話も聞いています。最終的に，特許は成立しましたが。

4　「ゲノム編集」の現状と今後の技術的課題

清水　いまご指摘のとおり「ゲノム編集」技術については，すでに特許出願もなされています。

白江　はい。CRISPR-Cas 9 のDNA切断活性に関連する特許はノースウェスタン大学（Northwestern University）から2009年に出願されましたが，これは自然現象の発見に過ぎないということで米国では特許になっていないようです。2012年になって，最後までCRISPR-Cas 9 のDNA切断メカニズムで不明だった因子であるtracrRNAが発見された後は，わずか1年の間に世界の6つの研究機関から同技術に関する特許が次々に出願されました。特に，2013年3月15日まで先発明主義を採用していた米国においては，カリフォルニア大学バークレー校（University of California, Berkeley）とブロード研究所との間で，真核細胞にも適用できるCRISPR-Cas 9 をどちらが先に発明したかをめぐって特許紛争も起きて，大きな注目を集めました。最終的には，カリフォルニア大学バークレー校の特許は細菌やウイルスなどの原核細胞の「ゲノム編集」技術を基盤とするものであって，植物や動物などの真核細胞に係る「ゲノム編集」技術の発明を当然には含まない（真核細胞に係る発明は原核細胞に係る発明から自明ではない）という趣旨の判断が2018年9月10日に米国連邦巡回区控訴裁判所（CAFC）で下され，ブロード研究所側の勝利に終わりました（University of California v. Broad Institute 事件，No 2017-1907）。

清水　この争いは米国特許法がまだ先発明主義を採用していたときの問題ですが，出願自体は，カリフォルニア大学バークレー校のほうが先だったようです。

白江　「ゲノム編集」技術の応用は，産業へのインパクトも植物や動物のゲノ

ム改変に大きく影響を与えますので，今後は，米国で勝利を得たブロード研究所が米国では大きな力を持つこととなります。他方，先出願主義の欧州や日本では，米国と異なり，カリフォルニア大学バークレー校の特許にも勝算の芽があると思いますが，両者とも権利の棲み分けを考えているのか，目立った争いはまだ起きていません。日本でも，カリフォルニア大学とブロード研究所の両方の特許が成立しています。

川嵜 ブロード研究所らの日本特許3件（特許6203879号，特許6420273号，特許6395765号）は，2017年から2018年にかけて成立しました。CRISPR-Casベクター系および「ゲノム編集」におけるその使用方法の基本的な特許ですが，ベクターの物理的構成要素（核酸配列長等）にいくつか限定が入っています。実用上の影響は不明ですが。これに対して，カリフォルニア大学バークレー校とウィーン大学の日本特許（特許6343605号）は，CRISPR-Cas系を用いた「ゲノム編集」方法，CRISPR-Casベクター系，CRISPR-Casベクター系に用いるガイドRNA等に関する基本的な特許で，2018年に成立しました。カリフォルニア大学バークレー校の特許も，日本では，真核細胞生物に用いる態様をカバーしています。ちなみに，この特許は，私が日本での出願のお手伝いをさせていただきました。

清水 お，それはすごい。知りませんでした。ところで，「ゲノム編集」について，今後の技術的な課題は何でしょうか？

白江 技術的な課題としては，まず，編集効率が100％でないことが挙げられます。先ほどもお話ししたとおり，ガイドRNAを改善することで80％まで効率が改善するというベンチャー企業の報告もありますが，それでも実験室レベルで80％程度です。「相同組換え（HR）」を利用した場合，効率はさらに下がります。また，CRISPR-Cas 9においても，PAM配列からどれだけ離れたところを切るかまではコントロールできません。おおよそ20塩基以内に収まることが多いのですが，まれに数10塩基ぐらい離れたところを切断することもあるようです。これも繰り返しになりますが，意図していないところを切断してしまうというオフターゲット効果も大きな問題です。植物の「ゲノム編集」を行うときは，成功したものだけを取り出せばよいのですが，ヒトの臨床治療の場合はそうはいきませんよね。思わぬゲノム上の配列を切断

することで，遺伝子欠損病になったり，細胞が癌化したりするおそれが懸念
されています。

清水　再生医療の分野では，プレパラートの上で，iPS細胞を使ってヒトの臓
器を再現したチップを作って実験することがあるそうですが，「ゲノム編集」
の分野ではそういうことはあり得ないのでしょうか？

白江　それもあり得ると思いますが，むしろ，そういうチップにするまでもな
く，iPS細胞に電気ショックで「ゲノム編集」のツールを挿入すれば，実験
ができてしまいます。また，ヒトの遺伝子を変えるのではなく，腸内細菌の
遺伝子を変えるというアプローチも，「ゲノム編集」では可能であり，それ
がヒトの健康維持につながるということも考えられますね。

5　「ゲノム編集」の法的課題

清水　2018年11月に，南方科技大学の賀建奎（He Jiankui）博士らが「ゲノム
編集」を実施した受精卵からエイズウイルスに感染しない双子の赤ちゃんを
誕生させたと発表し，世界中で倫理的な問題として議論が起こりました[1]。
そもそも中国では日本に比べて，「ゲノム編集」の研究が非常に進んでいる
のではないかと思います。「ゲノム編集」については，どのような法的な課
題があるのでしょうか？

白江　世界の多数の国が参加している「カルタヘナ議定書（生物の多様性に関
する条約のバイオセーフティに関するカルタヘナ議定書：Cartagena Protocol on
Biosafety)」という国際的な取り決めがあります。中国も締約国です。この
議定書では規制の枠組みのみが定まっていて，具体的な規制内容は各国の法
律に委ねられています。日本の国内法は「カルタヘナ法（遺伝子組換え生物
等の使用等の規制による生物の多様性の確保に関する法律）」と呼ばれています

1　中国でも，従来から，複数のガイドラインによって，ヒト胚に対する「ゲノム編集」は
　禁止されていました。たとえば，「人類補助生殖技術規範」（2003年6月公表）
　http://www.law-lib.com/law/law_view.asp?id=98167
　や「人胚胎幹細胞研究倫理指導原則」（2003年12月公表）
　https://www.most.gov.cn/fggw/zfwj/zfwj2003/200512/t20051214_54948.htm
　を参照ください。

が，他国の同様の法律と内容の点で必ずしも一致しているとはいえません。なお，米国は「カルタヘナ議定書」をまだ批准していません。

「カルタヘナ議定書」の発想は，遺伝子の改変が行われた生物が国境を越える場合には，その情報を一元管理して，それをトラッキング（tracking：記録）できるようにしようというものです。

この「カルタヘナ議定書」を受けて，各国の法律が制定されているのですが，各国において，「ゲノム編集」で作られた生物を法規制の対象とすべきか否かという議論があります。先ほどもお話ししたとおり，「ゲノム編集」のツールは，最終的には細胞には残りません。最後に残るのは，自然界でも起こりうるような遺伝子の変化が起きた細胞だけです。そのような細胞を作るプロセスにおいて人工的に遺伝子を改変しているから規制対象となるべきだと考えるか，最後にできたプロダクトには人工物は除かれていて，自然界にも存在しうるものなのだから規制対象とする必要がないと考えるか，という議論です。

この問題について，欧州では，2018年7月25日，欧州連合司法裁判所（The Court of Justice of the European Union：CJEU）が「ゲノム編集」によって作られた作物も，原則として，従来の遺伝子組換え作物（GMO：Genetically Modified Organism）と同様の規制の対象とすべきだという判断を示しました[2]。今後，欧州では，「ゲノム編集」ビジネスにブレーキがかかると思います[3]。

これに対して，米国では，プロダクトを基準に判断するという考え方が主流で，規制緩和の傾向にあります。米国農務省（United States Department of Agriculture：USDA）は，「ゲノム編集」作物には，遺伝子組換え作物（GMO）に関する規制を適用しないことを明らかにしています。

清水 日本も「カルタヘナ議定書」を批准していますね？

白江 はい，日本も「カルタヘナ議定書」を批准し，それを受けて「カルタヘ

---

2 https://curia.europa.eu/jcms/upload/docs/application/pdf/2018-07/cp180111en.pdf

3 EU14カ国は，2019年5月，植物の「ゲノム編集」に関して共同のアプローチをとることを確認しました。https://www.euractiv.com/agriculture-food/news/14-eu-countries-call-for-unified-approach-to-gene-editing-in-plants/

ナ法」が制定されていますが，その規制は世界と比べても厳しいものになっています。この法律に基づく規制対象の範囲の問題については，管轄する農林水産省，財務省，経済産業省，文部科学省，外務省，環境省の6省が共同で検討を行っています。2018年8月30日に，日本政府の中の検討がまとめられ，環境省のホームページ上で，「ゲノム編集技術の利用により得られた生物のカルタヘナ法上の整理及び取扱方針について（案）」に関するパブリック・コメントの募集が開始されました。2019年初までには，日本の規制の基準も整備されることになると期待されています[4]。

　先ほどからオフターゲット効果の問題に触れていますが，オフターゲットが発生したかどうかを検証するには，遺伝子の全配列を調べなければなりません。また，遺伝子の変化は自然界でも起こりうることなので，ある遺伝子の変化がオフターゲットによるものでないという証明をすることは非常に困難です。法規制の対象を決める際には，そういった問題も考慮しなければなりません。仮に何らかの法規制を課す場合には，きちんと技術の内容を理解し，規制対象を評価できるだけの体制を国として整備することも重要になってくるでしょう。

清水　「ゲノム編集」をめぐっては，知的財産権の問題も生じそうですが，いかがでしょうか？

白江　特許についていえば，特許のクレームの範囲の問題があります。たとえば，「ゲノム編集」の方法について特許を取得した場合に，それはその方法により製造された細胞や生物にまで権利が及ぶのか，さらに，その「ゲノム編集」技術によって作り出された形質を有する生物が生産する化合物まで権利が及ぶのか。これも国によってさまざまな解釈がありうるところです。

清水　権利の効果がどこまで及ぶのかという，伝統的な特許法の議論ともつながる課題ですね。

白江　そのとおりです。それから，「ゲノム編集」について考える場合には，「名古屋議定書（Nagoya Protocol）」も念頭に置いておく必要があります。

4　後述のとおり，2019年2月に「ゲノム編集技術の利用により得られた生物であってカルタヘナ法に規定された『遺伝子組換え生物等』に該当しない生物の取扱いについて」として公表されました。

清水　「名古屋議定書」は，2010年10月に名古屋市で開催された生物多様性条約第10回締約国会議（COP10）で採択されました。遺伝資源の利用に対する利益配分に関する国際的な取り決めですね。

白江　価値を有する遺伝子を利用したら，その提供者（原産国）に利益を公平に配分しようという趣旨です。

6　「ゲノム編集」の展望

清水　今後のビジネスにおいて，「ゲノム編集」技術はどのような使われ方をしていくのでしょうか？

白江　「ゲノム編集」によってできたプロダクトが社会に出ていくというのが，予想される姿だと思います。たとえば食品などです。

　一方で，医療の場面では，治療によって，ヒトの遺伝子を直接改変する必要があります。しかし，一般の医師にはそのような技術はない。技術を持っているのは，たとえば，大学の研究者や製薬会社ということになります。それをどうヒトの治療に活用していくか。また，倫理的な問題，宗教上の問題，そして法規制の問題もあります。「ゲノム編集」は，技術的には，実用化に近いところまで来ていると思えるのですが，あとは，そういった倫理・宗教・法律の点で，どのような判断を下すかにかかっています。

清水　「ゲノム編集」を施した植物や動物は，具体的には，いつごろ出てくるのでしょうか？

白江　米国では，もう出てきています。実際に「ゲノム編集」により得た植物でFDA（U.S. Food and Drug Administration：米国食品医薬品局）の認可を受けたものがあります。ただ，開発した会社が世評を恐れて食用にはしておらず，工業用に利用されるにとどまっているようです。

　日本でも，遺伝子組換え食品については表示規制がありますが，これについては注意が必要で，遺伝子組換え食品の混入率が5％以下なら，「遺伝子組換えでない」と表示してよいことになっています。もっとも，それでも，最近は「遺伝子組換えでない」とは表示しない食品が増えていると思います。遺伝子組換え食品が本当に混入していないかの確認が難しくなっているのです。海外では遺伝子組換え食品が出回っていて，それが知らないうちに日本

に入ってくるということも，十分に起こり得ます。

清水　食品衛生法や食品表示法の問題ですね。消費者庁は遺伝子組換え（GMO）食品の表示制度を厳格化する方向のようです。先ほどマグロの養殖のお話もありましたが，魚などはいかがでしょうか？　それから，医療の分野ではどうでしょうか？

白江　魚や動物はまだ少し先ではないかと思います。医療は，中国では研究が進んでいます。世界でも，オフターゲット効果等の課題があるためCRISPR-Cas 9はまだまだですが，ZFNやTALENを使った遺伝子治療の臨床研究は，すでに米国や欧州で始まっています。有効性と安全性が確認されたら，世界に広がっていくかもしれません。日本は，いまのところ医療への応用の規制が非常に厳しいですね。

清水　そもそも，日本は，「ゲノム編集」の分野では出遅れているといわれますが，それはなぜなのでしょうか？

白江　まず，技術に取り組むのが遅かったのです。また，「ゲノム編集」技術の先進国である米国に留学してこの分野を勉強する日本の学生が減っています。米国から最新技術の情報を入手することができていないのですね。一方で，「ゲノム編集」技術が進んでいる中国の人材は，どんどん米国に留学し，その技術を本国の大学に持ち帰って研究を続けています。

清水　若い方には，どんどん学んでほしいところですね。日本の「ゲノム編集」は，多くの課題に直面していることが非常によくわかりました。本日は，長時間，ありがとうございました。

（インタビュー：2018年12月17日）

Legal Commentary　法務の視点から

1　概観

「ゲノム編集」は，難病の克服や食糧問題の解決等につながることが期待される技術であり，今後のビジネス化が望まれる生命科学の分野です。他方で，ゲノム（塩基配列の情報の総体）を操作する技術ですので，無限定に研究開発

がなされると，倫理上の問題のみならず，われわれの生活に危険な影響がないとも限りません。昨今，急速に開発が進んでいる「ゲノム編集」技術は，利用のしやすさもあって急速な普及が予想されますので，「ゲノム編集」技術の活用およびビジネスの促進と安全性の確保とのバランスが重要と思われます。

　日本では，2018年3月29日の総合科学技術・イノベーション会議「『ヒト胚の取扱いに関する基本的考え方』見直し等に係る報告（第一次）〜生殖補助医療研究を目的とするゲノム編集技術等の利用について〜」[5]や2018年6月15日閣議決定「統合イノベーション戦略」[6]を踏まえて，「ゲノム編集」技術の研究開発や活用に関する制度の整理が進んでいます。具体的には，まず，専門家インタビューでも言及されている「カルタヘナ法」による規制が問題となります。また，実際に「ゲノム編集」によって得られた食品については，食品衛生法や食品表示法等との関係が問題となります。

2　カルタヘナ法

⑴　カルタヘナ法の規制措置

　「カルタヘナ法（遺伝子組換え生物等の使用等の規制による生物の多様性の確保に関する法律）」は，日本も批准した「カルタヘナ議定書」を実施するために2003年に公布された日本の国内法です。「カルタヘナ議定書」が日本に効力を生じた2004年2月に施行されました。この法律は，2010年に「カルタヘナ議定書」の補足議定書が採択されたのを受けて2017年に改正され，2018年3月から施行されています。

　「カルタヘナ法」は，「国際的に協力して生物の多様性の確保を図る」ことを目的としています（同法1条）。そして，「カルタヘナ法」では，細胞外において核酸を加工する技術または異なる分類学上の科に属する生物の細胞を融合する技術を利用して得られた核酸またはその複製物を有する生物を「遺伝子組換え生物等」というとされています（同法2条2項参照）。

　そして，「カルタヘナ法」は，「遺伝子組換え生物等」を使用等する際の規制

5　https://www.mhlw.go.jp/file/05-Shingikai-10601000-Daijinkanboukouseikagakuka-Kouseikagakuka/0000208566.pdf

6　https://www8.cao.go.jp/cstp/tougosenryaku/tougo_honbun.pdf

Part 11　ゲノム編集　｜　247

措置を講じています。

> ◆「遺伝子組換え生物等」を使用等する際の規制措置
> ① 「第一種使用等」とは,
> • 遺伝子組換え生物等の環境中への拡散を防止しないで行う使用等（治験,食品としての流通など。【例】遺伝子組換えトウモロコシの輸入,流通,栽培等）
> • 使用等に先立ち,その使用等による生物多様性影響を評価し,遺伝子組換え生物等の種類ごとに使用規程を定め,主務大臣（環境大臣等）の承認を受けなければならない（同法2章1節）。
> ② 「第二種使用等」とは,
> • 遺伝子組換え生物等の環境中への拡散を防止しつつ行う使用等（実験室での研究など）
> • 使用等に先立ち,とるべき拡散防止措置が主務省令で定められている場合には,当該拡散防止措置をとる義務あり。拡散防止措置が主務省令で定められていない場合には,主務大臣の確認を受けた拡散防止措置をとる義務あり（同法2章2節）。

　なお,「カルタヘナ法」の現状の運用には,承認に時間がかかる,途中で分類を変更するのが難しい等々,課題があるといわれています。

(2) 「ゲノム編集」技術によって得られた作物等の取扱い

　「ゲノム編集」技術によって得られた作物等が「カルタヘナ法」上どのように取り扱われるか（「遺伝子組換え生物等」に該当するか否か）については,議論があり得るところ,環境省は,2019年2月に,「ゲノム編集技術の利用により得られた生物であってカルタヘナ法に規定された『遺伝子組換え生物等』に該当しない生物の取扱いについて」を発表しました[7]。

7　https://www.env.go.jp/press/106439.html

◆「ゲノム編集」生物等の取扱い

- 得られた生物に細胞外で加工した核酸が含まれない場合（【例】遺伝子の切断のみ等）

⇒「カルタヘナ法」の規制対象外（「遺伝子組換え生物等」に該当しない。）

- 得られた生物に細胞外で加工した核酸が含まれる場合（【例】細胞外で加工した核酸の遺伝子への組込み等）

⇒「カルタヘナ法」の規制対象（「遺伝子組換え生物等」に該当する。）

（出所）環境省

3　食品衛生法

　食品衛生法は，「食品の安全性の確保のために公衆衛生の見地から必要な規制」を講じることを目的とする法律です（同法1条）。

　この目的を達成する観点から，食品衛生上の危害を防止するための一般規定（同法7条）が置かれているほか，遺伝子組換え食品については，安全性審査が義務付けられています。すなわち，食品衛生法に基づく組換え食品安全性審査：規格基準告示[8]によれば，「食品が組換えDNA技術（酵素等を用いた切断及び再結合の操作によって，DNAをつなぎ合わせた組換えDNA分子を作製し，それを生細胞に移入し，かつ，増殖させる技術をいう。以下同じ。）によって得られた生物の全部若しくは一部であり，又は当該生物の全部若しくは一部を含む場合は，当該生物は，厚生大臣が定める安全性審査の手続を経た旨の公表がなされたものでなければならない。」とされています。なお，「組換えDNA技術」とは，いわゆる遺伝子組換え技術のことをいいます。

　ここで，「ゲノム編集」技術によって得られた作物等にも，遺伝子組換え食品と同じ規制が適用されるかについては，議論があります。この点，厚生労働省は，2019年3月，薬事・食品衛生審議会食品衛生分科会による新開発食品調査部会報告書「ゲノム編集技術を利用して得られた食品等の食品衛生上の取扱いについて」[9]を公表しました。

8　https://www.mhlw.go.jp/topics/idenshi/anzen/kokuji.html
9　https://www.mhlw.go.jp/content/11121000/000494346.pdf

Part 11　ゲノム編集　249

> **◆ゲノム編集技術応用食品の食品衛生上の取扱い**
>
> • 導入遺伝子およびその一部が除去されていないもの
>
> ⇒組換えDNA技術に該当し，規格基準に基づく安全性審査の手続が必要
>
> • 導入遺伝子およびその一部が残存しないことに加えて，人工制限酵素の切断箇
>   所の修復に伴い塩基の欠失，置換，自然界で起こり得るような遺伝子の欠失，
>   さらに結果として1〜数塩基の変異が挿入される結果となるもの
>
> ⇒組換えDNA技術に該当しない。届け出制を検討。情報提供を求め，一定の情
>   報を公表

（出所）厚生労働省

　上記は，導入遺伝子が除去されているかどうかを1つの判断基準としてはいるものの，遺伝子組み換え食品と同様に取り扱わない範囲が比較的広く，「ゲノム編集」技術の前向きな普及・実用化に配慮がなされているといえます。

4　食品表示法

　食品表示法は，「食品に関する表示が食品を摂取する際の安全性の確保及び自主的かつ合理的な食品の選択の機会の確保に関し重要な役割を果たしていること」を踏まえ，「販売〔……〕の用に供する食品に関する表示」について定めています（同法1条）。食品を消費者が安全に摂取し，自主的かつ合理的に食品を選択することができるように表示を規制しているといえます（同法4条）。

　ここで，遺伝子組み換え食品に関する表示については，以下のとおりとされています[10]。

> **◆遺伝子組み替え食品に関する表示**
>
> • 主な原材料について，遺伝子組み換え食品が5％以上混入している場合
>
> ⇒ 表示義務有
>
> • 分別生産流通管理された遺伝子組換えでない食品を原材料とする場合

10　http://www.caa.go.jp/policies/policy/food_labeling/other/review_meeting_010/pdf/
　review_meeting_010_180419_0002.pdf

⇒ 表示不要または任意表示（「遺伝子組換えでない」）

　そして，「ゲノム編集」で得られた食品について，どのような表示義務を課すのかについては，現在，消費者庁が検討中です[11]。

5　研究指針

　「ゲノム編集」技術の受精卵などへの臨床応用について，日本では，現在，法規制ではなく研究指針で規制するという考えが採用されています。

　「ゲノム編集」との関係で特に留意すべきなのは，厚生労働省から出されている「人を対象とする医学系研究に関する倫理指針」や「ヒトゲノム・遺伝子解析研究に関する倫理指針」です[12]。また，文部科学省は，2019年4月，「ヒト受精胚に遺伝情報改変技術等を用いる研究に関する倫理指針」を制定しました。これによれば，ヒト受精胚に遺伝情報改変技術等を用いる基礎的研究は，①当分の間，生殖補助医療の向上に資する基礎的研究に限る，②研究に用いたヒト受精胚は，人または動物の胎内への移植禁止，とされています[13]。

　なお，2018年4月から，臨床研究における不正防止などを目的とした臨床研究法が施行されました。この法律は，研究機関に臨床研究審査委員会を設置させ，厚生労働大臣の認定を受けさせることで，一般的な臨床研究の内容の適正化や資金提供をめぐる不正を防止しようとするものです（本書Part10「再生医療」も参照）。

11　https://www.caa.go.jp/notice/statement/okamura/190515c/

12　https://www.mhlw.go.jp/stf/seisakunitsuite/bunya/hokabunya/kenkyujigyou/i-kenkyu/index.html

13　http://www.mext.go.jp/b_menu/houdou/31/04/1414991.htm

Part 11　ゲノム編集　｜　251

Part 12
宇宙産業

〈専門家〉
宇宙航空研究開発機構（JAXA）
有人宇宙技術部門 有人宇宙技術センター　技術領域上席
（インタビュー当時：JAXA　新事業促進部 産業促進課　課長）

酒井　純一
Junichi SAKAI

〈聞き手〉
佐々木慶　牧野達彦

（左から3番目が酒井氏）

> Interview 国境なき時代を見すえた開発を
> ——宇宙航空研究開発機構（JAXA） 酒井 純一

1 宇宙産業とは何か

牧野 宇宙産業のテクノロジーについてお話をうかがいたいのですが，そもそも宇宙産業とは，どのような産業を指すのでしょうか。

酒井 「宇宙産業」とは，「宇宙機器産業」および「宇宙利用産業」をいいます。

図表12-1では上の三角形2つを指します。1番上の「宇宙機器産業」は，人工衛星やそれを打ち上げるロケットや地上設備などの製造が含まれます。その下にある「宇宙利用産業」には，通信衛星，衛星放送，気象観測や地球観測等，「宇宙インフラを利用したサービスの提供」が含まれます。

図表では，そのさらに下に，カーナビ，衛星携帯電話端末等の民生機器産業や，サービス産業からのサービスや民生機器を購入・利用するユーザー利

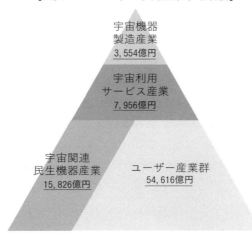

【図表12-1　日本の宇宙産業市場規模】

（出所）　日本航空宇宙工業会「平成27年度宇宙産業データブック」を一部編集

用産業が記載されています。しかし，たとえばGPSデータを受信する機器が含まれているからといって，ただちに宇宙産業なのかについては疑問があり，これら2つの産業は，宇宙産業には含まれていません。とはいえ，これらの産業は宇宙産業と密接に関わっており，宇宙産業が拡大すれば，あわせて拡大していくことが見込まれます。

牧野　宇宙産業で，現在，大きく発展している，ホットな分野があれば教えてください。

酒井　月並みではありますが，発展が続いているのは，衛星を利用した通信分野だと思います。従来の大型の静止衛星を使った通信では，大容量，多チャンネルでかつ広範な通信エリアをカバーする他，航空機やコネクテッドカーなど移動体に対する通信も本格的にサービスが開始されています。

　このほかにも日本では，衛星による測位も注目されています。よく耳にする測位衛星といえばGPSやGRONASSが挙げられますが，複数の衛星からの信号を受信し位置を特定するこれらのシステムでは，受信できる衛星の数が測位性能の決め手となりますが，特に都市部では軌道面と基準面のなす角度の関係で，電波が斜めから入ってくるため，ビルの合間では陰になり有効な捕捉衛星数を確保できなくなる場合があります。

　この問題点を克服するものとして，8時間日本の真上に滞空するような順天頂衛星「みちびき」がつくられました。従来は1機しかありませんでしたが，2017年に3機上げられ，2018年11月1日には正式運用が開始され，測位情報の民間利用も可能になる予定です。これにより，現在では10m程度の誤差のある測位が，cmレベルで調整できるようになり，その情報を利用したスマートフォンやカー用品などさまざまな製品が登場してくると思います。

　自動運転への利用も視野に入っており，民間事業者による実証実験も開始されています。さらに米国を中心に，小さな衛星を多数挙げることによって，地球をもれなくカバーするという構想も持ち上がっています。昔は1つの衛星で何ができるかでしたが，現在は複数の衛星を使って何ができるかを考えるようになりました。

　また，ロケットの世界でいうと，ロケットの性能やコストは1回の打ち上げの金額や質量が尺度でしたが，現在は1つのロケットを何度も再使用する

Part 12　宇宙産業　255

試みが米国でも始まっています。1つのロケットで100以上の衛星を上げるということがインドで行われました。これらはロケットを利用するコストを減らす試みです。色々な荷物をまとめるのは効率的ですが，1つのロケットで上げられる軌道は限られているので，同じ軌道に多くの衛星を投入することになるという難点もあります。

牧野 宇宙利用産業と宇宙機器産業では，前者の方が早期に成長が見込まれるという認識でよろしいでしょうか。

酒井 基本的に，既存の大型の衛星などの宇宙機の需要は今後は置き換えが中心になり，その市場内でのシェアの争いとなると考えています。他方，小型衛星の分野では，今後，大規模な市場が開かれる可能性を秘めています。また，今後の宇宙利用サービスはAIの発達もあり，ディープラーニングで色々なデータの相関を行うと新たなサービスが機械的に出てくる可能性を秘めており，将来的には非常に大きな市場を形成すると思われます。

2 宇宙を利用したサービスの内容

牧野 宇宙と無関係に見える分野で，宇宙での観測データを利用したサービスも出てきているという話も聞いたことがあります。

酒井 さまざまな分野で現に利用されています。たとえば，漁業では，宇宙衛星が取得した海水面の温度の分布データを利用して，魚の分布を予測するというサービスが現に始まっています。当該サービスは，どこに魚がいるかということ自体を特定しませんが，海水面の温度からプランクトンがいるのかどうかが分かるため，海水面の分布のデータが利用できると，プランクトンを餌にする魚がどこで多く採れるのかを予測できる，ということになります。

農業でも，衛星を使って，地面から反射してくるさまざまな情報を受信したうえで，その特異的なデータを抽出することにより，農作物の生育に役立てることができます。たとえば，たんぱく質の含有量を測定するというサービスを使えば，コメの味を予想できたりします。また，衛星を使って地表の小麦の穂水分量などを把握することもできますが，これにより，収穫適切時期を判断したりすることができます。また，害虫対策も可能です。作物が枯れた場所がわかると，どこで害虫が発生したかを推定し，その場所にピンポ

イントに農薬を散布することができます。付近全体へ農薬を散布した従来の方法に比べ，農薬の使用量を抑え，コストと環境への負荷を減らすことができます。

さらに，電波の反射の仕方が異なることを利用することにより防災に役立てる例もあります。たとえば，雨が降っていると電波が返ってこない，乾いていると電波が返ってくるという性質を利用し，大雨が降ったときに，どこで水が溜まってしまっているのかを即時に把握することができます。

牧野 今いただいたお話は，衛星により得られる情報と統計との組み合わせの話で，統計を駆使して判断をする技術が発展する中，宇宙からもその判断に資する情報が集められているというものですね。

酒井 何と何が相関しているのかがわかれば，その相関を表している特徴，インデックスをいかに見つけ出して，サービスに結び付けるかということだと思います。衛星や宇宙を使うメリットは，地上観測と比べ，広範囲を同時に観測できることです。このメリットを有用性・新規性の高いサービスに結び付けていくことが肝要です。

佐々木 どのような宇宙データを得られるかという技術と，それを何に利用できるかというサービスとを「結びつける」場面において，JAXAは重要な役割を果たされていると思いますが，その「結びつき」のアイディアはどのように得られるのでしょうか。

酒井 どのような宇宙データがあればどのようなサービスが提供できるか，というのはJAXAとしても興味をもって追求しているところです。JAXAは，データがどのようなフォーマットで表現されるかを提示することはできますが，それを組み合わせてどのような利用ができるかは，その分野に詳しい方の着想が必要です。たとえば，農業の素人には作物にタンパク質が含まれていると味がどう変化するかという知識はなく，そうなると作物のタンパク質の含有量を調べようという発想は難しいですよね。したがって，そのような着眼点を持つ方々が，宇宙のデータにアクセスをすることが必要になると思います。

JAXAにおいては，衛星データの新たな利用を狙ってインキュベーションプログラムを実施した経験があります。これは，JAXAの衛星の持つデータ

を説明し新たな利用法を募るもので，アプリケーションの開発に必要なデータに関しては，JAXAの衛星データはもちろん，海外のデータもJAXAが購入し無償提供しました。そのプログラムでは，7件の利用法の採択がありました。このように，具体的なビジネス利用プランは主として民間事業者から提案されるものですが，JAXAはより民間事業者の発想を促す仕組みをプログラムとして提供しました。

佐々木　逆に，民間事業者の方々が，提供したいサービスから逆算して，「JAXAでこういうデータは取れないか」とJAXAに問い合わせることはないのでしょうか。

酒井　今のところはそういう話は聞いていませんが，もしそういったものがあれば，われわれとしてはいま手元にあるデータで提供ができるかを検討し，もしそのようなデータがなければ，こういうデータが欲しいので，こういうセンサーが欲しい，などと開発側にフィードバックをかけることはできると思います。

3　宇宙利用サービス産業と技術的課題

牧野　宇宙産業はかなり裾野の広い分野なので，宇宙で取得したデータの利用に焦点を当てて質問をさせてください。この分野に技術的な課題はありますでしょうか。

酒井　データ自体ということでは，宇宙機ごとに最適化していった結果，それぞれ取得するデータのフォーマットが異なり，またデータがあるのか外の方からはわからないことが問題です。

　また，技術の進歩により，より大量かつ精緻なデータの取得が可能となってきた反面，そのデータ量が非常に大きく，その処理，伝送やストレージもまた膨大になってきています。さらに，地球観測データの利用には，取得したデータが地上のどの位置のものであるかマッピングすることが必要で，これも大きな処理負荷となります。ユーザーを意識したサービスを考える場合，これらの課題をどのように克服して，ユーザーフレンドリーなサービスとして提供できるかがとても重要です。

　一方で，技術的課題という訳ではないですが，日本は非常にインフラが発

達しているので，衛星データに頼らずとも色々なサービスが安く入手可能です。そのため，世界規模では成長が見込めるデータ利用分野に対し，あえて衛星データを使う必要性が乏しい状況です。それに対し，新興国や国土の広い国の場合，地上のインフラを整えるには多額の費用と時間がかかるため，一時的には大きなコストが発生しますが，たとえばカバーエリアの広い衛星を使った放送通信により短期間に国土全土にインフラを整備するといった，宇宙に投資する機運が生まれやすくなっています。また，その延長として，国土の監視や地表の観測を衛星で行う事に抵抗がありません。このような事情もあり，他国では新たなサービスの検討も盛んです。

牧野 データを利用することの対価も，ユーザー目線からは気になります。

酒井 最先端の技術を使って取得された詳細，精細なデータなどははじめは有償となるでしょうが，さきほどの話にあったように，取得した一次的なデータを直接利用するだけではなく，データとデータを組み合わせることで新たな価値を生み出すので，JAXAなどの公益の機関が取得したデータは無償で公開する流れになっています。

いま，経済産業省は，宇宙分野におけるデータプラットフォームを立ち上げて，どのようなデータがどのようなフォーマットで記録されるべきかを整理しようとしています。

牧野 経産省のデータプラットフォームのほかにも，JAXAでリモートセンシングデータカタログという，リモートセンシングデータ（人工衛星から取得した地球に関する情報）の活用を検討中の人が，利用可能なデータを整理したカタログを作成した，という話を聞きました。

酒井 このカタログは，必ずしもフォーマットの共通化のためのものではなく，民間事業者の方から，どんなデータをJAXAの衛星で取得しているか明らかにしてほしいという要望に応えるために作ったものです。これは評判がよく，「このようなデータがあるならばそれを加工したい」という要望が出て，これに対し，JAXAからは「この範囲，この大きさまでならば無償で使えますよ」，というようにお応えして，試験的にデータを作成することにもつながっています。

Part 12　宇宙産業　259

4　宇宙産業と法的課題

牧野　宇宙利用産業に限らず，宇宙産業全般について，法的課題として感じるものはありますか。

酒井　宇宙二法（いわゆる「宇宙活動法[1]」および「衛星リモセン法[2]」）ができたことにより，人工衛星等の打ち上げをする業者の責任が明確化され，事業リスクを把握しやすくなったので，新たな事業に参入しやすくなったと考えています。リスク分担の明確化は新規参入の促進につながるのではないかと思います。

牧野　残存する法的課題はありますでしょうか。

酒井　宇宙二法により明確化されたもの以外では，宇宙資源（鉱物，水）等の所有に関する国際的なルールが気になります。宇宙資源を手に入れる技術を持っている者・国しかルール策定の議論に加わることができなくなると，技術を持たない状況は非常に不利になってくると思います。資源獲得競争が激化する前に，何らか国際的な枠組みで，独占に対する歯止めや事業参入の公平性の担保ができることを望みます。

佐々木　法律には，私人間の関係を規律するものも多くありますが，そのような側面で整備が必要な課題はありますでしょうか。

酒井　まず，安全に対する意識が必要です。宇宙活動法で個人の保証の上限が設定されたとしても，考えうる限りの安全をしっかり確保して宇宙機を設計し打ち上げに臨む謙虚な気持ちが大切であると感じます。また，国境や100km以上の高度の宇宙空間では，国境や領空という概念がありません。宇宙にも当然ありません。宇宙空間において他国の上空を自由に通過して高性能のカメラで撮影すると，規制の遵守は実質的には撮影者側のモラルに依存するようになってきます。衛星リモセン法では，データ取得者を識別し解像度の制限をつけていますが，それにとどまらず，データ取得者側に倫理や節度が求められます。さらに，打ち上げた物体についても，その物体の寿命が尽き

1　人工衛星の打上げ及び人工衛星の管理に関する法律。
2　衛星リモートセンシング記録の適正な取扱いの確保に関する法律。

るまで管理が必要です。近年，話題になってきた「デブリ」（宇宙ゴミ）は，寿命の尽きた衛星が典型ですが，衛星打ち上げに使われたロケットの上段も，宇宙機に衝突すれば壊滅的な被害が生じますので，今後はより安全に処分することが望まれています。個人や私企業が作るロケットや衛星でも，機能の寿命が尽きた時に安全に処分できる仕組みの装備と実際の処分とを義務化する法の整備が必要です。地球の周回軌道も1つの資源であり，地球の住民として効率よく上手に使う意識が必要です。

5　宇宙産業（宇宙利用サービスを含む）振興の展望

牧野　宇宙産業の発展のためには，ファイナンスも重要かと思われますが，最近，パブリックなファンドを中心としたファイナンスが増えていると聞きました。

酒井　パブリックなファンドは，企業そのものに投資するという側面のほか，その企業の活動を通して拓かれる産業に投資をするという視点も存在します。近視眼的な投資ではなく，10年，20年といった長期スパンの投資ができるという点で，われわれも期待しています。パブリックなファンドが投資した企業・ビジネスは，市中の銀行も投資しやすくなり，幅広い資金調達を呼び込むための起爆剤となりえます。

佐々木　今まで民間資金が入りにくかった日本特有の理由はあったのでしょうか。

酒井　もともと宇宙の探査は，従来は民間のやるものではないと考えられていました。しかし，最近のように探査を目的に含めた企業活動をしている民間企業が現れると，JAXAも探査のパートナーとして当該企業のビジネスに関与しやすくなり，これまでにない展開が生まれるので，市中の資金も入りやすくなると期待します。

　宇宙モノは，量産が前提とされず，1つが失敗するとそのまま赤字になってしまうリスクがありますが，ファイナンスをする側でも，大切な「1つ」を作ることについて信頼できない組織には資金を出しにくいですよね。そのため，新しい会社が何かをやろうとしても「実績は？」と言われ前に進めない。そこで，企画の一部を実績のある部分で実証して，「これは初めての試

みのようにも見えるが，この部分は前に打ち上がった衛星でもすでに使われた技術であり，問題が生じていない」といった説明をして，ようやくファイナンサーに話を聞いてもらえる。ロケットや衛星は地球上とは異なる環境へ打ち出すものなので，金融機関や投資家がプロジェクトの成功可能性や技術の将来性を読み，お金を出すということは難しいのではないでしょうか。前回大丈夫だったので今回もたぶん大丈夫という明解な論拠に裏付けされた説明ができない，1品ものを作る小さな会社は不利であるという問題がありました。

佐々木 そのような中で，ノウハウや経験を持たないプレイヤーが新規参入し，また会社によっては比較的大規模な資金調達を成功させる例が見られますが，コンピュータの高速化を含めた性能の向上が参入障壁を下げているという面もありますでしょうか。

酒井 普通のPCを宇宙へ持って行くと放射線の影響などで止まってしまいますし，地上で高性能なPCが宇宙でも高性能を発揮するかというとそういう訳ではありません。ただ，同じ性能を持つものを小さく，軽く作れるようになり，余ったキャパシティで燃料をたくさん積め，宇宙でのミッション時間が増え，コストが下がる，というようになっています。また，従来大きな衛星でしか搭載できなかった高性能のセンサーが小型化，低消費電力化されたことで，小さな衛星でも同じ機能を実現することができるようになり，打ち上げコストが安くなることで，より多くの企業がアイデアを形にできる機会が増えています。この意味では，コンピュータの発展が宇宙ビジネスへの参入に役に立っています。

牧野 宇宙産業の今後の発展のためには何が重要でしょうか。

酒井 宇宙産業が発展するためには，民間資金の投下はなくてはならないと思います。そのためには，民間の投資リスクの軽減・免除や，積極的な民間への技術委譲による開発の促進，支援，民間が開発したサービスの官による積極的な利用とアンカーテナンシーなどの連携により魅力ある市場を形成することが必要と考えます。コストを度外視せず，世界市場に繋がるレベルのコスト性能バランスのとれたものを開発し，それを色々なミッションで積極的に使いながら，産業界の自立を支援することが重要だと考えます。産業化を

目指すには，開発から生産に移る「死の谷」を克服するためにリスクマネー
が必要である場合が多いです。

　これまで，われわれJAXAは，常に最高性能の実現を目指して開発を行
ってきました。もちろん，そのような研究開発は，先端技術の獲得，戦略的
な技術蓄積，日本の将来的な競争力確保のために重要です。一方で，高性能
だけを追求してもコストが嵩むとそこにマーケットが産まれないこともわか
ってきました。どこに本当のニーズがあり，どこが問題になっているのであ
るかを知る必要があるため，民間の参入があることを大いに期待しています。
そして，技術的な支援等はJAXAが行う必要があると思いますが，最終的
には民間の企業が自分たちの力で切り拓いていけるようになると産業が拡大
すると考えています。

佐々木　宇宙には謎も多く，他方で地球上でも技術の進展は目覚ましいものが
あろうかと思います。宇宙産業の発展のためのプランニング・開発は，どれ
くらい先まで見通しを立てていらっしゃるのでしょうか。たとえば，10年前
に現在の状況を予測されていたのでしょうか。

酒井　10年前はすでに宇宙ステーションの実現が見込まれていた時期ですね。
宇宙ステーションで何かを製作・生育する構想はありました。ただ，そこで
作ったものを地球へ持って帰ってきてもコストが高く，販売しても売れない
と考えていました。つまり，当時は宇宙ステーションを工場として利用する
ことは無理だと思っていたのです。ところが，そこに別なアプローチで切り
込んでくる米国の会社があって，「光ファイバーについては非常に高純度な
ものを宇宙で作れるが，これは地球へ持ち帰るコストに見合う価値がある」
と判断しています。10年前の私達はこんな風には考えていませんでした。当
時の私達は，宇宙で実際に何かを製造するのではなく，実験場として使うこ
とを主に考えていました。コストに見合った価格で販売できるものを作れる
となると，話が変わってきますよね。他方で，10年前は，もっと人間が宇宙
へ行けているだろうと思っていましたが，この点はまだ予想していたよりも
遅れているようです。

Part 12　宇宙産業　　263

6 未来の萌芽──結びに代えて

酒井 最後に，今後についてお話しします。今後10年の間に，インターネット衛星というものが実現すると言われています。つまり，いつでもどこでも衛星経由でインターネットにつながることのできる世界です。たとえば，車がいつでもインターネットに接続されているようになり，リアルタイムで地図が更新され，それを使って走行することなどもあり得るのではないでしょうか。また，10年では厳しいかもしれませんが，もっともっと人が宇宙に滞在している状態が来るのではないでしょうか。

1,000年後，1万年後には，人間は地球上にしかいないかというと，そういう訳ではないと思います。現在から将来に至るどこかの段階でそうなるのであれば，その予兆が今あってもおかしくないと考えています。

(インタビュー：2017年12月25日)

Legal Commentary 法務の視点から

1 宇宙に関するわが国の法整備の状況について

(1) 宇宙基本法と「宇宙二法」

わが国では，2008年に制定・施行された「宇宙基本法」が宇宙開発の基本方針を定めるものとして存在していました。近時，民間ベースでの宇宙活動が活発化してきたこともあり，宇宙基本法を踏まえ，宇宙活動に関するルール作りが待たれていました。このような状況の中，商業ベースによる人工衛星の打ち上げや，衛星リモートセンシング（人工衛星による地球情報の調査）データの適正な取り扱いの確保等のルールを整備するため，これらの事業における活動に関する，規制上を含む事項を明確化するため，「人工衛星等の打ち上げおよび人工衛星の管理に関する法律（宇宙活動法）」，および「衛星リモートセンシング記録の適正な取扱いの確保に関する法律（衛星リモセン法）」が2016年11月16日に公布され，前者は2018年11月15日に，後者は2017年11月15日にそれぞれ施行されました。宇宙活動法と衛星リモセン法は合わせて「宇宙二法」と呼ばれ

ています。

(a) 宇宙活動法

　宇宙活動法では，主に，①日本国内や日本国籍の船舶・航空機搭載の打上施設における人工衛星およびその打上げ用ロケット（以下，「人工衛星等」といいます）の打上げに係る許可制度，②国内に所在する人工衛星管理設備を用いた人工衛星の管理に係る許可制度，ならびに③第三者損害賠償制度が規定されています。

　宇宙活動法の柱の1つ目，上記①・②の許可制度では，人工衛星の打上げ用ロケットの設計やロケット打上げ計画（人工衛星の打上げ用ロケットの飛行経路および打上施設の周辺の安全を確保する方法を含む），人工衛星の数，利用の目的および方法（上記①の場合）や，人工衛星の利用の目的および方法が，宇宙の平和利用を含む宇宙基本法の基本理念に則したものであり，かつ，（日本国による）宇宙の開発および利用に関する諸条約の的確かつ円滑な実施等に支障を及ぼすおそれがないものであること（上記①・②共通）などが許可の審査対象となっており，民間による宇宙活動が危険または不適切なものなどとならないよう，国による事前のコントロールが及ぶようになっています。わが国の宇宙産業をはじめとした産業の技術力および国際競争力の強化は，宇宙基本法にも基本理念として掲げられているところであり（宇宙基本法4条），諸条約の的確かつ円滑な実施等に支障を及ぼすおそれという抽象的な要件を用いて，過度に発展が妨げられることのないよう，適切に法令解釈・運用のなされることが望まれます。

　宇宙活動法のもう1つの柱は，③第三者損害賠償制度です。これは，日本が1983年に締結済の「宇宙物体により引き起こされる損害についての国際的責任に関する条約（宇宙損害責任条約）」において，締約国が宇宙物体の「打上げ国」[3]となる場合には，民間事業者によるものであっても，自国の宇宙物体が地表においては，引き起こした損害または飛行中の航空機に与えた損害の賠償に

3　宇宙損害責任条約上，「(i)宇宙物体の打上げを行い，又は行わせる国」および「(ii)宇宙物体が，その領域又は施設から打ち上げられる国」と定義されています（宇宙損害責任条約1条(c)）。

Part 12　宇宙産業　| 　265

【図表12-2　宇宙活動法の概要】

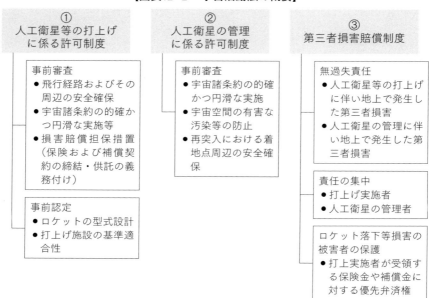

つき無過失責任を負うこと（同条約 2 条）などに対応しています。同条約の規定を踏まえ，宇宙活動法に基づく第三者損害賠償制度においては，人工衛星等の打上げ許可を受けた者は，(a)打上げ用ロケット，および，(b)一部またはすべての人工衛星が打上げ用ロケットから分離していない場合には人工衛星等にかかる，落下，衝突または爆発による損害を「ロケット落下等損害」と定義し，このロケット落下等損害に備えた損害保険や政府との補償契約の締結等を人工衛星等の打上げ実施者に義務付けています。この義務付けに加え，ロケット落下等損害の被害者は，宇宙活動法上，当該保険金や補償金について優先弁済権を有するものとされています。そのため，ロケット落下等損害の救済については，加害者の無資力のリスクを負わずに済むため，同法の適用の範囲においては，ロケット落下等損害による被害者の救済は十分に図られることとなり，事業者以外の利益に配慮された制度といえるでしょう。さらに，このような救済制度のほか，人工衛星等の打上げを行う者や人工衛星の管理を行う者の無過失責任や，人工衛星等の打上げにおいては打上げを行う者以外が責任を負わない

という「責任集中規定」が民法上の不法行為責任の特則として設けられており，責任の所在の明確化により，ロケット落下等損害の被害者による事業者責任の追及が容易なものとされています。また，責任集中規定は，打上げにおける大規模損害のリスクを負うことができないような企業（典型的には中小企業たる部品メーカー）の企業活動を萎縮させないという意義もあり，その意味でも重要です[4]。

(b) 衛星リモセン法

衛星リモセン法では，衛星リモートセンシング記録（宇宙空間にある衛星から電磁波等を用いて行われた探査により得られたデータであり，衛星リモセン法に

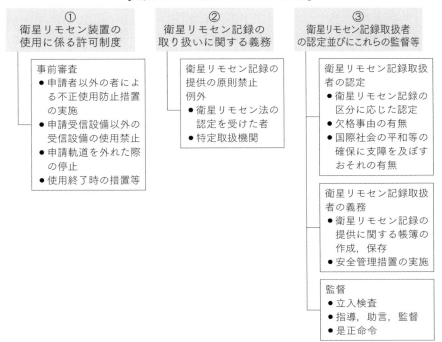

【図表12-3　衛星リモセン法の概要】

---

[4] ただし，無過失責任を負ったものからの求償が否定されるわけではないため，全くリスクなく部品提供をできるようになるわけではありません。

Part 12　宇宙産業　267

おいて詳細に定義されている）の適正な取り扱いを行うことを目的として，①人工衛星に搭載されて衛星リモートセンシング記録を取得するための「衛星リモートセンシング装置」の使用許可制度，②衛星リモートセンシング記録の取り扱いに関する規制，および③同記録取り扱いを行う者の認定および監督を規定しています。これらは，民間事業者による衛星リモセン記録の取得・利用が広がる中，当該記録等の等の悪用を防ぐとともに，事業者が遵守すべき基準・ルールの明確化による予見可能性を向上することによって事業リスクを低減すること等を目的として整備されたものです。

また，衛星リモセン法は，衛星リモートセンシング記録を取り扱うことのできる者の認定制度を設け，当該認定者および特定取扱機関（政令により指定される，一定の国または地方公共団体の機関または外国の政府機関）以外への衛星リモートセンシング記録の提供を禁止しています。衛星リモートセンシング情報は，テロリストなどに渡れば，日本国の安全保障や国際社会の平和をも脅かしうるものであるため，その提供の範囲が厳密に制限されているのです。

上記のとおり，宇宙二法（宇宙活動法および衛星リモセン法）により商業打上げをはじめ，宇宙にかかわる民間事業者の責任の範囲が一定程度明確化され，予測可能性が高まりビジネスのしやすい環境の整備が進みました。しかし，宇宙資源開発や権利の帰属，スペースデブリ[5]の宇宙空間からの除去，サブオービタル飛行[6]による宇宙旅行などの新規ビジネスに関連し，明確化が必要な領域は相当残っています。宇宙産業に参画する企業によるコンプライアンス管理は，事業活動そのものだけでなく，金融機関をはじめとする第三者が安心して投資ができ，企業の資金調達が容易となるインフラとしても重要であり，ルールの早期明確化が必要です。また，国防のための規制も当然必要でしょう。他方で，民間の事業活動による実際の弊害が生じる前に，これを過度に予防するような規制は，活動の萎縮を招き，産業の振興が損なわれ，他国との競争を勝ち抜く力も失われます。条約の遵守等のために国家の介入が必要な最低限度でのみ規制を行うことは重要ですが，それ以外の範囲では，事業者以外のプライバシー等の人権・権利に配慮しつつも，可能な限りで事業活動の自由が確保さ

5　宇宙空間にある，故障した人工衛星や打上げロケットの残骸等。
6　地球周回軌道に達しない準軌道飛行。宇宙旅行などに使われることが期待されています。

れることが望まれます。

(2) その他人工衛星に関連する法規

　人工衛星に関連する法規には，宇宙活動法および衛星リモセン法のほか電波法があります。電波法は「無線局の開設」，すなわち無線設備を設置し，それを操作する者が電波を発射できる状態にするにあたり，原則として総務大臣の免許を要求します（同法4条1項）。人工衛星を運用する場合，通常，人工衛星に開設する無線局と，その無線設備を地球から操作するために地上に開設する無線局とが必要となります。また，事業者が衛星通信網を開設する場合には，電波法上の無線局の開設の前提として，主務官庁（総務省）による，影響を受ける（与える）外国の主管庁との間での，国際電気通信連合（ITU）憲章の規則に基づく国際調整が必要となります。

　また，人工衛星・宇宙開発用飛しょう体などの技術を，北朝鮮などの制裁対象国をはじめとした特定の外国において，または（日本国内であっても）居住者が，特定の外国の非居住者に対して提供することを目的とする取引を行おうとする場合には，経済産業省の許可が必要となりえます（外国為替及び外国貿易法25条1項）。

　以上は日本の国内法ですが，衛星プロジェクトは，人工衛星を作るための部品調達等の過程にはじまり，打上げや運用の段階，運用終了後の段階（スペースデブリ対策を含む）のいずれにおいても国際的な要素をはらむことが多いので，同種の内容を規律する諸外国の法規の適用についても検討する必要があります。

　しかも，その際には，各国の法律で許可を要する範囲に違いがありうる点にも留意しなければなりません。たとえば，日本の宇宙活動法において，人工衛星等の打上げに係る許可が必要なのは「国内に所在し，又は日本国籍を有する船舶若しくは航空機に搭載された打上げ施設を用いて人工衛星等の打上げを行おうとする者」です（宇宙活動法4条）。したがって，国内に所在せず，かつ，日本国籍を有する船舶若しくは航空機に搭載された打上げ施設を用いずに人工衛星等の打上げを行う場合，日本国民や日本で設立された法人であっても，宇宙活動法に基づく許可は不要です。

Part 12　宇宙産業　　269

これに対して，米国のCommercial Space Launch Actでは，米国市民が，米国外でロケットの打上げや，打上施設の運用等を行う場合にも，原則として同法の許可を求めています[7]。

このような，各国の法律［の規律の範囲］の差異は，衛星プロジェクトを企画・運用するにあたっての障害やコスト要因になり得ます。長期的には，各国の法律について国連の委員会や，民間（シンクタンク・大学等）により設立・運営されるワーキンググループなどの場で国際協調路線が進められることが望まれます。

2　衛星データの利用と契約

2018年6月15日，経済産業省は「AI・データの利用に関する契約ガイドライン」（以下，「本ガイドライン」という）を策定しました。本ガイドラインは，データの利用，加工，譲渡その他取り扱いに関する契約（以下，総称して「データ契約」という）の実務の集積が十分ではなく，データ契約が締結された場合にデータの利用権限に関する合意や当事者が新たにデータを創出する場合の派生データの取り扱いについての合意，あるいはデータの流出や不正利用に伴い発生するリスクについての合意等に不備があることにより，契約後に予期せぬ事態が発生するおそれが生じやすいことに鑑み策定されたものです。具体的には，データ契約を，①一方当事者がデータを保持しているという事実状態が明確であるか否か，②複数の当事者が関与してデータが新たに創出されるか否か，③プラットフォームを利用したデータの共用か否かという観点から，「データ提供型」，「データ創出型」，「データ共用型」に分類したうえ，各契約類型の構造，主な法的論点，適切な契約の取決め方法等について説明が加えられております。

宇宙の観測データを利用したサービスを念頭に置いた場合，事業者が観測データを取得する場合に締結される契約は，現在ではデータ提供型契約にあたることが多いと思われます。本ガイドラインでは，データ提供型契約をさらにデータの譲渡，利用許諾，相互利用許諾に分類したうえ，提供データを活用した

7　51 USC § 50904(a)

派生データの利用権限，データの品質，提供データの利用に起因して生じた損害についての負担，データのクロスボーダー取引等の観点からさまざまな考慮要素等が提示されています。また，衛星データと他のデータ（たとえば，製品に設置されたセンサーから取得されたデータ）を組み合わせて提供される「データ創出型」のビジネスや，Tellus[8]のような衛星データのプラットフォームを利用する「データ共用型」のビジネスも今後ますます発展していくものと思われます。本ガイドラインにより，衛星データの利用を含むデータ契約が普及し，ひいてはデータの有効活用が促進されることが期待されます。

3 宇宙産業とファイナンス

　宇宙産業の発展のためには，資金調達が不可欠である。資金調達は株式等の発行によるエクイティファイナンスと借入・社債の発行等によるデットファイナンスに大きく分けられます。このうち，デットファイナンスについては，特定のプロジェクトのみから安定したキャッシュフローを生み出すことが難しい上，宇宙にある資産を担保にとるための「ケープタウン議定書」（条約）が未発効でルールが未整備であり，アセットを引当てとしたファイナンスは難しいのが現状です。そのため，企業全体の信用力に依拠したコーポレートファイナンスが中心となっております。

　他方，わが国で最近注目されているのは，エクイティファイナンスです。2017年12月には，産業革新機構・日本政策投資銀行等による株式会社ispaceに対する増資が行われるなど，宇宙産業全体の発展や長期的な宇宙活動をも視野に入れた投資が行われています。今後，さらに大きな資金調達を可能とする公募増資も期待されます。しかし，公募増資にはリスクその他の証券情報の開示が必要であり，国内外の規制に関するリスクに加え，宇宙における私人間，国と私人との特殊な権利関係の規律もリスクとなり得るため，権利関係や規制の策定のみならず，これらのリスクファクターの開示方法およびこれをめぐるルールの策定もまた肝要となります。

8　経済産業省との委任契約に基づき，民間事業者が試作・提供を行っている産業利用を目的とした衛星データプラットフォーム。

4　海外の動向

　1967年に「月その他の天体を含む宇宙空間の探査及び利用における国家活動を律する原則に関する条約」（以下「宇宙条約」といいます）が採択されて以降，同条約において「打上げ国」は，民間事業者の活動により損害が発生した場合であっても，国際法上の損害賠償義務を負うことが規定されています。すなわち，宇宙条約の当事国である「打上げ国」の領域もしくは施設から宇宙空間に物体が発射される場合に，その物体または構成部分により他の当事国またはその国の自然人・法人に損害を与えた場合には，「打上げ国」は損害賠償義務を負うため（宇宙条約7条），民間事業者が「打上げ国」の領域もしくは施設から打上げを行った場合，「打上げ国」は損害賠償義務を負う可能性があります。このように，「打上げ国」は民間事業者の活動を含め損害賠償リスクを広く負うことから，射場をもつ欧米諸国を中心に，同条約に従った国内法の整備が進められました。

　宇宙条約をはじめとした国際条約の履行という側面のほか，自国における宇宙産業の振興・競争強化という観点から，積極的に国内立法が行われるケースもあります。たとえば米国では，1984年7月に陸域リモートセンシング商業化法を制定したほか，同年10月には商業打上げ法を制定して民間企業による使い捨て型ロケットの打上げへの道を開きました。1990年の打上げサービス購買法や1998年の宇宙商業法では，NASAによる民間企業からの調達を実施・強化し，2004年の商業打上げ法の改正では，民間打上げにおける搭乗者に対する安全規制を当局であるアメリカ航空宇宙局（NASA[9]）およびアメリカ連邦航空局（FAA[10]）が行うことを一定期間禁じました。近年では，2015年11月に，米国商業打上げ競争法が成立しました。同法には，「小惑星・宇宙資源の商業採掘に従事する米国市民が獲得したいかなる小惑星・宇宙資源についても，当該小惑星や宇宙資源の商業採掘を行う米国市民が米国の国際法上の義務を含む関連法規に従い，これを保有，所有，移転，使用及び売却する権利を有する」旨の

9　National Aeronautics and Space Administration
10　Federal Aviation Administration

規定が含まれていたことから，私人による宇宙資源の保有の可否や，宇宙資源開発の規制の要否・範囲についての国際的な議論の契機となりました。

また，自国領土内での打上げ活動が現時点でそれほど活発でない国でも，たとえば，中長期的な産業の発展を見越すオーストラリア，多国籍企業の本籍地としてその活動を支援するベルギーなど，さまざまな思惑から国内法の整備を進めています。

これらに対し，宇宙条約の加盟国でなく，国内法の制定もされていないため，宇宙活動に関する整備が全く行われていない国も未だ残っているのが現状です。

■参考文献

Introduction　イノベーション

シュムペーター（1982）『経済発展の理論——企業者利潤・資本・信用・利子および
　景気の回転に関する一研究』（塩野谷　祐一・中山伊知郎・東畑精一訳）岩波書店
ジョシュア・ウルフ・シェンク（2017）『二人で一人の天才（Powers of Two）』（矢
　羽野薫訳）英治出版
一橋大学イノベーション研究センター編（2017）『イノベーション・マネジメント入
　門［第2版］』日本経済新聞出版社
甘利明，山際大志郎（2018）『INNOVATION ECOSYSTEM——ニッポンは甦る！』
　講談社
伊藤穣一，アンドレー・ウール（2018）『教養としてのテクノロジー——AI，仮想通
　貨，ブロックチェーン』NHK出版
李智慧（2018）『チャイナ・イノベーション』日経BP社
P. Ralph and Y. Wand: A Proposal for a Formal Definition of the Design Concept, In
　K. Lyytinen, P. Loucopoulos, J. Mylopoulos and B. Robinson Eds.: Design
　Requirements Engineering: A Ten-Year Perspective, 14,（2009）, 103-136.
　Springer.
ティム・ブラウン（2014）『デザイン思考が世界を変える——イノベーションを導く
　新しい考え方』（千葉敏生訳）早川書房
武山政直（2017）『サービスデザインの教科書——共創するビジネスのつくりかた』
　NTT出版
宍戸常寿，大屋雅裕，小塚荘一郎，佐藤一郎ほか「AIと社会と法」『論究ジュリス
　ト』有斐閣　※執筆時点で2018年春号より連載継続中

Part 1　人工知能

経済産業省情報経済課編（2018）「AI・データの利用に関する契約ガイドラインと解
　説」『別冊NBL No. 165』
知的財産戦略本部「知的財産推進計画2018」2018年6月12日公表
　https://www.kantei.go.jp/jp/singi/titeki2/kettei/chizaikeikaku2018.pdf
知的財産戦略本部「知的財産推進計画2019」2019年6月21日公表
　https://www.kantei.go.jp/jp/singi/titeki2/kettei/chizaikeikaku20190621.pdf
経済産業省「AI・データの利用に関する契約ガイドライン」2018年6月15日公表
　https://www.meti.go.jp/press/2018/06/20180615001/20180615001.html

農林水産省「農業分野におけるデータ契約ガイドライン」2018年12月26日策定
　http://www.maff.go.jp/j/kanbo/tizai/brand/b_data/attach/pdf/deta-50.pdf
経済産業省知的財産政策室（2019）『逐条解説 不正競争防止法［第２版］』商事法務

Part 2　ビッグデータ

IoT推進コンソーシアム，経済産業省「データの利用権限に関する契約ガイドライン
　ver1.0」2017年５月30日公表
経済産業省「AI・データの利用に関する契約ガイドライン」2018年６月15日公表
　https://www.meti.go.jp/press/2018/06/20180615001/20180615001.html

Part 3　ロボット

独立行政法人新エネルギー・産業技術総合開発機構編（2014）『NEDOロボット白書
　2014──社会を変えようとするとき，そこにロボット技術がある！』独立行政法人
　新エネルギー・産業技術総合開発機構
平野晋（2017）『ロボット法──AIとヒトの共生にむけて』弘文堂
ウゴ・パガロ（2018）『ロボット法』（新保史生監訳・訳　松尾剛行，工藤郁子，赤坂
　亮太訳）勁草書房
弥永真生・宍戸常寿編（2018）『ロボット・AIと法』有斐閣
第二東京弁護士会情報公開・個人情報保護委員会編（2019）『AI・ロボットの法律実
　務Q&A』勁草書房

Part 4　自動運転

藤田友敬編（2018）『自動運転と法』有斐閣
内閣官房情報通信技術（IT）総合戦略室「自動運転に係る制度整備大綱のフォロー
　アップ状況について」2018年12月５日公表
　https://www.kantei.go.jp/jp/singi/it2/dourokoutsu_wg/dai1/siryou3.pdf
高度情報通信ネットワーク社会推進戦略本部・官民データ活用推進戦略会議「自動運
　転に係る制度整備大綱」2018年４月17日公表
　https://www.kantei.go.jp/jp/singi/it2/kettei/pdf/20180413/auto_drive.pdf
弥永真生，宍戸常寿編（2018）『ロボット・AIと法』有斐閣
逢坂哲彌監修，鶴原吉郎，中森智博（2014）『自動運転──ライフスタイルから電気
　自動車まで，すべてを変える破壊的イノベーション』日経BP社
中村吉明（2017）『AIが変えるクルマの未来──自動車産業への警鐘と期待』NTT
　出版

アーサー・ディ・リトル・ジャパン（2018）『モビリティー進化論——自動運転と交通サービス，変えるのは誰か』日経BP社

中西孝樹（2018）『CASE革命——2030年の自動車産業』日本経済新聞出版社

日高洋祐，牧村和彦，井上岳一，井上佳三（2018）『MaaS——モビリティ革命の先にある全産業のゲームチェンジ』日経BP社

今井猛嘉（2018）「自動走行に関与する者の刑事責任——現行法下の処理と今後の課題」NBL1099号

Part 5　仮想通貨（暗号資産）

金融法委員会「仮想通貨の私法上の位置付けに関する論点整理」2018年12月12日公表

森田宏樹「仮想通貨の私法上の性質について」『金融法務事情』2095号14頁以下

西村あさひ法律事務所編（2017）『ファイナンス法大全（下）［全訂版］』商事法務838頁以下〔芝章浩〕

片岡義広「仮想通貨の私法的性質の論点」『LIBRA』2017年4月号12頁以下

小笠原匡隆『ブロックチェーンビジネスとICOのフィジビリティスタディ』商事法務42頁以下

片岡義広・森下国彦編（2018）『Fintech法務ガイド［第2版］』商事法務233頁以下

Part 6　ブロックチェーン

久保田隆編（2018）『ブロックチェーンをめぐる実務・政策と法』中央経済社

長谷部恭男（2011）『憲法［第5版］』新世社

新堂幸司（2011）『新民事訴訟法［第5版］』弘文堂

梅本吉彦（2009）『民事訴訟法［第4版］』信山社

我妻榮・有泉亨・清水誠・田山輝明（2018）『我妻・有泉コンメンタール民法　総則・物権・債権』日本評論社

能見善久・加藤新太郎（2013）『論点体系　判例民法［第2版］1総則』第一法規

内藤篤（2012）『エンタテインメント契約法［第3版］』商事法務

一般財団法人ソフトウェア情報センター「IoT時代におけるOSSの利用と法的諸問題Q&A集」2018年3月公表　https://www.softic.or.jp/ossqa/index.htm

Part 9　仮想現実（VR）

マイケル E. ポーター，ジェームス E. ヘプルマン（2018）「AR戦略——拡張現実の並外れた可能性　なぜすべての組織で必要なのか」『DIAMOND ハーバード・ビジネス・レビュー』（有賀裕子訳）2018年1月号，pp26-47，ダイヤモンド社

Part10　再生医療

中村憲夫（2015）『幹細胞と再生医療』丸善出版

ジョナサン・スラック（2016）『幹細胞——ES細胞・iPS細胞・再生医療』（八代嘉美訳）岩波書店

Part11　ゲノム編集

山本卓編（2016）『ゲノム編集入門』裳華房

小林雅一（2016）『ゲノム編集とは何か——「DNAのメス」クリスパーの衝撃』講談社

宇賀克也（2019）『次世代医療基盤法の逐条解説』有斐閣

Part12　宇宙産業

経済産業省「AI・データの利用に関する契約ガイドライン」2018年6月15日公表
https://www.meti.go.jp/press/2018/06/20180615001/20180615001.html

索　引

欧　文

AI（Artificial Intelligence）················ 11

AI生成物 ····································· 39

AI・データの利用に関する契約ガイドライ
ン ······································· 38, 270

AICA（American Innovation and
Competitiveness Act）·················· 21

Alipay ······································ 128

AMED（Japan Agency for Medical
Research and Development）······ 18, 215

API ··· 11

AR（Augmented Reality）················ 192

BCH ·· 121

Binance ····································· 124

BitShares ···································· 128

BNBトークン ······························· 124

Cartagena Protocol on Biosafety ········ 242

CG（Computer Graphics）················ 192

CIA（Confidentiality／Integrity／
Availability）···························· 166

Code is Law ································ 141

CRISPR ····································· 232

CRISPR-Cas 9 ······························ 232

CRISPR配列 ································· 233

CZ ·· 123

Dai ··· 128

DNA（deoxyribonucleic acid）··········· 231

DVP（Delivery Versus Payment）······ 147

ELSI（Ethical, Legal and Social Issues）
·· 80

EU一般データ保護規則 ··················· 189

GCTP（Good Cell／Tissue Practice）····· 221

GDPR（General Data Protection Regulation）
·································· 51, 189

GUSD ······································· 128

HMI（Human Machine Interface）········ 94

HR ····································· 235, 239

HTTPS ····································· 166

ICO（Initial Coin Offering）········ 121, 130

ICT（Information and Communication
Technology）························ 73, 216

IoT ·· 13

IoTセキュリティ ··························· 177

iPS細胞 ····································· 207

iPS細胞の初期化 ··························· 212

ISO（Intenational Organization for
Standardization）························ 138

ISO／TC159国内対策委員会 ··············· 200

ITセキュリティ ···························· 176

ITS（Intelligent Transport Systems）···· 90,
182

JEITA（Japan Electronics and Information
Technology Industries Association）··· 200

JENC（Japan Ergonomics National
Committee）····························· 200

JST（Japan Science and Technology
Agency）································· 17

k-匿名化 ···································· 160

MaaS（Mobility as a Service）············ 99

MR（Mixed Reality）····················· 192

NHEJ ······································· 235

NISC ·· 186

OPERA ····································· 17

PAM（protospacer adjacent motif）····· 233

PayPay ····································· 128

PoC（Proof of Concept）段階 ············· 44

POV（Privately Owned Vehicle（s））···· 99

Stable Coin ································· 128

STO（Security Token Offering）········· 130

TALEN（transcription activator-like
effector nuclease）····················· 232

Tether ······································ 128

True USD ･････････････････････ 128
Trusted Computing ････････････ 120
VR ････････････････････････････ 192
WeChatPay ･･･････････････････ 128
ZFN（zinc finger nucleases）･･････････ 231

あ 行

アイ・トラッキングシステム ･････････ 194
アカウンタビリティの原則 ･･･････････ 84
アクチュエーション技術 ･･････････ 74
アクチュエーション（動作）機能 ･･････ 72
アサインバック ･･･････････････ 19
アセスメント段階 ･･･････････････ 44
アルゴリズム ･････････････････ 62
暗号鍵 ･････････････････････ 181
安全技術ガイドライン（自動運転車の安全技
　術ガイドライン）･････････････････ 106
安全の原則 ･･･････････････････ 83
イーサリアム ･････････････････ 123
一般社団法人電子情報技術産業協会 ･･･ 200
一般データ保護規則 ･･････････････ 51
遺伝子組換え技術 ･･･････････････ 237
遺伝子組換え作物 ･･･････････････ 243
遺伝子組換え生物等 ･････････････ 248
イノベーション ･･････････････ 2
イノベーター ････････････････ 4
医薬品医療機器等法（医薬品，医療機器等の
　品質，有効性及び安全性の確保等に関する
　法律）･････････････････ 214, 219
因果関係 ･････････････････････ 60
ウォーターフォール型 ････････････ 44
宇宙活動法（人工衛星等の打ち上げおよび人
　工衛星の管理に関する法律）･･･････ 264
宇宙機器産業 ･････････････････ 254
宇宙基本法 ･･･････････････････ 264
宇宙産業 ･････････････････････ 254
宇宙条約（月その他の天体を含む宇宙空間の
　探査及び利用における国家活動を律する原
　則に関する条約）･･･････････････ 272

宇宙損害責任条約（宇宙物体により引き起こ
　される損害についての国際的責任に関する
　条約）･･････････････････････ 265
宇宙利用産業 ･････････････････ 254
運転支援 ･････････････････････ 93
衛星リモートセンシング記録 ･･･････ 267
衛星リモセン法（衛星リモートセンシング記
　録の適正な取り扱いの確保に関する法律）
　････････････････････････ 264
エクイティファイナンス ･･･････････ 271
エンドヌクレアーゼ ･････････････ 231
オーナーカー ･････････････････ 99
オープンソース ･･･････････････ 10

か 行

概念実証段階 ･････････････････ 44
開発段階 ･････････････････････ 44
科学技術進歩法 ･･･････････････ 22
学習済みモデル ･･･････････････ 38
学習段階 ･････････････････････ 38
学習用データセット ･････････････ 38
革新的データ産業活用 ････････････ 69
拡張現実 ･････････････････････ 192
過失運転致死傷罪 ･･･････････････ 115
仮想現実 ･････････････････････ 192
仮想通貨 ･････････････････････ 131
仮想通貨交換業等に関する研究会 報告書
　････････････････････････ 131
可読性 ･･･････････････････････ 31
カルタヘナ議定書（生物の多様性に関する条
　約のバイオセーフティに関するカルタヘナ
　議定書）････････････････････ 242
カルタヘナ法（遺伝子組換え生物等の使用等
　の規制による生物の多様性の確保に関する
　法律）･････････････････ 242, 247
環境知能（環境情報）･････････････ 72
完全運転自動化 ･･･････････････ 93
危険運転致死傷罪 ･･･････････････ 115
技術研究組合 ･････････････････ 16

技術的特異点 ・・・・・・・・・・・・・・・・・・・・・ 33
規制のサンドボックス制度 ・・・・・・・・・・・・・ 20
機密性，完全性，可用性 ・・・・・・・・・・・・・ 166
共同開発ガイドライン（共同研究開発に関す
　る独占禁止法上の指針）・・・・・・・・・・・・・・ 19
業務上過失致死傷罪 ・・・・・・・・・・・・・・・・・ 115
グレーゾーン解消制度 ・・・・・・・・・・・・・・・・ 20
ケープタウン議定書 ・・・・・・・・・・・・・・・・・ 271
ゲノム編集 ・・・・・・・・・・・・・・・・・・・・・・・ 230
ゲノム編集技術の利用により得られた生物の
　カルタヘナ法上の整理及び取扱方針につい
　て ・・・・・・・・・・・・・・・・・・・・・・・・・・・・ 244
ゲノム編集技術を利用して得られた食品等の
　食品衛生上の取扱いについて ・・・・・・・・ 249
健康・医療戦略推進法 ・・・・・・・・・・・ 215, 223
検索情報 ・・・・・・・・・・・・・・・・・・・・・・・・・ 15
限定提供データ ・・・・・・・・・・・・・・・・・・・・ 13
権利帰属 ・・・・・・・・・・・・・・・・・・・・・・・・・ 41
高次構造化の問題 ・・・・・・・・・・・・・・・・・・ 212
公的データ提供要請制度 ・・・・・・・・・・・・・・ 69
高度運転自動化 ・・・・・・・・・・・・・・・・・・・・ 93
高度道路交通システム ・・・・・・・・・・・・ 90, 182
顧客リスク ・・・・・・・・・・・・・・・・・・・・・・・・ 5
国際的な議論のための AI 開発ガイドライン
　案 ・・・・・・・・・・・・・・・・・・・・・・・・・・・・ 83
国際標準化機構 ・・・・・・・・・・・・・・・・・・・ 138
国立研究開発法人科学技術振興機構 ・・・・・・ 17
国立研究開発法人日本医療研究開発機構
　・・・・・・・・・・・・・・・・・・・・・・・・・・・・・・ 215
個人情報保護委員会事務局レポート ・・・・・ 171
個人情報保護法（個人情報の保護に関する法
　律）・・・・・・・・・・・・・・・・・・・・・・・・・・・ 189
コネクテッド・ワールド ・・・・・・・・・・・・・ 177

さ　行

再生医療 ・・・・・・・・・・・・・・・・・・・・・・・・ 206
再生医療実現拠点ネットワークプログラム
　・・・・・・・・・・・・・・・・・・・・・・・・・・・・・・ 209
再生医療推進法（再生医療を国民が迅速かつ

安全に受けられるようにするための施策の
　総合的な推進に関する法律）・・・・・・ 214, 218
再生医療等安全性確保法（再生医療等の安全
　性の確保に関する法律）・・・・・・ 214, 219, 222
再生医療等製品 ・・・・・・・・・・・・・・・・・・・ 219
再生医療等製品の製造管理及び品質管理基準
　に関する省令 ・・・・・・・・・・・・・・・・・・・ 220
再生医療の推進のための基本的施策（基本方
　針）・・・・・・・・・・・・・・・・・・・・・・・・・・・ 218
サイバーセキュリティ ・・・・・・・・・・・・・・ 176
サイバーセキュリティ基本法 ・・・・・・・・・・ 186
サイバーセキュリティ経営ガイドライン
　・・・・・・・・・・・・・・・・・・・・・・・・・・・・・・ 188
細胞治療 ・・・・・・・・・・・・・・・・・・・・・・・・ 206
細胞の採取・オリジン ・・・・・・・・・・・・・・ 212
細胞評価方法の確立の問題 ・・・・・・・・・・・ 213
サトシ・ナカモト ・・・・・・・・・・・・・・・・・ 123
サブオービタル飛行 ・・・・・・・・・・・・・・・・ 268
産学共創プラットフォーム共同研究推進プロ
　グラム ・・・・・・・・・・・・・・・・・・・・・・・・・ 17
産学連携・産学官連携 ・・・・・・・・・・・・・・・ 17
産業競争力強化法 ・・・・・・・・・・・・・・・・・・ 20
自己情報コントロール権 ・・・・・・・・・・・・・ 80
次世代医療基盤法（医療分野の研究開発に資
　するための匿名加工医療情報に関する法
　律）・・・・・・・・・・・・・・・・・ 172, 216, 225
次世代医療基盤法ガイドライン（医療分野の
　研究開発に資するための匿名加工医療情報
　に関する法律についてのガイドライン）
　・・・・・・・・・・・・・・・・・・・・・・・・・・・・・・ 225
シチズンデータサイエンティスト ・・・・・・・ 61
自動運転 ・・・・・・・・・・・・・・・・・・・・・・・・・ 90
自動運転車が満たすべき車両安全の定義
　・・・・・・・・・・・・・・・・・・・・・・・・・・・・・・ 107
自動運転車の安全性に関する要件 ・・・・・・ 107
自動運転に係る制度整備大綱 ・・・・・・・・・・ 104
自動走行システムに関する公道実証実験のた
　めのガイドライン ・・・・・・・・・・・・・・・・ 110
児童ポルノ禁止法（児童買春，児童ポルノに
　係る行為等の規制及び処罰並びに児童の保

索　引　281

護等に関する法律）・・・・・・・・・・・・・・・ 203
自賠責法（自動車損害賠償保障法）・・・・・・ 112
使用原材料のトレーサビリティの問題
・・・・・・・・・・・・・・・・・・・・・・・・・・・・・・・・ 213
条件付運転自動化 ・・・・・・・・・・・・・・・・・・・・ 93
条件付・期限付承認制度（早期承認制度）
・・・・・・・・・・・・・・・・・・・・・・・・・・・・・・・・ 221
衝突被害軽減制動制御装置 ・・・・・・・・・・・・ 106
情報通信技術 ・・・・・・・・・・・・・・・・・・・・ 73, 216
証明書 ・・・・・・・・・・・・・・・・・・・・・・・・・・・・・ 180
食品衛生法 ・・・・・・・・・・・・・・・・・・・・・・・・・ 249
食品表示法 ・・・・・・・・・・・・・・・・・・・・・・・・・ 250
自律型人工知能 ・・・・・・・・・・・・・・・・・・・・・・ 35
新規仮想通貨の公開 ・・・・・・・・・・・・・・・・・ 121
シンギュラリティ ・・・・・・・・・・・・・・・・・・・・ 33
ジンクフィンガー ・・・・・・・・・・・・・・・・・・・ 231
ジンクフィンガーヌクレアーゼ ・・・・・・・・ 231
人工知能 ・・・・・・・・・・・・・・・・・・・・・・ 11, 27
新事業特例制度 ・・・・・・・・・・・・・・・・・・・・・・ 20
深層学習（ディープラーニング）・・・・・・ 5, 61
スタンドアローン ・・・・・・・・・・・・・・・・・・・・ 81
スペースデブリ ・・・・・・・・・・・・・・・・・・・・・ 268
スマートグリッド ・・・・・・・・・・・・・・・・・・・ 120
制御可能性の原則 ・・・・・・・・・・・・・・・・・・・・ 83
生産性向上特別措置法 ・・・・・・・・・・・・・・・・ 69
製造物責任 ・・・・・・・・・・・・・・・・・・・・ 85, 114
製品リスク ・・・・・・・・・・・・・・・・・・・・・・・・・・・ 5
責任集中規定 ・・・・・・・・・・・・・・・・・・・・・・・ 267
セキュリティ・トークン ・・・・・・・・・・・・・ 134
セキュリティの原則 ・・・・・・・・・・・・・・・・・・ 83
センシティブな個人情報 ・・・・・・・・・・・・・・ 70
センシング（感知）機能 ・・・・・・・・・・・・・・ 72
相関関係 ・・・・・・・・・・・・・・・・・・・・・・・・・・・・ 60
臓器チップ ・・・・・・・・・・・・・・・・・・・・・・・・・ 210
相同組換え ・・・・・・・・・・・・・・・・・・・・ 235, 239
ソースコード ・・・・・・・・・・・・・・・・・・・・・・・・ 95
測位衛星 ・・・・・・・・・・・・・・・・・・・・・・・・・・・ 255
ソフトロー ・・・・・・・・・・・・・・・・・・・・・・・・・ 147

た　行

第一次人工知能ブーム（探索と推論）・・・・・ 29
第三者損害賠償制度 ・・・・・・・・・・・・・・・・・・ 265
第三次人工知能ブーム（機械学習）・・・・・ 29
第二次人工知能ブーム（知識表現）・・・・・ 29
耐量子コンピュータ暗号 ・・・・・・・・・・・・・・ 167
探索的段階型 ・・・・・・・・・・・・・・・・・・・・・・・・ 44
知的財産推進計画2018 ・・・・・・・・・・・・・・・・ 47
知的財産利用ガイドライン（知的財産の利用
に関する独占禁止法上の指針）・・・・・・・・ 19
知的制御技術 ・・・・・・・・・・・・・・・・・・・・・・・・ 74
知的制御機能 ・・・・・・・・・・・・・・・・・・・・・・・・ 72
知能 ・・・・・・・・・・・・・・・・・・・・・・・・・・・・・・・ 26
中国第13次５カ年国家科学技術イノベーショ
ン新計画 ・・・・・・・・・・・・・・・・・・・・・・・・・・ 22
追加学習段階 ・・・・・・・・・・・・・・・・・・・・・・・・ 44
つながるクルマ ・・・・・・・・・・・・・・・・・・・・・ 108
ディープラーニング（深層学習）・・・・・・・・ 28
データ ・・・・・・・・・・・・・・・・・・・・・・・・・・・・・ 40
データ・オーナーシップ ・・・・・・・・・・・・・・ 68
データ汚染 ・・・・・・・・・・・・・・・・・・・・・・・・・・ 64
データ共用型 ・・・・・・・・・・・・・・・・・・・・・・・ 270
データ創出型 ・・・・・・・・・・・・・・・・・・・・・・・ 270
データ提供型 ・・・・・・・・・・・・・・・・・・・・・・・ 270
データの民主化 ・・・・・・・・・・・・・・・・・・・・・・ 61
データプライバシー ・・・・・・・・・・・・・・・・・・ 63
デオキシリボ核酸 ・・・・・・・・・・・・・・・・・・・ 231
デザイナー ・・・・・・・・・・・・・・・・・・・・・・・・・・・ 9
デザイン ・・・・・・・・・・・・・・・・・・・・・・・・・・・・・ 8
デザイン・エンジニア ・・・・・・・・・・・・・・・・ 10
デジタル・トランスフォーメーション ・・・ 11
デットファイナンス ・・・・・・・・・・・・・・・・・ 271
デュアリティ（二重性）・・・・・・・・・・・・・・・・ 9
透明性の原則 ・・・・・・・・・・・・・・・・・・・・ 61, 83
道路運送車両法 ・・・・・・・・・・・・・・・・・・・・・ 105
道路交通に関するジュネーブ条約 ・・・・・・ 109
道路交通法 ・・・・・・・・・・・・・・・・・・・・・・・・・ 108
トークンエコノミー ・・・・・・・・・・・・・・・・・ 124

特定革新的データ産業活用 ················ 69
特定細胞加工物 ···················· 223
特定臨床研究 ······················ 224
匿名化 ························· 158
匿名加工 ······················ 170
匿名加工情報 ···················· 170
特化型人工知能 ···················· 33
ドライビングシミュレータ ·············· 101

な　行

内閣サイバーセキュリティセンター ····· 186
名古屋議定書 ······················ 244
ナノロボット ······················ 76
生データ ······················ 38, 67
ニューラルネットワーク ·············· 28
入力データ ······················ 39
認識センシング技術 ·················· 74
ネットワーク・ロボット ·············· 72
ノウハウ ······················ 39, 40

は　行

バーチャルリアリティ ················ 32
ハードフォーク ···················· 143
胚性幹細胞（ES細胞） ·············· 207
培養 ························· 212
パススルー課税 ···················· 16
パスプランニング ·················· 94
ハスラー ························ 9
ハッカー ························ 9
ハッシュ競争 ···················· 122
パブリックチェーン ················ 147
汎用型人工知能 ···················· 33
被害者救済費用等補償特約 ············ 114
非相同末端結合 ···················· 235
ビッグデータ ···················· 58
ビッグブロック ···················· 122
ビットコイン ···················· 120
ビットコインSV ·················· 121

ビットコインキャッシュ ·············· 121
ビットコインキャッシュABC ·········· 121
ビットコイン・ポスト・マキシマリズム
　···························· 122
非独占的グラントバック ·············· 19
秘匿認証技術 ···················· 182
ヒト受精胚に遺伝情報改変技術等を用いる研
　究に関する倫理指針 ·············· 251
秘密計算 ························ 164
ヒューマン・インターフェース技術 ····· 78
ヒューマン・マシン・インターフェース
　···························· 94
表現の自由 ······················ 203
標準化 ························ 20
ファージ ························ 232
不起訴の合意 ···················· 151
複合現実 ························ 192
輻輳と調節の不一致 ················ 194
不正アクセス禁止法（不正アクセス行為の禁
　止等に関する法律） ·············· 186
不正競争防止法 ···················· 13
部分運転自動化 ···················· 93
部分社会の法理 ···················· 150
プライバシーの原則 ················ 83
プライベートチェーン ·············· 147
プルーフ・オブ・ワーク ·············· 122
ブル市場 ························ 124
プログラム ······················ 40
プロダクト・バイ・プロセス・クレーム
　···························· 215
ブロックチェーン ·················· 138
プロテクト破り ···················· 50
プロファイリング ·················· 70
プロモーター配列 ·················· 237
分化 ························· 212
ベア市場 ························ 124
米国イノベーション・競争力法 ·········· 21
米国イノベーション戦略 ·············· 21
ヘッドマウントディスプレイ ·········· 192
放送法 ························ 203

索　引 283

保存・輸送 ……………………………… 212
ポリマー（重合体）……………………… 231

ま　行

前払式支払手段 ………………………… 132
ミニ臓器（オルガノイド）…………… 210
モデル契約2007（モデル取引・契約書〈第1
　版〉）……………………………………… 44
モデルベース開発 ……………………… 95

や　行

有限責任事業組合 ……………………… 15
用途限定型人工知能 …………………… 36
横展開 …………………………………… 65
予測分析自動化技術 …………………… 62

ら　行

ランダムサンプリング ………………… 159
リバースイノベーション ……………… 120
リバース・エンジニアリング ………… 15
リモートセンシングデータ …………… 259
量子暗号 ………………………………… 168
量子コンピュータ ……………………… 167
利用者支援の原則 ……………………… 84
利用条件 ………………………………… 41
利用段階 ………………………………… 38
臨床研究法 ……………………………… 224
倫理の原則 ……………………………… 84
レギュレーション（規制）…………… 5
連携の原則 ……………………………… 83
ロボット ………………………………… 82

■執筆者・編者紹介

【執筆・編集】

清水　亘（しみず・わたる）

2005年弁護士登録。2016年からアンダーソン・毛利・友常法律事務所パートナー。
主要な業務分野は，知的財産法。幅広く「ものづくり」のお手伝い等を行っている。

【執筆】

廣岡健司（ひろおか・けんじ）

2000年弁護士登録。2015年からアンダーソン・毛利・友常法律事務所パートナー。
主要な業務分野は，国内外のM&A，金融取引，海外リスク・コンプライアンス体制の構築支援，危機管理，紛争解決等。先端分野における規制対応，共同研究開発，スタートアップ企業投資・支援等にも力を入れている。人工知能学会会員。

中崎　尚（なかざき・たかし）

2001年弁護士登録。2013年からアンダーソン・毛利・友常法律事務所スペシャル・カウンセル。
主要な業務分野は，国内外のデータ規制，IT・インターネット・テクノロジー，シェアリングエコノミー，先端分野の規制対応等。経済産業省「AI・データの利用に関する契約ガイドライン」の起草メンバー。

山口大介（やまぐち・だいすけ）

2001年弁護士登録。2010年からアンダーソン・毛利・友常法律事務所パートナー。
主な業務分野は，国際商取引，国内およびクロスボーダーのM&A，PFI/PPPおよびプロジェクトファイナンス，サイバーセキュリティを含む危機対応業務，アジア新興国関連業務。海外進出案件，ジョイントベンチャー案件，国内外の都市開発案件，その他企業法務全般について幅広く取り扱っている。

佐々木慶（ささき・けい）

2005年弁護士登録。2015年からアンダーソン・毛利・友常法律事務所パートナー。
主要な業務分野は，金融取引，金融規制および税務。FinTech案件その他の新規事業・ベンチャー企業の支援も日常的に行っている。

戸倉圭太（とくら・けいた）

2005年弁護士登録。2014年からアンダーソン・毛利・友常法律事務所パートナー。
国内外のM&A，スタートアップ投資・支援等が専門。とりわけ，AI，ICT，メディア，エンタテイメント（アニメ，ゲーム等）業界の案件の経験が豊富。

河合　健（かわい・けん）

2009年弁護士登録。2018年からアンダーソン・毛利・友常法律事務所パートナー。
主要な業務分野は，フィンテック・金融規制法・デリバティブ等のファイナンス，事業再生・倒産，独禁法・競争法。

佐橋雄介（さはし・ゆうすけ）

2008年弁護士登録。アンダーソン・毛利・友常法律事務所アソシエイト弁護士。
主要な業務分野は国内外のM&A，一般企業法務等のコーポレート。

長瀬威志（ながせ・たけし）

2009年弁護士登録。アンダーソン・毛利・友常法律事務所アソシエイト弁護士。
主要な業務分野は，仮想通貨を中心としたフィンテック，レギュラトリー，コーポレート。
2013年〜2014年金融庁総務企画局企業開示課出向，2015年〜2017年国内大手証券会社法務部出向。

福井崇人（ふくい・たかと）

2009年弁護士登録。アンダーソン・毛利・友常法律事務所アソシエイト弁護士。
主要な業務分野は，コーポレート，ファイナンス，事業再生・倒産。

白波瀬悠美子（しらはせ・ゆみこ）

2014年弁護士登録。アンダーソン・毛利・友常法律事務所アソシエイト弁護士。
主要な業務分野は，知的財産法，労働法，会社法。大阪オフィス勤務。

林　敬祐（はやし・けいすけ）

2014年弁護士登録。アンダーソン・毛利・友常法律事務所アソシエイト弁護士。
主要な業務分野は，金融規制法，フィンテック，コーポレート。

牧野達彦（まきの・たつひこ）

2015年弁護士登録。アンダーソン・毛利・友常法律事務所アソシエイト。
主要な業務分野は，宇宙に関する法規制および国際仲裁。
2014年に宇宙航空研究開発機構（JAXA）の契約部で司法修習を行う。

村上　遼（むらかみ・りょう）

2014年弁護士登録。アンダーソン・毛利・友常法律事務所アソシエイト弁護士。
主要な業務分野は，知的財産権，労働法，医薬・ヘルスケア。

山﨑悦子（やまざき・えつこ）

2014年弁護士登録。アンダーソン・毛利・友常法律事務所アソシエイト弁護士。
主要な業務分野は，金融規制法，金融取引等。

小倉弘資（おぐら・ひろし）

2015年弁護士登録。アンダーソン・毛利・友常法律事務所アソシエイト弁護士。
主要な業務分野は，コーポレート，M&A，ベンチャーおよび訴訟等。

小島諒万（こじま・りょうま）

2015年弁護士登録。アンダーソン・毛利・友常法律事務所アソシエイト弁護士。
主要な業務分野は，知的財産権，独占禁止法等。

佐賀洋之（さが・ひろゆき）

2015年弁護士登録。アンダーソン・毛利・友常法律事務所アソシエイト弁護士。
主要な業務分野は，コーポレート，M&Aおよび独禁法等。

鷲見彩奈（すみ・あやな）

2015年弁護士登録。アンダーソン・毛利・友常法律事務所アソシエイト弁護士。
主要な業務分野は，知的財産権，労働法，危機管理，会社法務，紛争解決。

深田大介（ふかだ・だいすけ）

2016年弁護士登録。アンダーソン・毛利・友常法律事務所アソシエイト弁護士。
主要な業務分野は，コーポレート，事業再生等。

藤井駿太郎（ふじい・しゅんたろう）

2016年弁護士登録。アンダーソン・毛利・友常法律事務所アソシエイト弁護士。
主要な業務分野は，知的財産，コーポレート等。

日髙英太朗（ひだか・えいたろう）

2017年弁護士登録。アンダーソン・毛利・友常法律事務所アソシエイト弁護士。
主要な業務分野は，コーポレート，M&Aおよび訴訟等。

松尾朝子（まつお・あさこ）

2017年弁護士登録。アンダーソン・毛利・友常法律事務所アソシエイト弁護士。
主要な業務分野は，知的財産権，訴訟紛争等。

川嵜洋祐（かわさき・ようすけ）

経済産業省特許庁勤務の後，2014年弁理士登録，アンダーソン・毛利・友常法律事務所入所。
主要な業務分野は，生命科学分野（分子生物学）・医薬分野等を中心とする特許出願，知財
紛争・訴訟，知財取引，知財リサーチ・知財コンサルティング。

森山正浩（もりやま・まさひろ）

2015年弁理士登録，2016年にアンダーソン・毛利・友常法律事務所入所。
主要な業務分野は，機械分野を中心とする特許出願，知財紛争・訴訟，知財取引，知財リサ
ーチ・知財コンサルティング。

李　芸（リ・ユン）

2008年中国弁護士，2012年外国法事務弁護士登録。2016年にアンダーソン・毛利・友常法律
事務所へ移籍。主要な業務分野は，中国知的財産法，中国会社法その他のジェネラルコーポ
レート。

【編集】

門永真紀（かどなが・まき）

2008年弁護士登録。アンダーソン・毛利・友常法律事務所アソシエイト弁護士。
ナレッジ・マネジメント業務を専門として，事務所内のナレッジ・マネジメント業務に従事
する他，法務部向けのセミナー等も行っている。

■編著者紹介

アンダーソン・毛利・友常法律事務所テクノロジー＆インフォメーション・プラクティス・グループ

アンダーソン・毛利・友常法律事務所

日本における本格的国際法律事務所の草分け的存在からスタートして現在に至る，総合法律事務所である。ファイナンス，コーポレート・M&A，労働，知的財産，紛争解決，事業再生等のあらゆる法律分野に対応する専門家を揃える。国内では東京，大阪，名古屋に拠点を有し，海外では北京，上海，シンガポール，ホーチミン，バンコク，ジャカルタ等のアジア諸国に拠点を有する。

＜テクノロジー＆インフォメーション・プラクティス・グループ（Technology & Information Practice Group）について＞

AI，ビッグデータ，自動運転などのいわゆる第4次産業革命関連のほか，再生医療やゲノム編集，宇宙法などの最先端テクノロジーに関連する法分野を手がける弁護士のチームである。テクノロジーや情報に関する国内外からのさまざまな相談に対応している。

テクノロジー法務

2019年10月20日　第1版第1刷発行

編著者	アンダーソン・毛利・友常法律事務所テクノロジー＆インフォメーション・プラクティス・グループ
発行者	山　本　　　継
発行所	㈱中央経済社
発売元	㈱中央経済グループパブリッシング

〒101-0051　東京都千代田区神田神保町1-31-2
電　話　03(3293)3371（編集代表）
　　　　03(3293)3381（営業代表）
http://www.chuokeizai.co.jp/
印　刷／㈱堀内印刷所
製　本／誠製本㈱

©2019　Printed in Japan

＊頁の「欠落」や「順序違い」などがありましたらお取り替えいたしますので発売元までご送付ください。（送料小社負担）

ISBN978-4-502-31411-7　C3032

JCOPY〈出版者著作権管理機構委託出版物〉本書を無断で複写複製（コピー）することは，著作権法上の例外を除き，禁じられています。本書をコピーされる場合は事前に出版者著作権管理機構（JCOPY）の許諾を受けてください。
JCOPY〈http://www.jcopy.or.jp　eメール：info@jcopy.or.jp〉

会社法・法務省令大改正を収録！

「会社法」法令集 第十一版

中央経済社 編 A5判・688頁

- ◆新規収録改正の概要
- ◆重要条文ミニ解説
- ◆改正中間試案ミニ解説

付き

会社法制定以来初めての大改正となった、26年改正会社法と27年改正法務省令を織り込んだ待望の最新版。変更箇所が一目でわかるよう表示。

本書の特徴

◆会社法関連法規を完全収録
☞ 本書は、平成17年7月に公布された「会社法」から同18年2月に公布された3本の法務省令等、会社法に関連するすべての重要な法令を完全収録したものです。

◆好評の「ミニ解説」さらに充実！
☞ 重要条文のポイントを簡潔にまとめたミニ解説。平成26年改正会社法と平成27年改正法務省令を踏まえ大幅な加筆と見直しを行い、ますます充実！

◆引用条文の見出しを表示
☞ 会社法条文中、引用されている条文番号の下に、その条文の見出し（ない場合は適宜工夫）を色刷りで明記。条文の相互関係がすぐにわかり、理解を助けます。

◆政省令探しは簡単！条文中に番号を明記
☞ 法律条文の該当箇所に、政省令（略称＝目次参照）の条文番号を色刷りで表記。意外に手間取る政省令探しもこれでラクラク。

◆改正箇所が一目瞭然！
☞ 平成26年改正会社法、平成27年改正法務省令による条文の変更箇所に色付けをし、どの条文がどう変わったのか、追加や削除された条文は何かなどが一目でわかる！

中央経済社